张中行 主编

生活·讀書·新知 三联书店

写在前面

文言要不要学,虽见仁见智,未得共识,但只要念及古代文化中存无数宝藏,且文言大有益于思维与想象,则创造条件,想办法去掌握它,应说是明智之举。但如何去学,方法颇多,总括起来,大致有二:或偏重多读,以期熟后自如;或偏重摸清规律,以冀知而求会。其实,把二者结合起来或许更为有效。坊间不乏好的古文选本,可供多读之需;缺作辅助的有关通论倒不多见,令有心者遗憾。本书的编成,便为了补缺。

本书1988年由人民教育出版社首版,印数不多。1994年,香港三联出版了繁体字版,此后一直断市。本书由二十一位作者联袂撰写而成,执笔者无一不是通晓某方面知识的专家,所写下的,都是他们长期探究的心得。全书分为文言概说、文言的结构、文言的文体和时尚、文言的辞章、古典知识和阅读指津六章,每章有简明的理论,有切合而生动的实例,尤其适合大中学生和文言爱好者学习参考。

本书主编张中行(1909—2006),原名张璇,字仲衡,出自《尚书》"在璇玑玉衡,以齐七政"。后因名难认,以字的简化"中行"(《论语》有"不得中行而语之,必也狂狷乎")行世。河北香河屯镇人,著名学者、散文家。1935年毕业于北京大学中国语言文学系,曾任教于天津南开中学、保定中学、贝满女中,担任过《现代佛学》主编。1949年后任人民教育出版社编辑,从事中学语言教材的编辑。20世纪80年代出版的多部散文集成为畅销书,从而闻名于世。张中行与季羡林、金克木三位被称为"燕园三老"、"20世纪未名湖畔三雅士"。

生活·讀書·新知三联书店编辑部
2014年2月

目 录

编者语	1
第一章 文言概说	1
第一节 文言和白话 …………………… 吕叔湘	3
第二节 文言的历史 …………………… 张中行	18
第三节 文言的地位 …………………… 刘国正	30
第四节 文言典籍概况 ………………… 刘叶秋	41
第二章 文言的结构	83
第一节 字	85
一、字形 …………………………… 陈治文	86
二、字音 …………………………… 周祖谟	114
第二节 词 …………………………… 程湘清	137
第三节 句 …………………………… 向 若	174
第四节 篇 …………………………… 王海棻	193
第三章 文言的文体和时尚	207
第一节 文体 ………………………… 隋树森	209
第二节 时尚 ………………………… 冯钟芸	226
第四章 文言的辞章	263
第一节 文笔 ………………………… 周振甫	265

第二节	翰藻	张中行	299
第三节	情采	周振甫	336
第五章	古典知识		363
第一节	天文历法	陈遵妫 湛穗丰	365
第二节	政区及地理沿革	徐兆奎	408
第三节	政体及职官	杨建国	434
第四节	生活用物	余澄清	467
第五节	姓名及称谓	周汝昌 张铁铮	496
第六章	阅读指津		519
第一节	方法及进程	张中行	521
第二节	旧注的利用	王泗原	537
第三节	参考读物的利用	潘仲茗	555

编者语

编这样一本书,当然是因为,就近些年说,有很多人在教文言,有更多的人在学文言。文言要不要学,人各有见;见离得远,甚至表现为争论。不同的看法各有不少理由,互不相下,看来短期内难分胜负,因而也就难于取得定论。在还没有定论的时候,我们无妨认可两种情况或两种设想:一是如果有条件并且愿意学,学会了也不坏;二是既然还有相当多的人在学,如果想想办法有助于学会,那就把办法拿出来也不坏。

办法,琐细的,难说尽。这里可以不说,只考虑总括的。关于学会文言的好办法或说有效的办法,近年来像是隐约地表现为两条路:一条是偏重多读,以"熟"为基础求会;一条是偏重摸清规律,以"知"为基础求会。由表面看,前一条路不能不多费时间和精力,因为办法中有个"多"字。可是问题常常不在表面而在底里。问题至少有两个:一个是,如果不多不熟,规律(即使能记一些)能管用吗?另一个是,以知为基础的风气,体现在文言教学和语文报刊上,时间已不算短,即就中学生而论,有几个人学会了呢?答复恐怕都难于是如意的。上面的二分法也许容易引起误会,虽然已经说明是"偏重"。那就换个说法,强调偏重:一条路是以多读为主,以文言的词汇语法知识为辅;另一条路是以文言的词汇语法知识为纲,以纲统阅读的目。多年以来,我们一些从事语文教材工作的同志,虽然没有明确表示,却倾向于前一条路。就是根据这种看法,我们先是编了《古代散文选》三册(主要供中学语文教师参考),后又编了《文言文选读》三册(主要供中学生课外阅读用以及初学文言的人用)。《古代散文选》每册末尾有附录,讲了一点点文言的词汇语法知识。《文言文选读》的主要目的是由多读而渐渐走向熟,在注解中虽然零碎地接触一些文言的词汇语法知识,但很少,更谈不上系统。

但是,我们并不轻视词汇语法知识,所以在1979年,还出版了王力先生的《古代汉语常识》。王先生的书力求简明,而且内容限于词句,初学略往前走,会感到吃而不能很饱。这样,为了实践以多读为主,以文言的词汇语法知识为辅的设想,配合

《古代散文选》和《文言文选读》的"主",就需要编个"辅",以期能够相辅相成。这就是这本《文言常识》的由来。

这本书内容范围比较广,就是不只是文言的词汇语法知识。这是因为,设计时有个较奢的愿望:既要把阅读中已得的那些零碎印象综合梳理为理性知识,又要把再往前走的路上会碰到的障碍略为打扫一下。综合,梳理,已有的零碎印象可以集中,并系统化。这有好处,是先前由读而得的对文言的模糊认识变为清晰,或说由知其当然进而知其所以然,理解加深了。但这清晰是初步的,也许离会还不很近。想学会还要继续往前走。前面的路仍然不平坦,有词句、名物等方面的大小障碍。障碍需要扫除,这就不能不具备一些比词汇语法广泛得多的知识,以便化崎岖为坦途。就是基于这种想法,本书除了第二章重点介绍词汇语法知识以外,还收了有关辞章、古典名物和学习方法等方面的内容。

内容多方面,一个人写有困难,所以用了集腋成裘的办法,某方面的内容,尽量约请通晓某方面知识的人写。承多位师友帮助,这件百衲衣总算制成了。百衲衣有优点,是有如现在不同剧种或不同流派会演,显得丰富、活泼。缺点呢?是难免在质深浅、量多少直到内容条理和行文风格等方面的各行其是，少数地方甚至还难免交错、分歧，不能水乳交融。这，因为一要尊重不同作者的不同所见和不同所好，二是这样也不至妨害上面所说有助学会文言的作用，所以就都容忍了。

关于本书的利用，学文言和教文言应该略有区别。学文言，如上面所说，要有了相当程度的感性认识之后，读介绍文言知识的书才可以收相辅相成的作用；就是读，也要时时记住，通晓这类知识，性质是用绿叶陪衬红花，而不能代替红花，就是说，还要"多读"。教文言，情况就不同，最好是先通晓这些知识，这样，因为已经了解全面，上课就可以相机施教，避免头疼医头，脚疼医脚。此外，一般常常同语文打交道的，包括写的人和读的人，对文言，作为文化的一种重要现象，能够略知它的面貌，也会有些好处。

最后说说，著文支持这本书的诸位都很忙，其中如陈遵妫老先生，八十几岁高龄，已经目不见笔画，可是也写了。我们在这里一并表示感谢。又，书中难免有这样那样的缺欠，甚至谬误，这都应该由编者负责，希望读者多予指教。

张中行
1986年12月

第一章
文言概说

第一节　文言和白话

内容提要：一、语言和文字，其性质和关系。二、语言和文字不能一致，口语变动快，笔语变动慢；两类笔语：能听懂的语体文，不能听懂的超语体文。三、汉字不以标音为原则，因而读音有变异性，两个时代笔语的距离近，有助于超语体文的发展。四、用图形表示语体文（白话）和超语体文（文言）的关系；文言和白话的界说。

一

文言和白话是互相对待的两个名词：在早先，没有白话，也就无所谓文言；将来文言不再在一般社会里头通行，白话这个名称大概也要跟着消灭。本文不打算比较文言和白话的优劣，无论从艺术方面或是从实用方面来看；本文要讨论的只是文言和白话的性质和二者之间的界限。

　　文言和白话是中国特有的问题，要明白这个问题，必得略述中国语文的历史；而寻根究底，恐怕还得先从语言和文字的性质讨论起。"语言"是什么？是人类用来表情达意的声音符号系统。"文字"呢？"文字"有两种意义。一种是"文字学"一词里的"文字"，也就是许慎的书名《说文解字》里的"文字"，是一个个单字，这不是我们这里讨论的主要对象。用来和"语言"对举的"文字"是朱子所说"看文字当如猛将用兵"的"文字"，是连缀成文的字。这样意义的"文字"可称为表情达意的形象符号系统。这两种符号系统之间是怎么样的关系呢？文字的起源大致和语言无关，图像可以示意，如美洲土人的表意画是很好的例子；这样的文字，如果可以称为文字，可说是一种独立的形象符号系统。古代埃及和中国的象形字是这种系统的残留物；公路旁边用三曲的线表示弯道，指路标上用一只手或一个箭头表示"由此去"，汽车上漆一个红色的十字表示是救护车，这些是现代还在应用的表意符号。

　　声音符号和形象符号比较，有两点较胜。一、使用较快。

画一个人的形象多慢，说一个"人"字多快！（又如说"千军万马"，那得画多少时间？）二、人类的情意越过越繁复，形象符号不能胜任，只有变化无穷的声音符号才可以勉强对付，例如"人来"、"人去"还可以画，"物在人亡"怎么画呢？"人之初"也许还可以画，"性本善"就毫无办法了。可是形象符号也有一个优点，具有相当的永久性。因此形象符号并没有被完全摒弃；但是终于丧失了独立性，被声音符号系统吸收过去做附属品或代用品；文字成为语言为特种用途——传远方，遗后世——而采取的形式。到了这个时候，形象符号（文字）不再能够直接和意念发生联系，必须透过声音才能引发意义。

这个道理，在使用拼音文字的西洋人看来，本是再明显不过的。他们写字所用的那些字母，最初虽然也是象形的，但传到现在的欧洲民族手里，一开头就只代表声音。但是中国社会里头一向有一个错误的观念，以为文字和语言是不相统属、并驾齐驱的两个系统。其实稍微思索一下就知道不确。论中国字的起源，象形、指事、会意之类原是和声音无关，是上文所说独立的形象符号。但是我们不可把起源和现状混为一谈。看了"☉"这个形象，也许知道它代表一个什么东西，写成"日"

之后,怎么能知道它是太阳而不是窗户格子(甚至一条肥皂),假如不同时知道它的声音?我们的眼睛看见"太阳"这两个点划撇捺的集团,我们的脑筋里头立刻把它翻译成 tàiyáng 这一串声音,然后引起了关于一个天上的红的圆的光芒四射的物件的意念;要是读文言,看见"日"字就先翻成 rì 再翻成 tàiyáng。因为经过长期的训练,这种翻译很快的做了,如果不是有意加以反省,竟不觉得有这回事。有些人,尤其是文字的训练不够的,看书非念出声音来不可,要是强制他不念,他就会感觉看不下去,这就是脑筋里翻译做得慢的缘故。我们更不可把单字和连贯的文字混为一谈,在连贯的文字里,哪怕是最早的甲文、金文,这些形象符号也已经非转换成为声音之后不能达意了。

总之,就现在世界上的语文而论,无一不是声音代表意义而文字代表声音。语言是直接的达意工具,而文字是间接的;语言是符号,文字是符号的符号。语言是主,文字是从。因为语言和文字有主从之别,语言可以包括文字:西文"语言"一词(如英语的 language)都是这样的含义,而用"口语"和"笔语"来区别其表现形式为声音的还是形象的。中国则用"文"和"语"相对待。(这当然有它的历史的原因)

二

笔语是口语的代表，已如上述。但笔语是否完全和口语符合呢？这就是所谓"言文一致与否"的问题。这个问题的答语要看"一致"二字作何解释。要是指绝对的一致，那是古今中外都没有过的事。例如语调是语言里极重要的成分，可是文字里表示不出，就不能算是绝对一致。要是丢开语调不说，也只有现代的一部分剧本和一部分小说里头的对白可以算是一致，大多数文字是和实际语言有出入的。

何以文字会和语言有出入呢？有时候是为的图省事，把不重要的语词或语词的一部分省去不写，如电报、新闻标题、广告之类。古代书写工具不方便的时代，这个趋势也许更普遍。

但是最重要的原因是语言的变动性。我们知道，语言是不断地在变动的，这就造成笔语和口语不尽符合的机会。语言有三个因素：语音、词汇、语法；这三个因素都常在变化之中。语音变动的原因还不十分清楚，但变动相当大，同样几个词同样组成的一句话，过了三五百年会完全听不懂（正如同样一句话隔了三五百里会完全听不懂一样）。语法的变动也许和思想的方式有一点关系,还难说定;但变动的程度比语音要小得多。变动最大的是词汇。词汇的变动有时候也说不出道理(和方言的消长也许有关),如古代说"畏",现在说"怕";古代说"寒",现在说"冷"。但大多数语词的变动和文化的变动有密切的关系:新的事物、新的意念不断地增加,新的语词也就不断地增加,比如"飞机"、"升旗"、"特务"这些语词都是三五十年前的词汇里所没有的①;同时,许多语词跟着旧时代的事物和意念一同死去,如"花翎"、"制钱"之类。越是文化变动得剧烈的时代,词汇的变动越大;我们生在这样的一个时代,这个道理不需要多说。这种种变动发生于口语,自然也反映于笔语,换句话说,文字也要跟着时代变。但是笔语却因此有了和口语参差的可能,因为笔语里可以保存一些口语里已经舍弃的早一时期的成分——词汇和语法。

我们说过,笔语是口语的代用品,何以它又会包容口语里所已抛弃的成分呢?它不要人懂吗?这里,我们必须明了一个技术上的事实和一个社会学上的事实。第一,笔语是写在纸上的,不像口语瞬息即逝;写的人可以仔细琢磨,看的人可以从

---

① 编者按:本文作于1944年。

容玩索。因此笔语比口语更胜任修辞上的变化，而这些修辞上的变化往往要利用非口语的成分。其次，更重要的事实，笔语和口语通行的范围有广狭之分。口语是一个社群里人人天天使用的工具，笔语却只是其中一部分人有时候使用的工具。普及教育，人人要识字，在欧美是19世纪的产物，在中国是正在努力尚未成功的工作。在早先，假如这少数知书识字的人相互之间能了解，那么笔语里包容一点口语以外的成分又何妨。正好比各种行业有"市语"，江湖上有"切口"一样，不过不一定像它们有"不足为外人道也"的味道罢了。这就是笔语和口语参差之有可能变成事实的缘故。

可是识字大有程度之差，从略识之无到精通文墨，当中有很大的距离。文人哲士之间唱和论议所用笔语虽无妨离开口语十万八千里（甚至用另外一种语言，如几百年前欧洲学者之用拉丁文或现在中国学者之用英、法、德文），但是文人有时要写一点什么给识字不多的人看，例如官府的文告，甚至给不识字的人听，例如歌词剧曲，就不得不接近口语下笔。略识之无的人有时候自己也要写封信写张契，那就更不会离开口语多远。所以，每个时代的笔语都可以有多种，有和口语大体符合的，有和口语距离很近的，也有和口语相去甚远的。这些形形色色的笔语虽然一种挨一种，构成一个不断的系列，但是当中也未尝不可划出一道界限：听得懂和听不懂。虽不完全相符而仍然听得懂，只是"走样"而已；听不懂则是"脱节"了。我们可以用这个标准把一个时代的笔语（文字）分成两类，凡是读了出来其中所含的非口语成分不妨害当代的人听懂它的意思的，可以称为"语体文"，越出这个界限的为"超语体文"。语体文有接近超语体的，超语体文也有接近语体的，完全系于所含非口语成分的多寡；只是量的差别而已，但是量的变异确可以产生质的变异，由听得懂变成听不懂。（听得懂与听不懂牵涉到内容问题，此处假定内容不成问题，即同一为听者所能把握的内容）。

由于语言的常常变动，甲时代的口语到了乙时代成为古语，甲时代的语体文到了乙时代自然也会变成超语体文。但是乙时代所有的超语体文，尽管所含甲时代的成分之多已经超出乙时代人耳所能懂的范围，可未必就是甲时代的语体文。拟古之终于是"拟"，以及伪造古书之必然要被觉察，都是这个道理。

要是一个社会里头一般应用是以语体文为主，我们就说它是言文一致；要是通行的是超语体文，我们就说它是言文不一致。假如我们对于言文一致采取较宽的看法，我们就可以这样说。

三

上面分别语体文和超语体文，用听懂与否做标准，但文字是让人看的，听不懂是否也就看不懂呢？这就牵涉到笔语所用符号的性质问题。上面说形象符号被声音符号吸收了去做代用品；这种吸收有完全和不完全的分别。完全的吸收，如西文的字母，每个字代表一个比较单纯的声音。不完全的吸收，如中国字，即所谓汉字，每个字代表某些个声音的结合体。形象和声音的联系，在用字母拼写的文字是有规则的，自发的（这自然也有程度的差别，如英文拼法就不及法文有规则，更不及德文，但原则是相同的）；在中文是不规则的、独断的。比如说我写个 sprogal，不但英语里没有这个字，恐怕所有欧洲语言里都没有这个字，但凡是应用这套字母的人民都会照他们各自的拼音习惯读出大同小异的字音；可是假如我写个"籴"字，连我自己都不知道该怎么读。

不以标音为原则，这是汉字的特色。这个特色产生几个重要后果。第一，汉字读音的变异性。在西文，一个语词的语音变了，这个语词的写法也得跟着变，例如古英语的 faeder 和

hām 到了近代英语成为 father 和 home（这也是大概的说法，拼法的变换常有落在语音变换之后的趋势，现代英语、法语都是例子）。中文则不然，由于声音和符号的联系不密切，声音变了符号可以不变，换句话说，一个字在不同的时代可以代表不同的声音，例如古代的 b'iu 和 ka 这两个语词在现代已经成为 fù 和 jiā，可是我们仍然用"父"和"家"这两个符号来代表。这是一个异常重要的事实，很多学者认为这是汉字的优点。其次，汉字标音的困难。这么多的形象符号，几个乃至几十个形象代表同一个声音是自然的结果。因此一个语词往往可以有好几个写法，例如"彷徨"、"傍偟"、"方皇"、"旁皇"（朱起凤《辞通》里搜集这类语词甚多），尤其是翻译外来的语词，如"佛陀"、"浮屠"、"浮图"同译一词。人名地名的译音更不用说，常看现代的翻译作品的一定深知这个麻烦。其实古代也是如此，"印度"、"信度"、"身毒"之类的例子甚多。第三，汉字认识的困难。学习拼音文字，只要认识二三十个字母并学会若干拼法习惯，就可以阅读纯粹的语体文和直率地写出他胸中的话。汉字则至少要分别认识两三千字才可以得到同样的效果。

因为我们握有这种特别的笔语工具，我们的语文发展就有和一般西文不很相同的历史。第一，缩短两个时代的笔语的距离。汉字的读音变异构成他的超时代性。早一时代的语体文，假如用原来的语音读出来，次一时代的人已经听不懂，但他们仍然可以认识这些字形，读以当时的语音而勉强懂得一大半或一小半。耳朵里死了的，眼睛里还活着。这就是说，语言的三个因素有一个在笔语里不生影响。这就产生了一种西洋人羡慕得了不得的奇迹：两千年前的文学我们可以无须有超出学习现代语文的努力而了解并欣赏。例如"羊牛下来"这句诗，假如周朝的诗人用他的语音吟给我们听，我们决不会懂；但因为凑巧这句诗里的四个语词的变化都只限于语音，笔语不受影响，所以这句诗就有了"万古如新"的性质。这当然只是一个例外，有些语词的变化事实上已经不限于语音，例如"耳"已经成为"耳朵"，"发"已经成为"头发"，但是我们见了"耳"和"发"还是容易认识它们的意义，因为无需同时理会读音的差异。只有一个语词已经死了，或者已经不照古时候那样用了，这才非经过特殊训练不会认识。把这几种情形加在一起看，汉字无疑义地有缩短两个时代的笔语的距离之用，也就是让学会次一时代的笔语的人学习早一时代的笔语更加容易。

其次，上面所说两个时代的笔语都假定是语体文，事实上汉字又使中国的笔语比用拼音字更容易保存古代成分。人们的惰性有作用，明明已经说"耳朵"了，但是一个"耳"字既可以代表，何必多麻烦，而且"朵"这个音究竟应该怎么写呢？（汉字标音的困难见上。）不写也罢了。口语明明已经说"眼"或"眼睛"了，换一个新字麻烦，就仍旧写上一个"目"字。推而广之，"耳朵眼睛都好"不妨写成"耳目健好"。文人学士的好古的脾气也有它的作用，"耳目健好"当然比"耳朵眼睛都好"古雅些。

又其次，汉字认识的困难使中国的读书识字的人数常常维持很低的比率。而既读书识字则了解较早的笔语又比较容易，如上所述。所以社会里需要较纯粹的语体文的人特别少，因而口语对于笔语的控制力也特别小。

这几个条件都有利于超语体文的发展。中国的超语体文之特别发达，且一直成为通行的笔语，追究起来和汉字的性质有莫大的关系。

四

以上说明口语和笔语，语体文和超语体文的关系，一般的情形和中国所特有的情形。下图可以表示一个大概。这里甲、乙、丙、丁是四个相次的时代，点线所包含的区域代表口语，画了斜线的区域代表语体文，空白的区域代表超语体文。甲时代假定是最早的时代，这个时候的文字很少和语言密切符合的，但不害其为语体文，事实上这个时期还无从产生超语体文。到了乙时代，甲时代的口语有一些成分留下，另有一些成分被废弃，同时在另一端增加了新的成分。如此一个个时代下去，口语的区域，逐渐往右移动，语体文的区域也跟着往右移动，这个表示笔语追随口语的情形。同时，语体文和口语符合的范围加大，到了丁时代就有了差不多和口语密合的语体文。时代越后，不但语体文的活动范围放宽，超语体文的范围也同样加大，这正表示语文遗产的逐渐累积。

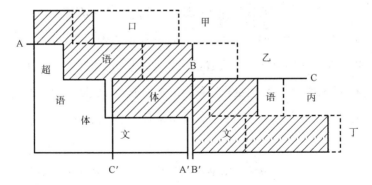

现在可以回到本文开头的问题：文言和白话的界限何在？有人以为文言和白话的分别就是超语体文和语体文的分别：图中AA′线代表这个界限。胡适的《白话文学史》上溯秦汉，似乎是采取这个分法。这种分划的好处是简单，但有一个毛病：语体和超语体是相对的，甲时代的语体文到乙时代会成为超语体文，而一般人心目中的文言和白话的分别是固定的。第二种分法，如图中BB′线，是以现代人听得懂的为白话，即包括最近一时代（假定为明清至现代）的语体文，及更早一时代（假定为唐宋元）的一部分语体文。这个分法倒也简单，但如某些语录、某些白话词等，虽然现代人听不懂，但大家都承认是白话，不是文言。第三种分法是把唐宋以来的语体文都算作白话，如图中CC′线所划定：这里包括一部分就现代而论应该算作超语体的东西（图中BB′线以左），即某些语录、某些白话词以及明清人的一些曲文等，这是和第二种分法不同之处；同时拒绝了更早的语体文（图中甲乙两段AA′线以上），这是和第一种分法不同之处。这种分法多少带几分武断性，不像前两种之各从一个原则出发；但这似乎是一般人区别文言和白话的办法。

这第三种区分法，除最符合多数人的直觉外，是否也有理由可说呢？我看是有的。唐以前的语体文似乎都不很纯粹，唐朝和尚的语录和宋朝人的平话才大胆地完全呈露语体的面目。唐宋的语体文，即令有一部分就现代口语说已经是超语体，只要我们熟悉了它们的词汇和小小的语法差异之后，我想仍然是可以听得懂的（正如欧洲人对于他们较古的作品一样）。至于照这种区分所划定的文言，那就无论曾是某时代的语体文与否，怎样学习也不能用耳朵去了解，必须用眼睛去看。读熟一篇文言文再去听别人背，这是另外一回事；这里所谓听得懂是听自己没有读过的文字。这个用耳和用目的分别和汉字的读音演变有极大的关系，许多单音语词在唐以前可以用读音去区别，而宋以后非用眼睛去看就不能分别了。从这一点看，普通人的直觉的看法不为无理。

由此，我们可以给"文言"和"白话"试着定一个界说。白话是唐宋以来的语体文。此外都是文言；其中有在唐以前可称为语体文的，也有含有近代以至现代还通用的成分的，但这些都不足以改变它的地位。白话是现代人可以用听觉去了解的，较早的白话也许需要一点特殊的学习；文言是现代人必须用视觉去了解的。

(见《吕叔湘语文论集》，节录后经作者看过)

第二节　文言的历史

内容提要：文言可以指表达方式，可以指作品，这里指表达方式；早期的书面语，甲骨文、金文、《尚书》等算文言；战国两汉作品是定了型的文言；此后的文言基本上以秦汉作品为样本；旁出藻饰的一支，骈文、诗词等也是文言；风格、流派等影响深浅。

文言是旧时代文人惯用的书面的表情达意工具。我们通常说文言，可以指表达方式，如说"去国怀乡"是文言；也可以指文言作品，如说《聊斋志异》是文言。这里主要指前者，着眼于它的成长、延伸，以及与口语的关系，说说它的历史情况。

检查我们的文献库存，早期的书面语有甲骨文、金文、

《尚书》等。甲骨文是刻在龟甲、兽骨上的占卜的记录，都很简略。如：

(1) 丙子卜贞酒羔三小牢卯三牢

(2) 甲辰卜贞翌日乙王其宾俎于鼕衣不遘雨

金文是铸在铜器上的受赏颂德的记录，除少数重器如散氏盘、齐侯钟等以外，也是文字不多。如：

(3) 唯八月初吉，辰在乙卯，公锡旂仆。旂用作文父日乙宝尊彝，𦣻子孙。(商旂鼎铭)

(4) 惟九月既望甲戌，王格于周庙，燔于周室，司徒南仲右无专入门，立中廷。王呼史友册命无专，曰："官司鸿王，遹侧虎方，锡女玄衣带束，戈瑂戟，缟绊彤矢，攸勒銮旂。"无专敢对扬天子丕显鲁休，作尊鼎，用享于朕烈考，用匃眉寿万年，子孙永宝用。(周无专鼎铭)

《尚书》是保存在书面上的远古各朝公文的记录，内容比较繁。如：

(5) 时甲子昧爽，王朝至于商郊牧野，乃誓。王左杖黄钺，右秉白旄以麾，曰："逖矣！西土之人。"王曰："嗟！我友邦冢君，御事，司徒，司马，司空，亚旅，师氏，千夫长，百夫长，及庸、蜀、羌、髳、微、卢、彭、濮人，称尔戈，比尔干，立尔矛，予其誓。"王曰："古人有言，曰，牝鸡无晨，牝鸡之晨，惟家之索。今商王受惟妇言是用，昏弃厥肆祀弗答，昏弃厥遗王父母弟不迪；乃惟四方之多罪逋逃是崇是长，是信是使，是以为大夫卿士，俾暴虐于百姓，以奸宄于商邑。今予发惟恭行天之罚。今日之事，不愆于六步七步，乃止齐焉，夫子勖哉！不愆于四伐五伐六伐七伐，乃止齐焉，勖哉夫子！尚桓桓，如虎如貔，如熊如罴，于商郊，弗迓克奔，以役西土，勖哉夫子！尔所弗勖，其于尔躬有戮。"

（《周书·牧誓》）

这些文字，推想都是照口语写，略加修整。修整，一般是化繁为简，化任意为有条理，形成的与口语的差别是"量"的，与后代的文言和口语有"质"的差别不同。但是，因为它们都古奥，又从词汇句法方面看，与秦汉的书面语属于同一个系统，所以虽然没有离开口语，我们一向还是承认那些都是文言。

战国早期，如《论语》和《孟子》是记言的，"子曰"，意思是咱们的老师这样说,"孟子曰"是孟夫子这样说,依理也应该是照口语写。不过时代是到了战国,所记内容不像过去那样单纯,修整的幅度会大一些,如孔子答齐景公问政,说:"君君,臣臣,父父,子子。"(《论语·颜渊》)孟子答梁襄王问"天下恶乎定",说:"定于一。"(《孟子·梁惠王上》)这样简单,就不像是对国君的原话。还有,修整又不免受到旧文的影响,如《左传》说"唯予马首是瞻"(襄公十四年),用的格式同于《尚书》的"惟妇言是用","惟四方之多罪逋逃是崇是长",这就未必是照录口语。总之,这时期书面语与口语的距离,除了量的之外,也许兼有质的,至于有多少,或说距离多远,我们说不清楚。我们只能推断,当时的情况大概是,口语变动快,书面语已经有不很显著的迟迟不进的征象。这种迟迟不进的征象,到荀子、韩非等人的笔下,尤其李斯、贾谊等人的笔下,就更为明显,我们读《谏逐客书》和《过秦论》等,总可以感到,秦汉之际的口语绝不会是这样的。此后,变动快和迟迟不进各行其是,书面语和口语的差异越来越显著,如《史记·陈涉世家》记陈涉称王之后,"其故人尝与庸耕者闻之,之陈……陈王出,遮道而呼涉。陈王闻之,乃召见,载与俱归。入宫,见殿屋帷帐,客曰:'夥颐!涉之为王沈沈者。'"

客说的话明显地不合群，是口语，此外是司马迁的书面语，也就是与口语有别的文言。这样的战国两汉的文言，有大致统一的相当明朗的词汇句法系统，它不同于口语，被后来历代文人视为榜样，我们可以称之为定了型的文言。

这个词汇句法系统势力很大，口语已经向前走了很远，它却几乎是站在原地指挥一切文人的笔。自然，新时代的新事物对它，尤其词汇部分，会有影响；但它的态度是，只要原有的家当勉强能够应付，就尽力排斥新的。例如称丈夫的父母早已是公婆，用文言表示还要写舅姑；地名通用南京，用文言表示还要写金陵。句法也是这样，没听说过，要写未之前闻；就听老婆的，要写惟妇言是用。两汉以后，文言历史的主流就是这样顺着老路亦步亦趋。这可以分为两类。一类是大声喊叫跟着走的，如唐宋八大家和明朝前后七子等古文家，都是"文必秦汉"。一类是默默跟着走的，这几乎包括古文家以外一切能写的人，上至梁武帝、唐太宗，下至蒲松龄、沈复，早到曹植、嵇康，晚到王国维、章太炎，以及写白话出名的，如吴敬梓、曹雪芹等，只要用文言，也是文必秦汉。这种死抱着旧系统不放的写法（就是用文言写）使文言成为一种超时空的表情达意工具。就口语说，假定古代也有录音设备，我们还能听到孔子训斥宰予的话,卓文君卖酒时的话,杜甫应酬羌村父老的话,朱熹讲学的话,等等,我们一定不明白是什么意思。可是文言就大不同,而是清代汉学家所写,格局同于孟、荀、史、汉;南蛮𫓧舌的康有为写万言书,足不出北京的光绪皇帝却看得懂。有人说这是文言的优越性。是也罢,不是也罢,反正文言就是这样的怪事物,文字本来是有声语言的附庸,文言却造了反,建立了自己的独立王国。

有了自己的独立王国,不受口语拘束,它就可以,或说受爱美心情的指使,自然而然地,向梳洗打扮处发展,创造了声音和辞藻都讲究的各种文体。其中一个大户是骈体。看下面的例子:

(6) 子曰:"质胜文则野,文胜质则史,文质彬彬,然后君子。"(《论语·雍也》)

(7) 人性有畏其影而恶其迹者,却背而走,迹愈多,影愈疾;不如就阴而止,影灭迹绝。欲人勿闻,莫若勿言;欲人勿知,莫若勿为。欲汤之沧,一人炊之,百人扬之,无益也;不如绝薪止火而已。(枚乘《上书谏吴王》)

(8) 每念昔日南皮之游,诚不可忘。既妙思六经,逍遥百

氏;弹棋闲设,终以六博;高谈娱心,哀筝顺耳;驰骋北场,旅食南馆;浮甘瓜于清泉,沉朱李于寒水。(曹丕《与朝歌令吴质书》)

(9) 亦有岭上仙童,分丸魏帝;腰中宝凤,授历轩辕。金星与婺女争华,麝月与嫦娥竞爽。惊鸾冶袖,时飘韩掾之香;飞燕长裾,宜结陈王之佩。虽非图画,入甘泉而不分;言异神仙,戏阳台而无别。真可谓倾国倾城,无对无双者也。(徐陵《玉台新咏序》)

这可以显示,由战国到南朝,语句由偶尔整齐对称渐渐变为用力求全篇整齐对称,即所谓平仄协调的四六对偶。用来对偶的词语也是由粗而精,尽力求华丽典雅。这是由实用走向偏重装饰,有如把准备吃的萝卜雕成荷花的形状。显然,这做得太过分就会引来恶果,至少是过于耗费精力。这里不想评价,只是想说明,在文言向下流传的过程中曾经出现远离口语的花样,这也许不应该,但那是事实。

骈体求美,办法是用华丽的辞藻,对偶(包括意对和音对)兼四六变化,就语言的花样说是只用了大部,而没有用全部,因为不要求押韵。《诗经》和《楚辞》大致是押韵的。这个传统下传,途中吸收其他因素(主要是调平仄和对偶),分分合合，又产生了不少统称为韵文的花样。其中的大户是赋、诗、词等。这类韵文也是各有各的发展史，如赋由古赋发展为律赋，诗由乐府古诗发展为近体诗（绝句和律诗），词由小令发展为长调，都是声音和辞藻越来越讲究。曲的基本格局是白话，可是几乎把文言常用的华丽词语和修辞手法都吸收进去，因而我们讲文言的发展情况，也要捎带着提它一下，虽然它的立场是骑墙的。口语里自然有时也会出现整齐、对偶、押韵等现象，但那是无意的、少量的，更重要的是无规律的。韵文就不然，如：

（10）律赋

天生至宝，时贵良金。在熔之姿可睹，从革之用将临。熠耀腾精，乍跃洪炉之内；纵横成器，当随哲匠之心。观其大冶既陈，满籯斯在。俄融融而委质，忽烨烨而扬彩。英华既发，双南之价弥高；鼓铸未停，百炼之功可待。况乎六府会昌，我禀其刚；九收纳贡，我称其良。因烈火而变化，逐懿范而圆方。如令区别妍媸，愿为轩鉴；倘使削平祸乱，请就干将。（范仲淹《金在熔赋》〔以金在良冶，求铸成器为韵〕，只录金、在、良三韵）

(11) 律诗

群山万壑赴荆门,生长明妃尚有村。一去紫台连朔漠,独留青冢向黄昏。画图省识春风面,环珮空归夜月魂。千载琵琶作胡语,分明怨恨曲中论。(杜甫《咏怀古迹五首》之一)

(12) 词

山抹微云,天连衰草,画角声断谯门。暂停征棹,聊共引离尊。多少蓬莱旧事,空回首,烟霭纷纷。斜阳外,寒鸦数点,流水绕孤村。　消魂,当此际,香囊暗解,罗带轻分。漫赢得青楼,薄幸名存。此去何时见也?襟袖上,空染啼痕。伤情处,高城望断,灯火已黄昏。(秦观《满庭芳》)

(13) 曲

〔恋芳春〕孙楚楼边,莫愁湖上,又添几树垂杨。偏是江山胜处,酒卖斜阳。勾引游人醉赏,学金粉南朝模样。暗思想,那些莺颠燕狂,关甚兴亡!〔懒画眉〕乍暖风烟满江乡,花里行厨携着玉缸,笛声吹乱客中肠。莫过乌衣巷,是别姓人家新画梁。(孔尚任《桃花扇》第一出生唱)

以上这一点点例足以说明，文言脱离口语，原地踏步，还不甘心于保守，而是在已有的基础上，建筑自己设计的亭台楼阁。建筑求精美，当然，越精美就越远离口语。这很值得我们注意，就是，自发也罢，用意也罢，由秦汉起，文言的性质就是安于闭关的自成一套（小的变动是容许的，如吸收一些新词），并想方设法充实、发展自己的一套，仿佛旁边并没有理应统辖语言天下的口语。

这样，就书面语言说，至晚从秦汉起，水流是泾渭两条，文言和白话。它们经常是各走各的路，偶尔掺和，如上面所引《史记·陈涉世家》和"曲"的例，我们也很容易分辨出来，哪部分是文言，哪部分是白话。白话接近口语，浅易；文言脱离口语，古奥。但同是文言，也有古奥和浅易的分别。情况各式各样。比如就时代说，应该是早期的古奥，晚期的浅易，这可以举《尚书》、《仪礼》等，《东华录》、《大清会典》等为证。但又并不是永远如此，比如拿柳宗元的文章，甚至章太炎的文章，与《论语》、《孟子》相比，反而越是早期的越浅易。古奥和浅易，又常常是因人而异，如温（庭筠）、李（商隐）并称，欧（阳修）、曾（巩）并称，都是前一位的作品比较浅易。人，臭味相投，还常常以群分，形成流派；流派间也常常有古奥和浅易的分别，如元和体与西昆体相比，公安派与竟陵派相比，都是前一流派的作品比较浅易。古奥和浅易的分别，更多的是决定于文体。文体有大类别，如诗词与文。前者起初都来自民间，作者继承旧传统，下笔不避俗，因而写出来就常常很浅易。如：

（14）多情却似总无情，唯觉尊前笑不成。蜡烛有心还惜别，替人垂泪到天明。（杜牧《赠别》）

（15）诸将说封侯，短笛长吹独倚楼。万事总成风雨去，休休，戏马台南金络头。 催酒莫迟留，酒似今秋胜去秋。花向老人头上笑，羞羞，人不羞花花自羞。（黄庭坚《南乡子》）。

像这样通俗的话，文里就罕见。又同是文，不同的体也会有古奥和浅易的分别。先看下面的例子：

（16）且夫有报人之志，而不能下人者，是匹夫之刚也。夫老人者，以为子房才有余，而忧其度量之不足，故深折其少年刚锐之气，使之忍小忿而就大谋。何则？非有平生之素，卒然相遇于草野之间，而命以仆妾之役，油然而不怪者，此固秦皇之所不能惊，而项籍之所不能怒也。（苏轼《留侯论》）

(17) 某到贬所半年，凡百粗遣，更不能细说。大略只似灵隐、天竺和尚，退院后却住一个小村院子，折足铛中罨糙米饭吃，便过一生也得。其余瘴疠病人，北方何尝不病？是病皆死得人，何必瘴气？又苦无医药，京师国医手里死汉尤多。参寥闻此一笑，当不复忧我也。（苏轼《与参寥子》）

两段文字是同一个人所写，可是因为前者是论文，后者是小简，所用语言就大不同。大致说，文中有些体必须郑重其事地写，另外一些，如随笔、札记之类，可以随随便便；郑重其事就容易偏于古奥，随随便便，遣词造句漫不经意，就常常会偏于浅易了。

第三节 文言的地位

内容提要： 一、在交流、传播知识方面，在保存文化遗产方面，文言功劳很大。二、文言中有大量值得欣赏的作品。三、文言曾是好的表情达意的工具。四、对于国家民族的团结，文言起过一定的作用。

我们现在表情达意是用现代汉语（包括说和写）。可是现代汉语近旁还晃动着文言的影子：有些老年人会，看，甚至用（写而不说）；有大量的年轻人照规定学；还有少数人自愿学；依常理，有买的就有卖的，因而有不少出版机构争着印文言读物。照"五四"时期文学革命的激进人物看，文言是早已死了或应该死去，可是半个多世纪过去了，它却还在或明或暗地活动。百足之虫，死而不僵，显然，这是因为它有过百足。就文言说，是它势力大，有过汗马功劳，因而我们难于忘掉它，甚至不能不有限度地利用它。势力是由有所作为而来。文言的所作所为是什么？下面谈谈主要的几项。

一

文言和文化遗产的关系最密切；或者说，对于文化的积累和创新，文言的功劳很大。我们现在自信是已经由野蛮变为文明。由野蛮走向文明，路程相当长，慢慢前进，要靠运载工具，这运载工具是文化。文化是人为了活得更方便、更合理而创造的一切，包括物质的、精神的，大大小小无数种。创造是人群合力完成的。所谓合，不只包括同时同地的，还包括异时异地的，直截了当地说，是靠知识的交流。这范围可以小，如甲的所知传与乙，乙的所知传与甲；也可以大，如一人的所知传与众人，众人的所知传与一人。能够交流，知识普遍提高，才可以在保留旧的所知所有的基础上，百尺竿头，更进一步。交流知识，尤其异时异地的，要靠书面语言；我们的书面语言，尤其唐宋以前，用的几乎都是文言。文言记录了过去与社会人生有关的种种情况，包括自然环境、物质建设和思想活动。这样，根据记录，靠后的人就可以吸收前人的知识，并且学以致用。比如说，读了《周礼·考工记》，可以学习制器物的方法；读了《礼记·曲礼》，可以学习同人交往的仪节；读了司马迁《史记》，可以知道汉朝和匈奴冲突的一些情况；读了王充《论衡》，可以知道许多世俗所传并不可信。相反，如果书面语言没有记录，那就会模糊一片。一个典型的例子是古人常说的礼乐。两者经常并举，可是面貌却大不同。礼明晰，因为有《仪礼》、《礼记》等多种文献可征。乐就不然，以最有名的韶乐为例，孔子在齐国听到它，至于三月不知肉味（《论语·述而》），吴季札到鲁国看到它，叹为"观止矣"（《左传》襄公二十九年），可是韶乐究竟是什么样子，却谁也说不清楚，因为书面语言没有记录（自然也因为音乐难于说明）。记与不记差别这样大，可见三千年来，文言在保存、传授知识方面，功劳是如何大了。

　　用文言记录，成为文言文献。文言文献，可以指曾经有的，也可以指现在有的，两者相差很多：前者量大，后者只是残存的一点点。这残存的一点点，加上唐宋以来的白话作品，有人称为文化遗产。这不确切，因为文化遗产中有不少事物是书面语言以外的，大的如长城，小的如绣花针，无形的如尊重节操、喜爱山林等都是。但这样以偏概全也不无理由，因为书面语言保存的是知识；与知识相比，其他事物的分量就轻多了。还有，也唯有得到知识的辅助，其他事物的面目才会清晰，价值才会显露。举个近年的例子，清朝末年在河南安阳发现甲骨，因为有书面语言的文献，如讲古史和古文字的书，我们才能够断定那是商朝占卜的记录，并可以利用它推定商朝的一部分历史。此外还有一种情况，是我们可以根据现存的文献，推知现已不存的。有形的，如根据《水经注》、《洛阳伽蓝记》一类书，我们能够知道某地曾经有什么建筑；无形的，根据《孟子》，我们能够知道杨朱的学术地位以及思想的要点。就因为这样，我们无妨说，我们有丰富的文化遗产，其中最重要的是用文言写的那一部分。

专说这一部分文化遗产，虽然十不存一，却也够得上说是丰富了。丰富包括量和质两个方面。先说量，只举一部丛书为例，清朝乾隆年间辑的《四库全书》，它共收书（包括存目）万种以上。名为全，实际并没有全，因为其后还有人编四库未收书目、禁毁书目等；显然，一定还有不少散存各处，编时的网没有捞到的。万种以上，总计近于二十万卷，加上漏网的，清朝后期刊印的，总数可能有三十万卷以上，说是丰富总不是夸张了。再说质方面的丰富，那可以说是包罗万象。也举一部书为例，马端临的《文献通考》，它把文献内容分为田赋、钱币、户口、职役等共二十四类。这部书旧时目录入"政书"，是讲帝王将相关心的典章制度的，至于与一般人民关系更密切的，如穿衣吃饭、生死嫁娶等事，它就不讲；而这些，如果我们有兴趣，也很容易从各类书里找到材料。还可以举个更突出的例子。有人说，我们的古籍中几乎都是讲修身、齐家、治国、平天下的，科学知识很少。这也不完全对，如英国李约瑟近年著《中国科学技术史》，内容是并不单薄的。总之，因为量大质丰，文言就成为我们文化遗产中的最宝贵的财富。

二

上面总说文言的内容，像是偏于远大而不切近用；那就缩小范围，以现在的我们为主，说说文言中有不少作品，是值得我们现在还反复吟诵的。这就是大家常说的古典文学（其中有少量白话作品）。这个名称没有严格的定义。它像是来自西方。如果是这样，那就是引进以后，换了水土，变了种，比如它不只可以包括《论语》、《史记》等等，还可以包括《梦溪笔谈》、《天工开物》等等。范围如此之大，就难免名不副实，因为照西方的用法，文学应该指抒情的创作，包括诗歌、散文、小说和戏剧。但范围过小也有毛病，是把许多也讨人喜欢的作品开除了。两全的办法是换个名称，如称为值得欣赏的作品；或者用旧坛装新酒，保留文学之名，计它指一切值得欣赏的作品。这样，我们敞开大门，就可以把美文以外的许多作品，如《左传》、《庄子》，以至于《世说新语》、《文心雕龙》之类都请进来。当然，担任主角的仍须是美文，就是内容着重抒情，形式用了丽辞、对偶、押韵等修辞手法的那一些，如辞赋、诗词、随笔等等。

读文言作品，目的只是欣赏，像是避难就易，舍大取小。其实不然，因为这是吃营养最丰富的精神食粮。这类精神食粮，自然也可以来自现代和西方，但这类事物，甲不能代乙，因而如果力所能及，我们最好还是能够欣赏产自本土的古典的。而如果能，那就可以到文言的优美作品的大海里去漫游。说是大海，因为值得欣赏的作品非常多。美文里有大大小小不少类，专说其中一个大户，诗，由《诗经》二百零五篇起，经过汉乐府、六朝五言，到唐朝全盛，以及其后宋元明清的用旧体发新意，直到鲁迅、郁达夫等，总不少于几十万首，简之又简，选本也是多到数不清。何况诗之外，还有不少其他体裁；又何况还有很多不属于美文系统的，如大量的记事和说理的，甚至一些怪书如《山海经》、《水经注》之类，都可以当作小说、游记一类书读。总之，专是由欣赏方面着眼，文言的价值也是很高的。

三

文言，作为一种表情达意的手法，成就也很大。这所谓大，不是指为广大人民所利用，因为在旧时代，绝大多数人不能用文言写。大，是就表达能力说，不管什么样的情，什么样的意，用文言，不只能够写清楚，而且能够写得真切生动，刻画入微。这方面的情况，想说得面面俱到，并且恰如其分，显然做不到。因为其一，作品多，各有各的成就，不是少量的文字所能概括；其二，表达方面的高妙之处，大多可意会不可言传。过去，有不少人想言传他们看到或悟到的某一些，于是写成文论、诗话、词话、批注、评介之类，这是豹的一斑，自然难得全面。近年来还有人采用西法，研讨修辞的种种，如郑奠等《古汉语修辞学资料汇编》、杨树达《中国修辞学》、陈望道《修辞学发凡》之类，涉及的是全面，但常常是只能触其粗而不能触其精。这正如王国维在《人间词话》中所说："'菡萏香销翠叶残，西风愁起绿波间'，大有美人迟暮，众芳芜秽之感。乃古今独赏其'细雨梦回鸡塞远，小楼吹彻玉笙寒'，故知解人正不易得。"精，大多是难于名言的；自然，也难免仁者见仁，智者见智。这里还是由粗的方面，说说一般人的印象。美文，如辞赋、诗词之类，名副其实，写得美，画景物，抒情思，常常使我们感到，我们心中也有这样的意境，可是不知道怎样表达，它是替我们表达了，而且表达得这样好。美文应该写得美，可以不谈。且看美文以外的。一种是说理的，容易流于枯燥，一种是记事的，容易流于平实，可是我们读其中的有些，如《庄子》、《史记》之类，常常会感到像是读小说、读诗，这是把一般的题材也写成美文。这样的成就，当然主要应该归功于作者；但作者笔下的种种是来自文言的宝库，这储存、输送的功绩是非常大的。

文言表达方面的优点，还表现在输出方面，就是说，对唐宋以来的白话也有不小的影响。这大概是因为，那时期用白话写作的人，几乎都是通文言的，通，习惯了，当然，也因为他们觉得好,所以拿起笔,或无意或有意,就兼用了文言的表达方法。这主要有两种情况:一种是叙述时可用白话而用文言,如不说"自幼流落在妓院",而说"生长旧院之中,迎送长桥之上"(《桃花扇》第二出小旦白);一种是大量用诗词,话本系统的小说都是这样,有的甚至表现在书名上,如《大唐三藏取经诗话》、《金瓶梅词话》之类。白话吸收文言成分,最明显最突出的是戏曲的曲词,如"碧云天,黄花地,西风紧,北雁南飞。晓来谁染霜林醉?总是离人泪。"(《西厢记》第四本第三折旦唱)这简直就是通体用文言了。文言对现代语也有影响,虽然不像对中古白话那样明显,那样深远。不明显,因为绝大部分已经化入现代语,我们使用时感觉不到那是文言的留用。最典型的是成语,不只出身明显,而且量大。其次,词里也很有一些:有的是整体的,如革命、交代、冠军之类;有的是部分的,如作者、读者等,这"者"就来自文言。再其次,句法虽然少,也不是没有,如说惟你是问、付诸实行之类,也是套用文言。此外,"五四"以来有些名作家,尤其鲁迅先生,笔下有不很少的文言成分,因为化入调和一致的风格里,不细心分辨就未必能够觉察出来。

四

两三千年来，文言是不受时间、地域限制的我国人民交流情意的工具，又因为它有内容丰富、表达能力强等优点，它就成为我们的灿烂文化的重要组成部分。因为是重要组成部分，所以凡是文化总体的功绩，实事求是，都应该算上它一份。这功绩，除了作为运载工具，使我们的祖先由野蛮渐渐走向文明以外，还有个最大的，是使我们的历代祖先能够紧密团结，经历多次削弱、灭亡的危险而仍然能够生存、发展。远古时期情况模糊，可以不提。春秋时期，孔子说："微管仲，吾其被发左衽矣。"(《论语·宪问》)可见那时候，中原一带还是不十分稳固。可是这危险度过了，而取得的是秦的统一。汉魏以后，大危险不只一次，元、清两朝是国土全部丧失，南北朝和辽、金时期是国土部分丧失，可是这危险也一次一次地度过了，而取得的不只是国土恢复，而且是我国传统文化的融合异己，彻底胜利。两种文化（包括语言）相遇，一种占了上风，是因为它在许多方面有优点，胜过对方，这优点的中心是知识（表现在物质方面和精神方面），而知识，在旧时代，与文言是分不开的。

以上都是说过去。当然,我们更应该关心的是现在和将来,文言是不是还会像过去那样起良好作用?显然要减弱,因为,一是我们基本上不再用它作交流情意的工具,二是学的人、会的人必致逐渐减少。不过文化总是连绵不断的,何况我们的文献库存绝大部分是文言所写。问题不是用不用,而是如何利用。

还要说明一点,是文言也有不可取的一面,如不很容易学会,而且思想方面有迷信、落后等糟粕,即以作品而论,也有不少没有价值的东西,如八股文,试帖诗之类。这要怎样对待?办法有消极、积极两个方面:消极的是选择地利用,不好的可以不看;积极的是把不好的当作反面教材,化废物为肥料,如八股文,我们认清它的缺点,可以引以为鉴,自己拿笔不那样写,也很有好处。

第四节　文言典籍概况

内容提要：一、古籍书目。二、十三经与四书。三、二十四史与九通。四、《国语》、《战国策》与《资治通鉴》。五、《水经注》及其他。六、《老子》、《庄子》、《荀子》、《韩非子》及其他。七、诗文词与戏曲小说。八、字典、词典与韵书、类书。

一、古籍书目

学无止境，书难尽读，对浩如烟海的古籍，必须了解概要，识其源流，才能根据自己的专业要求和兴趣爱好，选择阅读，进行学术研讨。其中有的书应该精读，有的书宜于略读；

有的书不妨稍稍涉猎，以备查检；有的书可以暂时不读。这又要按照自己的知识水平、学习目的和时间精力等实际情况来分别主从，安排次第，不能一概而论。"千里之行，始于足下"；读书积学，本非一日之功。以学一点目录学，翻翻古籍书目，作为系统学习的第一步，是有好处的。

对图书整理、校勘，分类编目，撰写内容提要，始于汉成帝时的刘向。刘向于校定之书，皆详列篇目，撰写叙录，述要辨谬，载在本书。又以叙录汇辑别行，故称《别录》。刘向子刘歆，据《别录》加以剪裁，著为《七略》：辑略、六艺略、诸子略、诗赋略、兵书略、术数略、方技略；共分古籍为六类，各有说明。"辑略"为另编之总目提要，列在最前。《别录》、《七略》书均早亡（佚文散见诸书，清儒曾有辑本），东汉班固的《汉书·艺文志》，即照《七略》编成，并将《辑略》中语，散入各家之后，以辨流别。其后，魏郑默制《中经》。晋荀勖据《中经》又著《新簿》，分图书为甲乙丙丁四大类，但尚无经史子集之称，至晋李充改订编目，以五经为甲，史记（泛指史书，非司马迁专著）为乙，诸子为丙，诗赋为丁，四部之次第始定，《隋书·经籍志》遂明确以经史子集，标分四卷。唐宋以来，一直沿用这个四分法。又南朝宋王俭撰《七志》，梁阮孝绪撰《七录》，俱依《七略》而纷更，书既不传，对后代亦无何影响。

现存的史志目录，始于《汉书·艺文志》，嗣为《隋书·经籍志》、《旧唐书·经籍志》。其后《新唐书》、《宋史》、《明史》及《清史稿》，俱称"艺文志"，共为七种。《隋书·经籍志》叙，论述著录源流，为研究目录学的重要参考文献。此外，官修书目之著名的如宋代的《崇文总目》（已佚，有辑本）、明代的《文渊阁书目》、清代的《天禄琳琅书目》和《四库全书总目》等；私家书目之著名的，如宋晁公武《郡斋读书志》、陈振孙《直斋书录解题》、尤袤《遂初堂书目》、明高儒《百川书志》、清钱谦益《绛云楼书目》、黄虞稷《千顷堂书目》、钱曾《也是园藏书目》、徐乾学《传是楼书目》等，都有考征历代文献概况的作用。宋郑樵《通志》内的《艺文略》、元马端临《文献通考》内的《经籍考》，也是研究目录学不可忽视的材料。《四库全书总目》著录最广，每书皆撰提要，论述流传端绪，内容得失；各部类俱写总序、小序，叙其源流演变，以见学术之发展；实为阅读古籍入门之书。清末张之洞撰《书目答问》，分类介绍各种主要著作，有意为初学者指点读书途径，也不同于一般的书目。

目录的"目"本指书籍的篇章名目,"录"指"叙录",即内容解题提要之类。刘向于所校定之书,皆详著其篇目,以备考查存佚;并撰叙录以论述之。后来的目录书,分为三类:如《郡斋读书志》、《直斋书录解题》、《四库全书总目》等,于部类之后有小序,每书之下有解题,犹依《别录》、《七略》之例;如《汉书·艺文志》、《隋书·经籍志》等,皆删繁就简,仅有小序而无解题;如《新唐书》,《宋史》、《明史》等的《艺文志》,俱并无小序解题,只列书名与作者。于是,虽无篇目,无小序解题的书目,都泛称目录。近人余嘉锡在所著《目录学发微》中对此论说甚详,兹不赘述。

二、十三经与四书

经,是"常"的意思。经书的"经",谓成为典范,应该经常诵读的书。古代经典,先有"六经"之称,五经、七经、九经、十三经之名继起,至十三经之名立,已数度增加。秦汉间所说"六艺",即指六经:《诗》、《书》、《礼》、《乐》、《易》、《春秋》;其中《乐》经早佚,仅存其五。自汉武帝罢黜百家、独尊儒术,在建元五年(公元前136年)置五经博士，始有五经之称。从此，"经"遂特指儒家所公认的几部必读书。后汉灵帝曾在熹平四年（公元136年）命诸儒校正五经文字，刻石立大学门外。五经中的《礼》，又分《周礼》、《仪礼》、《礼记》，称为三礼；《春秋》与《左传》合，加上《公羊传》、《穀梁传》，称为三传。这样，《诗》、《书》、《易》、《春秋》，加上三礼，就成为七经。唐以《诗》、《书》、《易》加三礼、三传为九经，唐文宗开成间刻石于国子学，又加《论语》、《孝经》、《尔雅》，称十二经。至宋复增《孟子》，遂成大家熟知的十三经，通行的是清阮元校勘的《十三经注疏》本。

《易》即《易经》，亦称《周易》，是以六十四卦为基础的古代占卜之书。"易"有"变易"、"简易"、"不易"之义，包含着丰富的哲学思想。《书》，又称《尚书》。尚，通"上"，意即"上古之书"，为现存最早之上古文献汇编，保存了商代及西周初期部分重要史料，亦有后儒补充追述和附会润饰之辞。三礼中的《周礼》，本名《周官》，亦称《周官经》，讲述周代官制及战国时各国典制，而以儒家治道附益其间。《仪礼》，即汉初所谓《礼》，亦称《礼经》，记载春秋战国时代祭祀、丧葬、朝拜、宴会、嫁娶等礼节仪式，反映贵族生活与社会风习。《礼记》多解释《仪礼》的内容，兼及古代典制教化和治学修身的理论，为儒家讲道德修养的教科书。三传中的《公羊传》和《穀梁传》，皆少叙史实而多解释《春秋》的书法义例（指用字褒贬的原则）。《孝经》为儒家讲孝道与孝治思想的经典。《尔雅》为古代分类的训诂词典，将在下文论述。

在上列九经中，《易》理幽深，《书》文古奥，都不易懂；《周礼》、《仪礼》与《公羊》、《穀梁》两传，非专门研究，可以不看；《孝经》内容复杂，须作分别探讨；《尔雅》之用，重在查检词义，亦非自学之所急；惟《礼记》尚有部分篇章，关乎学习，不妨一观。研读文史，应该重视的是《诗经》、《左传》和《论语》、《孟子》四部书。

《诗》，自汉尊为经典，始称《诗经》，为我国第一部诗歌总集，收西周初至春秋中期民歌与庙堂乐章，分风、雅、颂三大类，实存三百零五篇。《史记·孔子世家》谓曾经孔子删定。其中民间情歌与宴会祭享之诗，均多佳作，能够反映当时社会面貌与生活情况，和乐舞有密切的关系，文学成分，史料价值，两俱可珍。读过选注《诗经》的篇章，如感不足，可从此更加发掘。今传《诗经》为汉毛亨作"传"，郑玄作"笺"，唐孔颖达作"疏"之本。

《春秋》载东周时自鲁隐公元年（公元前722年）至鲁哀公十四年（公元前481年）史实，首尾二百四十二年。相传系孔子据鲁史修订而成，按年月先后记叙，为我国第一部编年史。事多简略，时或隐约其辞，特以措语用字，显示褒贬，欲使"乱臣贼子惧"。"春秋时代"与"春秋笔法"俱因此书而称。三传皆为阐发《春秋》而作，"传"即"注释发挥"之意。其中以《左传》为最早出，记事终于鲁悼公四年（公元前464年），多出《春秋》十七年。着重以事实补充《春秋》，以当解说，保存了丰富的古代史料。叙述详明，文笔生动，亦为古今所称。清吴楚材等编《古文观止》，选《左传》文三十余篇，而于《公羊传》、《穀梁传》，所取不过一二，即足说明此点。旧说此书为鲁人左丘明撰，与孔子同时，或谓为孔子弟子。近人认为是战国初人汇编各国史籍而成。晋杜预合《春秋》、《左传》为一书，撰《春秋经传集解》，今十三经注疏本《左传》，即为杜预注与唐孔颖达疏之本。现在中华书局印行杨伯峻注释的《春秋左传注》后出转精，且附译文，可参照体会原书。

《论语》为孔子言行及其门弟子问答之辞的记录。《汉书·

艺文志》云:"《论语》者,孔子应答弟子时人及弟子相与言而接闻于夫子之语也。当时弟子各有所记,夫子既卒,门人相与辑而论纂,故谓之《论语》。"解说甚为明确。通行本二十篇为三国魏何晏集解,宋邢昺疏之本。汉赵岐认为这部书是"五经之锢鎋,六艺之喉衿"(见《孟子题辞》),地位仅次于五经,实为研究孔子思想的主要依据。

《孟子》是战国时孟子及其弟子的言行记录,为孟子弟子万章、公孙丑等所辑。《汉书·艺文志》著录十一篇,今本七篇,有汉赵岐注、宋孙奭疏。清焦循有《孟子正义》。儒家学说之发挥,自《论语》以后,以此书为首。宋儒心性之说,多宗《孟子》,特致推崇,故列入经典之内。以文字论,《论语》简练,《孟子》犀利,其记叙人物言行,皆有精彩片断。在先秦散文中,各具特色。南宋朱熹曾为《论语》、《孟子》和《礼记》的《大学》、《中庸》两篇各为集注,合称四子书或四书。从此,《四书集注》遂成旧时入门的必读书。

十三经的概况,略如上述。由于经学家分今文派与古文派,师承授受,各有渊源,于六经、五经以来的名目、次第,说法亦各自不同。这里只谈一般的常识,以避繁琐。欲作进一步研究,除《汉书·艺文志》和《隋书·经籍志》的叙以外,可看唐陆德明的《经典释文》。此书注释诸经文字音义,多存古音古训;其序录部分,讲述唐以前经学的源流演变,等于一部简要的经学史。近代学者吾师歙县吴检斋(承仕)先生所作《经典释文序录疏证》(1984年中华书局出版),征引详明,论断精辟,对序录的补充阐发,显示了考证分析的高度成就,尤应仔细研读。

四部分类,独经部诸书,被列为必读的经典,究其内容体例,则《尚书》之辑古史文献,三传之叙春秋史事,俱为史书,应归史部;《论语》、《孟子》各为一家之言,应归子部(宋以前,《孟子》即列于子部儒家);三礼讲古代礼制、仪节,亦应属史籍一类;《诗经》为诗歌总集,应归集部。"经"部之确立,可以说是儒家思想独受尊崇的表现。

阅读十三经,宜用《十三经注疏》。此书于经文之下,分列"注"、"疏";注文后一个圆圈下面所附的音义,为《经典释文》;每卷之末还有阮元所作的校勘记,订正诸经的文字;参阅最为方便。这里附带说明一下:"注"以解释"经"文,"疏"以(亦称"正义")阐说"注"义,互相映发。唐代是自"注"而"疏"的发展的时代,孔颖达、贾公彦、颜师古等,疏家辈出。"传"、"笺"、"章句"、"略解"、"解诂"等等，名异实同。如《诗经》之有毛传、郑笺，《尚书》之有伪孔传，《春秋》之有三传，俱为注解之意。至于"集解"、"集注"等等，则多汇辑诸家注释而断以己见。于此，皆知其义而不拘其辞可也。

三、二十四史与九通

史是记载往事，反映当时社会现实的书。古有史官，专司记事。唐代历史学家刘知几，把史书分为六类：一是《尚书》家，着重记言；二是《春秋》家，着重记事；三是《左传》家，编年叙述；四是《国语》家，以国分篇；五是《史记》家，通史纪传；六是《汉书》家，断代纪传（见《史通·六家》篇）。《隋书·经籍志》则分正史、古史、杂史、霸史、起居注、旧事、职官、仪注、刑法、杂传、地理、谱系、簿录十三类。其他公私史志所分，互有异同。实际历代史书主要是纪传、编年两体；或为通史，或属断代。专记一事首尾的"纪事本末"体，始于宋袁枢之《通鉴纪事本末》，虽后出而自成一格，比较常见。另如"实录"、"会典"之汇辑史料；"地志"、"游记"之载山川风土；"碑碣"、"传志"之传人物；各为史属，其用至宏。笔记杂书，亦为"史"之支流，种类甚繁，不能备举。至于"史记"二字，古籍中时以泛称记事之作，并非专指"太史公书"；以"春秋"为史乘之名者亦多。

所谓"正史"，指以帝王本纪为纲的纪传体史书，其名始见于南朝梁阮孝绪的《正史削繁》。西汉司马迁的《史记》、东汉班固的《汉书》实为"正史"之先河。《隋书·经籍志》叙就说："世有著述，皆拟班、马，以为正史。"魏晋时，《史记》、《汉书》与东汉刘珍等所撰《东观汉记》并称"三史"。至南朝宋范晔《后汉书》行，《东观汉记》渐废，《后汉书》遂与《史记》、《汉书》及晋陈寿的《三国志》，合为后来所说的前四史。《旧唐书·经籍志》上正史类列《史记》、《汉书》、《后汉书》、《三国志》、《晋书》、《宋书》，《南齐书》、《梁书》、《陈书》、《魏书》、《北齐书》、《隋书》、《周书》共十三史。至宋加《南史》、《北史》、《新唐书》、《新五代史》，又改刘昫《唐书》（即《旧唐书》）而代以《新唐书》，改薛居正《五代史》（即《旧五代史》）而代以《五代史记》（即《新五代史》），遂为十七史。明万历间刊行监本史书，增《宋史》、《金史》、《辽史》、《元史》，为二十一史。至清复加《明史》为二十二史，又以《旧唐书》、《旧五代史》与《新唐书》、

《新五代史》并立，《四库全书》始确定二十四史之目。二十四史现有清武英殿刻本，称殿本；商务印书馆汇辑各种善本影印之本，称百衲本；又有中华书局的标点本。抗日战争前，开明书店印行过一种精装本《二十五史》，附入近人柯绍忞所撰《新元史》。又辛亥革命后，由赵尔巽等主持编撰的《清史稿》，近年亦由中华书局校点印行。另外开明书店还搜辑论述二十五史的著作，出版《二十五史补编》，为史学研究工作者提供了丰富的资料。

古人论史，以《春秋》为本原，继起的著作，首推《史记》。司马迁创造了用"本纪"（载皇帝言行政绩），"世家"（记王侯立国史实）、"列传"（写臣民生平事迹）和"书"（述各种典章制度）、"表"（以表格列人物世系）五目配合而以纪传为纲领的体例，记叙了自黄帝起至汉武帝时止，上下约三千年间的历史，使我国有了第一部纪传体的通史和相应的系统。书中的各种史料互相关联，既便于按类分看，又宜于综合研究；表现了史书修撰内容和形式的明显进步。司马迁为作《史记》，博考旧史，广历山川，因李陵事受腐刑后，仍忍辱完成这一巨著。不仅其中史料足珍，文笔亦极超妙。所写人物，大都成为典型。传记文学，亦从此独张一军，显出夺目的光辉。

今本一百三十篇，与原数同，但汉代已有残缺，元帝，成帝时博士褚少孙补写数篇，今本有"褚先生曰"四字者，即出其手。南朝宋裴骃撰《史记集解》，唐司马贞撰《史记索隐》、张守节撰《史记正义》，称"三家注"，对《史记》文字音义的注释，各有所长。班固撰《汉书》，载西汉自高祖元年（公元前206年）到王莽地皇四年（公元23年）二百三十年间史事，为我国第一部断代史。其书依《史记》体例，而改"书"为"志"；省去"世家"，以王侯事并入列传。新增《刑法志》、《五行志》、《食货志》（《食货志》相当于《史记·平准书》)、《艺文志》，于汉代的法制、经济、地理风俗、学术流派等，作了具体的专门论述；《艺文志》为后出"正史"著录书籍的先河，有很大的影响。原书为十二本纪、八表、十志、七十列传，共为百篇。因为班固在和帝时以窦宪事受牵连，死于狱中，尚有八表及《天文志》未完，由其妹班昭续成之。书中所叙汉武帝以前事，常录《史记》旧文，而时加增删改动，征引文献，或为《史记》所未收。故考汉史，宜用两书参看，不能偏废。惟昔人多以班、马并称，实际班之见识文笔，均逊司马。《汉书》喜用古字，号称难读。唐颜师古汇辑前人旧注更为注释，通行的一百二十卷本《汉书》，即颜师古注本。

记东汉史实之书，除《东观汉记》外，三国吴的谢承，晋代的薛莹、司马彪、华峤、谢沈、袁山松等，皆有所作。南朝宋范晔以诸书多未善，参酌损益，更为《后汉书》，记自东汉光武帝至献帝时事（公元25—220年）。晔以宋文帝时彭城王刘义康事受累被杀，厄运亦似班、马，故其书之"志"未能完成。但所增党锢、宦者、文苑、独行、方术、逸民、列女等传，记叙人物，以类相从，则为发展《史》、《汉》，更立新篇，足以反映东汉以来党锢之祸，宦官专权的现实；于文士、畸人、逸民、隐士，各有所述，范围益广；表彰妇女的言行，为之立传，亦见卓识。且文字富于辞采，足彰史事，自其书行，而诸家《后汉书》皆废。梁刘昭曾注司马彪《续汉书》之八志，宋人以之补入范书。今本《后汉书》，即为并入刘昭注八志之本；计本纪十卷、列传八十卷，加刘昭"补注"三十卷，共一百二十卷。"八志"中《百官志》之讲设官制度，《舆服志》之述车服沿革，俱出首创，为前史所无。纪传部分注释，则出于唐高宗子章怀太子（李贤）之手。

《三国志》，晋陈寿撰，记魏蜀吴三国分立史实，只有"本纪"、"列传"，而无"志"、"表"，共六十五卷。陈寿曾仕蜀，师事谯周，入晋为著作郎，以晋代魏，故尊魏为正统。

其记魏吴事，主要据魏鱼豢《魏略》、晋王忱《魏书》、吴韦昭《吴书》等；记蜀事，则取资于平日的见闻积累。与前三史比，《三国志》纪传，时或失于简略。但陈寿长于史笔，叙述扼要有法，能反映历史的真实，曲折地表现自己的看法。清李慈铭即曾称赞《蜀志·杨戏传》之载《季汉辅臣赞》为"最得《春秋》微而婉之恉"（见商务印书馆本《越缦堂读书记》上册）。南朝宋裴松之为《三国志》作注，不似以前注家之解释文字训诂，而广泛征引史籍，以增广事迹，补充内容，纠陈寿记载之失误，评时论之得失，在诸史注中最具特色，可与梁刘孝标之《世说新语注》并称二美。其所引诸书，大都失传，保存佚文之功，尤不可没。

在二十四史中，前四史皆为私人著述，且各有注家作注。以后诸史，除李延寿的《南史》、《北史》和欧阳修的《新五代史》为自撰外，其余皆出官修，多成于众手，注者亦稀。《晋书》一百三十卷，载两晋史事，为唐房玄龄等据晋臧荣绪等《晋书》，更加纂录，时称《新晋书》。于纪传之外，另增"载记"，以记五胡十六国君主事迹。取材甚丰，而文杂骈俪，又多取魏晋小说怪异之谈，为后世所讥。《宋书》一百卷，载南朝宋史事，梁沈约撰，多据徐爰《宋书》旧本增删，史料自三代至魏晋，皆所论列，尤详于魏晋，所保存晋宋轶闻及当时口语，均甚可宝贵。《南齐书》作者萧子显，本齐宗室，后仕于梁，以当代人记当代事，较为确实。《梁书》和《陈书》皆唐姚思廉以其父姚察旧稿为基础编成，保存了不少原始史料，散文简练，颇合史体，亦为识者所称道。北齐魏收所撰《魏书》，则以褒贬不公，至被称为"秽史"。但据此书以校《北史》，仍足供参考。其《官氏志》兼载职官与氏族，《释老志》专记佛道两教事，志目俱出首创，亦为他史所无。唐李百药撰《北齐书》，亦据其父李德林《齐书》增饰而成，只有纪传，无表志，体例略似《后汉书》。《周书》唐令狐德棻等撰，叙自西魏分裂、北周建立至隋灭周事，对当时历史真相，多有如实的反映。《隋书》由唐魏征监修，颜师古、孔颖达、于志宁、李淳风、李延寿等一时名手，皆参与修撰，以史笔谨严，叙述简洁著称。其天文志、律历志、经籍志等，尤为后人所重。李延寿又据《宋书》、《南齐书》、《梁书》、《陈书》撰《南史》；据《魏书》、《北齐书》、《周书》、《隋书》撰《北史》；皆参考他书，删繁就简而成；也增补了一些新史料，故可与八书对观。

《唐书》和《五代史》，都有"新"、"旧"之分。《旧唐书》本名《唐书》，五代后晋刘昫等撰，其取各朝实录者，史实可据，文亦简要；但为材料所限，未能首尾一致，脱略甚多。《旧五代史》，本名《五代史》，宋初薛居正等撰，所采累朝实录及遗闻琐事，也很丰富；而编撰较差，文字不精。仁宗时命宋祁、欧阳修等重修《唐书》，名《新唐书》，遂称《唐书》为《旧唐书》。欧阳修又自撰《五代史》（原名《五代史记》），其弟子徐无党为之作注。为分别二书，乃曰《新五代史》、《旧五代史》。《新唐书》与《新五代史》皆删节旧文，力求简净，文笔确胜旧书，亦有较旧书翔实者，然删去史料不少。如《新唐书·儒学传》即不及《旧唐书》之内容丰富。元李治曾经指出《新五代史·李存孝传》之省略失当，语意不明（见《敬斋古今黈》卷四），亦可见其"事繁文简"之弊。新旧《唐书》和新旧《五代史》，实际是各有短长，应该参照并观，不能偏废的。

《宋史》、《辽史》和《金史》俱出官修，同为元代脱脱等所编。在二十四史中，《宋史》篇幅最多，共四百九十六卷。诸"志"述宋代典制甚详。但全书内容重复矛盾，详略不一，缺漏失误之处不少。《辽史》主要据辽耶律俨、金陈大任所记，兼采其他资料成书，而编撰粗疏，加工不细。其《营卫志》、《兵卫志》之记军队编制,《国语解》之注释词语音义,体例俱出首创。《金史》也在金人实录及已有诸史籍基础上编成,而剪裁叙述,皆胜《辽史》,为清初诸儒如顾炎武等所称道。其《交聘表》记金与宋、夏、高丽之间的和战来往等等,为反映当时情况所增篇目,说明编者有史学家眼光见识。《辽史》和《金史》,虽然各存缺点,却为研究辽、金史事的唯一系统的材料。

《元史》为明太祖命宋濂等所编。本纪多采元各朝实录,诸"志"史料亦较宝贵,惟成书匆遽,体例亦疏,重复遗漏,详略失宜,不一而足。近人柯绍忞为此撰《新元史》,对《元史》有纠谬、补缺、充实内容、改善体例之功。以两书对观,可见优劣。《明史》为清雍正时张廷玉等奉命据王鸿绪等之《明史稿》修订而成,材料较丰,体例严谨,然于南明史实,每加隐讳,品评人物,曲笔亦多,为时势使然。

研究史学,当首先读通前四史,熟悉内容,了解体例,深刻领会古人修史,剪裁概括的功夫和抑扬褒贬的原则,懂得史学与文学的分合关系;然后涉猎四史以下的诸史,自可举一反三,掌握要略,辨别真伪,不惑浮辞。通读诸史,逐部精研,不仅没有可能,亦无必要。但评论和考订史书的著作,却应该一读。唐刘知几的《史通》，叙述史籍的源流体例，评论得失，确有真知灼见。系统专著，此为第一。清章学诚的《文史通义》，评论经史，阐发精微，足称《史通》的继起之作。此外如宋吕祖谦的《东莱博议》，借《左传》史实，以发议论，亦自成一格，可以启发读者独立思考，有益于写作。又如清王鸣盛的《十七史商榷》、赵翼的《廿二史札记》、钱大昕的《廿二史考异》等等，俱为读史有得之言。这些著述，能够粗观大意，则于史籍即思过半矣。

古代以讲典章制度、辑文献材料为主的"政书"，是史籍另一门类。唐杜佑撰《通典》二百卷，系据刘秩《政典》旧本增广，博采经史群书，记上自黄帝、下至唐天宝间的典制沿革。分食货、选举、职官、礼、乐、兵、刑、州郡八门，大致相当于纪传体史书中的"书"或"志"，重点在于议论历代政治的得失。这是我国第一部讲典制的通史。宋郑樵撰《通志》二百卷，所述史事自三代至唐初，有本纪、列传和年谱；其自氏族、六书、七音以至金石、灾祥、草木昆虫等二十"略"，对古代的典制演变与学术源流等，作了总结性的概括，考订详明，为书内的精华。元马端临撰《文献通考》三百四十八卷，参照《通典》体例，自唐天宝续增至南宋理宗嘉定年间事例。分二十四门，采辑古经史和历代会要、名家传记及唐宋以来诸臣的奏疏、诸儒的评议等，以考订典故的得失，辨析史传的是非，材料丰富，超越《通典》，论断亦较多。这三部书合称三通，可与"正史"相辅而行，用备参照、供查考。此后清乾隆间官修《续通典》、《续通志》、《续文献通考》三书，载自唐肃宗至德元年（公元756年）至明末史实典制，以续补三通的内容；又撰（清）《皇朝通典》、《皇朝通志》、《皇朝文献通考》，专讲清代的典制，称为九通。1937年商务印书馆复以清刘锦藻《清续文献通考》合并刊行，遂为十通。研究历代的政治、经济，十通是不可缺少的资料。

四、《国语》、《战国策》与《资治通鉴》

研究先秦史实，《国语》和《战国策》是必读之书；贯穿古今，以一书包括众史，则《资治通鉴》，尤为不可不看。《国语》载周鲁齐晋郑楚吴越八国事，分国叙述，以《晋语》为最详。相传为春秋时左丘明作。《史记·太史公自序》已言"左丘失明，厥有《国语》"。所记春秋史实，多可与《左传》参照对观，故有《春秋外传》之称，文字风格，亦与《左传》

为近。其《鲁语》下之"敬姜论劳逸"、《楚语》下之"王孙圉论楚宝"诸篇，选本皆录，久已脍炙人口。共二十一篇，三国吴韦昭作注，赵宋宋庠作补音。《战国策》简称《国策》，多叙战国时游说之士的言行。西汉刘向据诸国史料写定成书，分十二国，共三十篇，通行本为汉高诱注，今已不全。另有宋鲍彪注木，改动编次，以西周移于卷首，元吴师道作补注。旧说《国语》记言，《国策》记事，盖谓各有侧重，并非偏废；而《国策》文笔犀利，描摹生动，实胜于《国语》。

《资治通鉴》，二百九十四卷，由北宋司马光领衔主编，参与修书执笔之人，有明确分工，如汉代事属刘攽，三国至隋事属刘恕，唐五代事属范祖禹，都能各尽所长。这部书把从战国到五代的史籍摘钞、改写、重编，大都删弃繁芜，贯穿首尾，文字亦经加工、润色，突出了主要内容。元胡三省为此书作注，亦以精详著称。凡读前四史直至新旧《唐书》、《五代史》，遇到难懂费解之处，看一下《资治通鉴》，往往就能弄清事实，知道始末。先读《资治通鉴》，再看诸史，以相参证，也是一个好办法。清毕沅撰《续资治通鉴》二百二十卷，记宋初至元末事，与《资治通鉴》内容衔接，正好连续阅读。又宋李焘撰《续资治通鉴长编》，则专记宋一代事。毕沅撰《续资治通鉴》即曾参考此书。

五、《水经注》及其他

史部诸书，包罗最广，"史"与"地"的关系是密不可分的。《尚书·禹贡》分中国为九州，述其山川分布、交通物产以及贡赋等等，实为言地理著作之先河。自《史记》创为《河渠书》以言水利；《汉书》设《地理志》以列州郡；其后诸"正史"遂多有讲地理、州郡之"志"书。汉魏以来，此类专著大都失传，如南朝宋盛弘之《荆州记》、山谦之（亦为晋宋间人）《丹阳记》等，书均早佚。清王谟曾辑已佚诸书为《汉唐地理书钞》，保存了一些可贵的史料。现存之书以旧题汉桑钦所撰《水经》为最著。此书大约为三国时人作，北魏郦道元为之作注，合经文称《水经注》，叙述各水源流，兼及山川风物、史迹传说，征引之书至四百余种，内容丰富，文字生动，文史价值俱高，为历代学者所重视。但今本已有残缺，传刻讹误亦多。清末杨守敬、熊会贞共撰《水经注疏》，详加考释，并附绘图，功绩不小。

随着地理之学的兴盛，唐宋已有郡县志、寰宇记一类著作，如唐李吉甫之《元和郡县志》、宋乐史之《太平寰宇记》，即为现存较早的地方总志。其他谈地理形胜，志山川风物以及记游踪、述民俗的著作，也为数甚多。如南朝梁宗懔《荆楚岁时记》之述四时民俗；宋王应麟《通鉴地理通释》之考《通鉴》地名；清顾祖禹《读史方舆纪要》之讲历代州域形势、山川险要；于读书证史，皆有裨益。明徐宏祖的《徐霞客游记》，以秀逸之文笔，记其跋涉山川之经历，写景抒情，采风问俗，尤为舆地书中独树一帜之作。至于顾炎武的《天下郡国利病书》，则博考史传，且作实地考察，以见民生利害，则着眼大处，关怀国计，有"学以致用"之意。这里于地理著作，略举一斑，借以说明文史之不能分家，史地之原属一脉，读书贵乎通达，又不仅是治史地之学如此的。

六、《老子》、《庄子》、《荀子》、《韩非子》及其他

春秋战国时代，百家争鸣，诸子之学，由是兴起。后出作者，历代有之。子，本为男子美称，先秦著作，多由弟子纂述师说，尊称其师曰子，故书亦以子名。举要说来，道家有《老

子》、《庄子》、《列子》、《抱朴子》等；儒家有《论语》、《孟子》、《荀子》、《晏子春秋》、《法言》等；法家有《商君书》、《韩非子》、《管子》等；兵家有《孙子》；墨家有《墨子》；杂家有《吕氏春秋》、《淮南子》等。小说家当另为一类，不应在诸子之列。

《老子》以书中大言道德，又称《道德经》。相传系春秋时老聃（姓李名耳，字伯阳，为周守藏室史）作，但道家所尊奉之老子，乃传说人物，非指老聃。此书大约为战国时人辑录道家格言而成。主张顺应自然，清静无为；认为"道"无往而不在；探索人生奥秘，总结对天地间万事万物的看法；哲理幽深，含蕴极为丰富。其有无相生，难易相成之说，已经包含着朴素的辩证法。子书中的哲学著作，当推此为第一。书分上下篇，共五千余言。今本有汉代河上公注，魏王弼注已亡。

《庄子》今本分内篇、外篇、杂篇，共三十三篇。相传内篇为战国庄周自撰，外篇、杂篇出其弟子及后人手。唐开元间尊庄子为南华真人，因名其书曰《南华真经》。意旨与《老子》相近而多作寓言。主张保全天真，各适其适；鲲鹏变化，奇思飞腾。以寿夭修短为一律，视穷通得失为相同；逍遥齐物之论，是其中心。赞赏诚实，抨击虚伪，《盗跖》、《列御寇》诸篇，露其锋芒。书内哲理之譬喻多方，思维活跃，和《老子》之以片言扼要，可谓各有千秋。而其文笔之纵横奔放，挥洒由心，实远在诸子之上。魏晋文士之旷达放逸，要求个性解放，即多受《庄子》影响。当时曾以《庄子》与《易》和《老子》并称三玄，十分重视。通行本为晋郭象注、唐成玄英疏。清末王先谦作《庄子集解》、郭庆藩作《庄子集释》，可补充旧注疏，为研读之助。近代古文家和翻译家林琴南（纾）教学生以《左》、《史》、《南华》作为必读书。盖因《左传》、《史记》极剪裁描述之妙，为记叙之典范；《庄子》擅说理形象之长，为议论之楷模。将此三书研读透彻，则叙事说理，两俱得宜。林氏以此为学生写作之基础，亦可见《庄子》的高度文学价值。

《列子》又称《冲虚真经》，旧题战国列御寇撰，而杂录先秦诸子及汉人论说，兼有后来佛教语，盖为魏晋人依托。其中"朝三暮四"寓言，即袭《庄子》而加详；"愚公移山"故事，亦出此书。今本八卷，有晋张湛注，或谓书即湛作。今人杨伯峻作《列子集释》，考释甚详。《抱朴子》，晋葛洪撰，以洪号抱朴子而名。书分内外篇，共七十五卷。葛洪以好神仙方术著称，晚年固辞散骑常侍，而乞为句漏令，即因句漏出丹砂，便于炼丹以求长生。《抱朴子》内篇之讲炼丹、符箓等道家神仙之说，可见其夙好，为后人考炼丹制药者所重视。外篇之论政务，评人事，语亦多精。

《论语》、《孟子》，说已见前。《荀子》，战国荀况撰。今本三十二篇，唐杨倞作注，编为二十卷。继承孔子学说，荀孟并称大儒，而孟言人性善；荀谓人性恶，须制以礼义，与孟说相反；其《非十二子》篇，且责及子思、孟子，以其不能辟后世俗说为罪。李慈铭云荀况"以嫉浊世之政而有《性恶》一篇"（见《越缦堂读书记》上册），可见此说之有针对性。其他如《劝学》篇之讲勤读，《义兵》篇之讲仁义，则与孔孟说同。其书论述相当广泛，《成相》与《赋篇》，体属辞赋，又有关文学。李慈铭认为在诸子中"惟《荀》最醇"，确有见地。清王先谦撰《荀子集解》，汇辑诸家校释，相当详备。今人梁启雄亦有《荀子柬释》一书。

《晏子春秋》，为战国时人辑录春秋齐晏婴事而成。今本八卷，分内外篇。内有崇尚节俭之说，故宋人归之于墨家。所叙之事，多见于《孟子》、《管子》、《韩诗外传》及《新序》、《说苑》诸书，可见其出于辑录。清孙星衍有《晏子音义》，卢文弨有《晏子春秋校正》。汉扬雄撰《太玄》，仿《周易》；

撰《法言》，仿《论语》，有晋李轨、宋司马光两种注本。《商君书》亦称《商子》，为战国时法家依托商鞅之作，今存二十四篇，记商鞅的政令言论，主张法治，实行农战。主要内容均见《史记·商鞅传》。有近人王时润《商君书斠诠》、朱师辙《商君书解诂》。《韩非子》为战国时人辑韩非遗著而成。韩非乃韩国公子，与李斯同师荀卿，后使秦，为李斯所忌，下狱自杀。《史记》本传言韩非作《孤愤》、《五蠹》、《内外储说》、《说林》、《说难》，十余万言，可见其书多出自撰。盖先秦诸法家学说经其总括，而加论断，以集大成。说理明晰透彻，文笔亦极见辩才。共五十五篇，为二十卷。其中亦杂入后人论述追记之作。清卢文弨有《韩非子校正》、王先慎有《韩非子集解》。《管子》为战国时人伪托春秋齐国管仲撰，二十四卷，原八十六篇，今本存七十五篇。内容甚杂，道家、法家、兵家、儒家之言，错出其中，盖非一时一人所辑。唐房玄龄（或谓尹知章）作注。有清洪颐煊《管子义证》、戴望《管子校订》及近人郭沫若《管子集校》。《孙子》即孙子兵法，旧题春秋吴孙武撰，为我国现存最早之兵书，共十三篇。述作战之规律、策略，多经验之谈，为历代兵家所重。有三国魏曹操及唐杜牧等《孙子十家注》本。

《墨子》是春秋战国时墨家创始者墨翟学说的汇编，由其弟子后学辑录成书者。记述墨子言行与学说要旨，以兼爱非攻，尚贤节用，提倡勤俭为中心。现存五十三篇。清末孙诒让作《墨子闲诂》，训释甚精。《吕氏春秋》亦称《吕览》，为战国吕不韦任秦相时集众门客撰，有十二纪、八览、六论，共二十六篇。十二纪篇首语，同于《礼记·月令》；其末之《序意篇》，为其自序。书言任人用民，节丧安死等等，皆以儒家所云治道为主，而参以道家、墨家语，盖综合诸家之说为论断，征引古籍文字甚多。清人《四库提要》称其"较诸子之言，独为醇正。"（见子部杂家类一）有汉高诱注、清梁玉绳《吕氏春秋校补》等。《淮南子》本名《鸿烈》，亦称《淮南》，汉淮南王刘安撰。亦成于门客之手，如《吕览》之例。原有内篇二十一，外篇三十三，仅内篇存。其第二十一《要略》，叙著作概要，为本书之序论。内容于天道人事，无所不谈，以道家思想为主，亦综括儒、墨、法等先秦诸家之说。有汉高诱注。清庄逵吉、王念孙皆有校本。近人刘文典撰《淮南鸿烈集解》，辑录旧说甚为丰富。

　　诸子百家之说，自然也无法遍观尽晓，以老、庄、荀、韩为基础来阅读，无论从学哲学、学文学哪一方面说，都可以大受启发，广获教益。从此再读他书，将无往而不利了。扫叶山房石印的《百子全书》，汇辑单行本子书甚多；中华书局重印原世界书局本的《诸子集成》，集诸家注释不少，选读方便。

七、诗文词与戏曲小说

在文学园地中，诗文词和戏曲小说，有如百花竞放，争妍斗艳，选择阅读，为人人所必需。这些作品，不仅可以使人增长见识，充实学问；而且能够开阔胸襟，陶冶性灵；进而改变气质，提高思想境界，作用不容忽视。诗体有古今之分，文体有骈散之异。古体指两汉以来的乐府诗和五、七言古诗；今体（或近体）指萌芽于六朝而形成于唐代的格律诗，分五、七言律诗和绝句。律诗八句。中间四句必须对仗，每首限用一韵；每句皆须谐调平仄，有一定的格律；绝句不限对仗，亦调平仄；都和古诗之可以换韵，不计平仄者不同。乐府本指汉代官署所采配乐之诗，后来即泛称入乐之诗为乐府。古人为文，讲求声律、对偶，由来已久，至六朝此风益盛。唐人于声律，对偶要求更严，遂成以四六句为基调之骈体文，亦曰四六文。唐王勃《滕王阁诗序》之句法音节，足称骈文之典型。总之诗文之风格流派,皆随时代作者而不断发展变化,如何欣赏鉴别,就要看个人的修养了。诗文与词,皆属集部。汇辑各家作品于一编的,叫作总集;只刊个人著述的,称为别集。最早的总集,除《诗经》外,当推《楚辞》。原为西汉刘向所辑战国楚人屈原、宋玉诸人辞赋,附汉人拟作和自己的《九叹》,共十六篇。东汉王逸又增自作《九思》和班固的两篇序,并撰注释为《楚辞章句》,宋洪兴祖复作补注。现有中华书局校点本。

《诗经》、《楚辞》之后的诗歌总集,以南朝陈徐陵所编《玉台新咏》十卷为早出。前八卷录自汉至梁的五言诗,第九卷载歌行,第十卷收五言二韵之诗。古乐府和六朝宫体艳诗,多经辑入,足以补缺佚,供考证。有商务印书馆四部丛刊和中华书局四部备要两本,中华本收诗较多。继出之书,有宋郭茂倩所编《乐府诗集》一百卷,分十二类。自汉魏至唐五代乐府歌辞,采辑极丰。各类均有总序,每曲均有解题,俱以古辞列前,拟作附后;考证详明,体例亦善,为历来讲乐府诗者所重。后来专辑一代诗歌的总集,以清康熙间官修的《全唐诗》九百卷为规模最大,共收唐诗四万八千九百余首,并附唐五代词十二卷。但编撰粗疏,错误甚多。此外,清人于宋元明清四代之诗,皆有选本,如吕留良等所编《宋诗钞》,专以宋代诗作有集者选钞，刊成八十四家，九十四卷；顾嗣立所编《元诗选》共三集，一百一十卷，兼录元代诗人专集与零散作品；朱彝尊所编《明诗综》一百卷，辑录明代诗人作品，各加序录和评论；沈德潜所编《国朝诗别裁集》三十六卷，选录清代诸家之诗；皆能略见各朝诗歌的风貌。又中华书局曾出版《唐人选唐诗》一册，收唐元结、殷璠等所选唐诗十种，可以反映唐人对当代诗歌的品评。

选辑历代诗文的总集，当首推南朝梁昭明太子（萧统）所编《文选》，即《昭明文选》。录自先秦到梁代诸家诗文，分为三十八类。萧统爱好文学，博观群籍，与门下文士合撰此书，入选诸篇，多为有代表性佳作。原三十卷，唐李善作注，分为六十卷。其后吕延济、刘良、张铣、吕向、李周翰五人复另作注，称五臣注；与李善注合刊，即曰六臣注。有商务印书馆国学基本丛书的李善注本和四部丛刊的六臣注本。继《文选》而编的总集，主要有宋初李昉等所编《文苑英华》一千卷，录自梁末至晚唐五代约二千二百人的作品，近两万篇，正好和《文选》的时代衔接。其中唐人诗文占十分之九，已佚之篇，多借此保存。中华书局曾据旧本影印。有佚名编的《古文苑》二十一卷，传说宋代孙洙于佛寺经龛中所得，录自东周至南齐作品二百六十余篇，为史传和《文选》所不载，惜俱不知所出。清孙星衍又编《续古文苑》二十卷，增补佚作，并一一注明出处。有明张溥所辑《汉魏六朝百三家集》一百一十八卷，录唐以前作者诗文，材料甚丰，而考证不精，不注出处，体例未善。有清严可均校辑的《全上古三代秦汉三国六朝文》七百四十六卷，录自上古至隋三千四百九十七人的作品，前加作者简析，后注文章出处，体例较为谨严。但不免重复、遗漏和误收，且有张冠李戴之失。近人丁福保仿严可均之例，辑《全汉三国晋南北朝诗》，以接于《全唐诗》之前，搜罗相当完备，亦惜疏于考证，不注出处。

专编一个朝代诗文作品的总集，有宋姚铉编《唐文粹》一百卷，选录唐代古体诗文歌赋，不取骈文和律诗；有宋吕祖谦编《皇朝文鉴》（即《宋文鉴》）一百五十卷，选录宋人诗赋、奏疏、杂著等，分六十一门；有元苏天爵编《国朝文类》（即《元文类》）七十卷，选录自元初到仁宗延祐间诗文，分四十三类；有明程敏政编《皇明文衡》九十八卷，选录明初至宪宗成化间辞赋、乐府及各体文，分三十八类；各有衡量去取的标准。至清嘉庆间编《全唐文》一千卷，收文一万八千四百多篇，包括五代作品，则极力求多求全，实亦不免遗漏。

《全唐文》和《全唐诗》，中华书局均曾出校点本。又清许梿编《六朝文絜》，专选自晋至隋的骈体文，曾风行于旧时，为习骈体文者所称道。

上述诸书，如《文苑英华》、《全唐文》之类，多属材料汇编性质，宜备查检之用。惟《文选》着重从文学角度取材，如《古诗十九首》、晋左太冲（思）的《咏史》诗八首、阮嗣宗（籍）《咏怀》诗十七首、向子期（秀）《思旧赋》、李令伯（密）《陈情事表》、南齐孔德璋（稚珪）《北山移文》等，名作如林，各体均备，可资欣赏，可供阅读，足为习文的范本，故久为后人推重，至称研究《文选》为"选学"；旧时且有"《文选》烂，秀才半"的俗谚，意谓读熟《文选》，即成半个秀才。可见从此书中选有代表性作品诵习的重要。清桐城派古文家姚鼐编《古文辞类纂》七十五卷，择录从战国至清诸体文章，分十三类，以桐城义法，品目精严，足为《文选》之继。因此，学古文可从读《古文观止》、《古文释义》等选本入手，然后读《文选》内汉魏六朝诗文诸体佳作，参以《古文辞类纂》所录唐宋八大家（唐韩愈、柳宗元，宋欧阳修、苏洵、苏轼、苏辙、曾巩、王安石）之文，仔细体会揣摩，必将日益有功，不断提高理解和写作的能力。

先秦著述，不以"文"名，至汉而有辞赋家；自编文集，则始于六朝；至唐末刊版印行，别集遂多。以《四部丛刊》本集部来说，自汉蔡邕的《蔡中郎集》、三国魏曹植的《曹子建集》、晋陆机的《陆士衡集》到清代龚自珍的《定盦文集》等，历代名家文集，大致皆备，可借以了解概况，查找阅读。

词，由诗演化而来，故称"诗余"；以与音乐的关系更为密切，须依谱作词，故称"曲子词"；以其句有长短，又称"长短句"；作词称填词，亦以按谱填字而言；各因其特点而有异名。词，形成于唐，发展于五代，而盛于两宋；中衰于元明，而复振于清。唐李白的《菩萨蛮》和《忆秦娥》一般认为词之先河；晚唐之温庭筠，五代之韦庄，冯延巳与李后主，继起可称中坚。两宋则晏殊、晏几道、欧阳修、柳永、张先、苏轼、秦观、周邦彦、李清照、辛弃疾、陆游、姜夔、吴文英等名家辈出，指不胜屈。爰及近代，尚有作者。如清末民初之朱彊村（祖谋）、王半塘（鹏运）、郑叔问（文焯）等，皆追踪两宋，为词坛名宿。

词集有五代蜀赵崇祚编的《花间集》十二集，录晚唐五代十八家词，为最早的词总集。其他如宋曾慥编《乐府雅词》五卷，录宋代三十四家；宋黄昇编《唐宋诸贤绝妙词选》

十卷，录唐宋一百二十家词，兼采宋代四僧人、十闺秀作品；黄昇又编《中兴以来绝妙词选》（亦称《花庵绝妙词选》）十卷，录南宋八十九家词；南宋人编《草堂诗余》前后集，按春夏秋冬四时景物节序和天文地理等分类选录宋词；都是著名的词选。至明末毛晋编《宋六十名家词》，收自晏殊、欧阳修、柳永、苏轼以至晁补之，卢炳等共六十 家词，宋代名家词作，始汇于一编。今人唐圭璋辑《全宋词》，收词近两万首，更为大观，现有中华书局重编订补之本。

唐代诗歌最盛，蔚为一世之奇，初、盛、中、晚四期，各有大家。如初唐之王勃、杨炯、卢照邻，骆宾王，号称四杰，盛唐之李白与杜甫，王维与孟浩然，岑参与高适；中唐之韦应物与柳宗元，韩愈与孟郊；晚唐之温庭筠与李商隐；皆齐名并称，各有千秋。故唐诗宋词的诸大家之作，不可不读。先取选本，后读专集，由浅入深，循序渐进，较易见功。不仅诸家旧注，可供研读，今人选注，尤宜参阅。如高步瀛之《唐宋诗举要》、俞平伯之《唐宋词选释》、潘伯鹰之《黄庭坚诗选》等，即选注皆精，有益于体会作品的思想内容和艺术风格。

古代的文评、诗话之类的著述，亦应择要阅读，以提高理论水平。如南朝梁刘勰撰《文心雕龙》十卷，分题论述各种文章的体制和发展演变与其利病工拙，探讨了文学批评的原则和方法，为比较有系统的文学理论著作。梁钟嵘撰《诗品》三卷，分上中下三品，以评论汉魏以来一百零三个诗人作品的优劣；唐司空图亦撰《诗品》一卷，以讲诗理，分为二十四品；都是著名的诗评。其后如宋欧阳修的《六一诗话》、陈师道的《后山诗话》、严羽的《沧浪诗话》等，俱为著名的诗话，历代相承，作者不绝。至如宋阮阅之《诗话总龟》，则为古今诗话的分类汇编；如唐孟棨的《本事诗》，宋计有功的《唐诗纪事》等之录名篇，记本事，也近于诗话一类。明胡震亨的《唐音癸签》亦专收诗话，以论唐诗，相当完备。此外如宋沈义父的《乐府指迷》之论填词的技巧，清代官修的《词谱》之讲词调，也是阅读和习作有用的参考书。其中《文心雕龙》最为历代学者所重视，清黄叔琳曾撰注释，有四部备要本。今人研究，译注亦多，可供参考。

古时音乐及其唱词皆称曲，唐诗宋词，原皆可歌。其后或不入乐，遂专以能唱者为曲，有南北之分。曲虽非纯粹文言，却是古籍中的重要文学作品。北曲，用中州音调；南曲，用江南音调。散曲，只有唱词；戏曲则具故事情节，记动作为"科"，加语言为"白"。宋时已有杂剧，至元而极盛（金称院本，名异实同）。作者极多，如关汉卿之《窦娥冤》和《单刀会》、白朴之《梧桐雨》、马致远之《汉宫秋》、王实甫之《西厢记》，尤为著名。明臧懋循编《元曲选》（亦称《元人百种曲》），于元代杂剧名作，大都录入。元钟嗣成撰《录鬼簿》，记元曲作家一百五十余人之生平及作品，可见一时之盛。明清时以唱南曲为主的长编戏曲为传奇，以别于北杂剧。如明高则诚之《琵琶记》、汤显祖之《牡丹亭》、清洪昇之《长生殿》、孔尚任之《桃花扇》，均属传奇名作。明毛晋编《六十种曲》，即专收明传奇。近人董康编《曲海总目提要》，录元明清三代戏曲剧目六百八十余种，皆简介作者，略述剧情，并附考证。今人隋树森辑《全元散曲》，共收小令三千八百五十三首，套数四百五十七套，残曲在外；俱有功戏曲，蔚为大观，为研究戏曲提供了丰富的资料。

中国小说也起源于古代神话传说，先秦诸子史传已有神怪之谈和人物言行片断的描写，而两汉小说为后人依托者多。故称为笔记小说的文言短篇小说，实至魏晋南北朝而奠基形成。如晋张华《博物志》、干宝《搜神记》、苻秦王嘉《拾遗记》之杂记神仙鬼怪故事与历史传说的，称为志怪小说；如南朝宋刘义庆《世说新语》之写名士清谈的，称为轶事小说或志人小说;为神话传说的继承和演变,乃史传之支流。到了唐代,演志怪为传奇,变轶事为杂录,传奇小说改变了魏晋以来粗陈梗概的"残丛小语"的面貌,大都情节曲折,结构完整,辞采华美,为首尾完具之短篇。如牛僧孺《玄怪录》、袁郊《甘泽谣》、裴铏《传奇》等专集,以及沈既济《枕中记》、蒋防《霍小玉传》、元稹《莺莺传》、杜光庭《虬髯客传》等单篇,佳作甚多。刘𫗧《隋唐嘉话》、刘肃《大唐新语》之类,虽仿《世说新语》,而各有现实内容和时代特色,渐近于史。此后宋代徐铉《稽神录》、洪迈《夷坚志》等志怪书和仿唐传奇之作,说明志怪传奇之传统未断;而《世说新语》体亦有王说《唐语林》、孔平仲《续世说》之一脉相承。下至清代,蒲松龄《聊斋志异》之兼志怪传奇两体之长,纪昀《阅微草堂笔记》之追踪晋宋志怪,王晫《今世说》之于《世说新语》亦步亦趋,流风余韵,大致可睹。这里略谈数种,以概其余。

八、字典、词典与韵书、类书

字典、词典,亦曰字书,旧时和韵书俱归经部小学类,现在统称辞书。东汉许慎的《说文解字》是我国第一部真正的字典，不同于以前识字课本式的字书。它以小篆为主体，用"六书"（象形、指事、形声、会意、转注、假借）理论，因"形"释以"义"，来作解说，分五百四十个部首，使纷纭复杂的文字，有类可归；为后来字典的编者导了先路，并成为研究古文字学的重要依据。继《说文解字》系统而编撰的字典，有晋吕忱的《字林》、北魏江式的《古今文字》等，书均失传。至南朝梁顾野王编《玉篇》，始以通行楷字代替篆书，注重音义，不再逐字分析形体。宋司马光等撰《类篇》，又调整体例，增加新字，但部首仍繁。明梅膺祚大胆革新，编撰《字汇》，简化部首为二百一十四，每部的字都以笔画多少为先后来排列；附"检字"，可按笔画找不易辨别部首的字；每卷还有部首及页数表；解释亦力求简明；成为我国第一部便于检查、注重实用的字典。后出的明张自烈《正字通》、清代官修的《康熙字典》，俱沿用其体例。《康熙字典》收四万七千余字，为数最多，在注音方面，也又有改进。

《尔雅》是我国第一部训诂词典，为解经而撰。这部书渊源甚古，大约是经过多人长期增补，最后成书于汉代经师之手的。今本二卷，分释诂、释言、释训至释草、释木等十九篇，首创了按内容性质分类释词的体例，为我国古代词典之先河，对后来类书、辞书有不小的影响。通行本为晋郭璞注、宋邢昺疏。后起的如汉孔鲋的《小尔雅》、魏张揖的《广雅》、宋陆佃的《埤雅》、明方以智的《通雅》以至清史梦兰的《叠雅》等，都是《尔雅》的流派。惟汉刘熙的《释名》，专讲"音训"，以音同音近的字来解释词义，稍与《尔雅》异趣。汉扬雄的《方言》，辑录汉代方言俗语，为方言词典之先河；服虔的《通俗文》，为通俗词典的前导。自唐以来，演变益多。有注释经典诸书文字音义的字书《经典释文》，说已见前。继此发展，有清阮元的《经籍纂诂》，是一部辑录经传子史文字的大型训诂词典。有注释佛经文字音义的字书，唐释玄应和慧琳的两部《一切经音义》，辽释希麟的《续一切经音义》；有注释虚字的字典，清刘淇的《助字辨略》和王引之的《经传释词》；有汇编辞藻典故的词典，清人所编《佩文韵府》与《骈字类编》。方言俗语词典，有明陈士元《俚言解》、清翟灏《通俗编》之类的兼采各地方言俗语；有清吴文英《吴下方言考》之类的专释一地方言。字典词典，至此品种极多，各具不同的功用。此外，魏晋南北朝时出现了韵书，如魏李登《声类》、晋吕静《韵集》；隋唐人亦有续作，惜均亡佚。现存的韵书，以宋人所编《广韵》为最古。这种韵书，虽以审音辨韵为主，也兼讲文字训诂，按韵分组收字，近似现在的同音字典。对这多种多样的辞书，应该识其源流，了解体例，以便适当运用，解决阅读古籍所遇到的文字训诂的问题。

类书取"事"采"文"，分类汇辑各种内容的材料，是古代一种近似大百科全书的工具书。"事"以典故为主，"文"以辞藻为主。天文、地理、人物、故事、典章制度、诗文、词语、服饰、器物、飞禽、走兽、草木、虫鱼以及其他许多事物，无所不包，范围甚广。大都为作诗文查找事类典故等来使用。最早的类书为三国魏文帝命儒臣编撰的《皇览》，早已失传；南北朝人所撰类书，亦均亡佚。现在常用的类书，有唐虞世南的《北堂书钞》、欧阳询等的《艺文类聚》、徐坚等的《初学记》、白居易和宋孔传的《白孔六帖》，宋李昉等的《太平御览》、王应麟的《玉海》，明解缙等的《永乐大典》、俞安期的《唐类函》，清张英等的《渊鉴类函》、蒋廷锡等的《古今图书集成》等。《北堂书钞》散失很多，已非原书。《艺文类聚》保存了不少隋以前古书的引文，如魏晋南北朝人的诗文赋颂等，即多出于宋代所无的诸文集；《初学记》内容近似，有关史地、民俗的材料不少，兼及唐初诗文和一些其他著作。《白孔六帖》以摘录成语、典故为主。《太平御览》所辑事类，以征引广博著称。《玉海》多录有关典章制度的文献。《唐类函》把唐人类书,删除重复,汇为一编。《渊鉴类函》据《唐类函》增补而成。其中《永乐大典》卷帙极富,引书多全录原文,不加删改,惜残存无几,有中华书局辑印之本。《古今图书集成》一万卷,是现存规模最大、用处最广、内容最丰、体例也最完善的类书,引证不改原书,照录全文,亦如《永乐大典》,十分可贵。此外如宋李昉等的《太平广记》专录小说;宋王钦若等的《册府元龟》专辑史事,则是专门的类书。

一般类书,都先分大部,下列子目。如要查有关"纸"的事文,可从《艺文类聚》第五十八卷《杂文部》内"纸"的小题下找到。类书的用处即在于查找各种资料,校勘考证古书和搜辑古书的佚文。如《太平御览》五百五十五卷《礼仪部》三四《葬送》三所引《孟子》的"滕文公卒,葬有日矣"一段,即为今本《孟子》所无。但类书中的错误、疏漏、删节、讹脱也不在少数。因此使用它的引证时,凡见于今本古籍的,最好以今本和类书参校异同,以求其是。总之,使用工具书,可补知识之不足,而学问太差,有工具书也使用不好。以勤读博览的基础,再适当查检工具书,才能相辅相成,事半功倍。

第二章
文言的结构

第一节　字

内容提要：一、字形：文字是记录语言的不同形体的符号。（一）字体演变：1. 甲骨文；2. 金文；3. 战国文字；4. 小篆，附说大篆、籀文；5. 隶书；6. 楷书；7. 草书；8. 行书。（二）造字法：1. 六书说；2. 三种造字方法。（三）异体。（四）繁体和简体。（五）本字和区别字。（六）通假字。二、字音：（一）字音的构成。（二）字音的声韵系统：1. 二十一个声母；2. 三十八个韵母；3. 四个声调。（三）字音和字形。（四）直音、读若和反切。（五）韵书的字音规范。（六）古音和今音。（七）古今音的差异：1. 声母；2. 韵母；3. 声调。（八）读古籍时会遇到的字音问题：1. 反切的读音；2. 辨平仄；3. 入声字的读音；4. 平去两读的字；5. 读破字例。

一、字形

字，或说文字，是记录语言的成系统的成套符号。因为有文字的记载，过去的许多东西我们才能了解继承；代代相传，将来也可以了解今天 20 世纪 80 年代的现在。今天不同地方的人也可以通过书面语进行交际往来。

汉族人用来记录汉语所创造的文字叫作汉字。当初文和字指的是两回事，有"独体为文，合体为字"的分别，例如"木"、"日"是文，"林"、"杳"、"森"、"晶"是字。

每个字各有自己的面貌，所以分得出这个字那个字。像"币"和"巿"、"干"和"于"、"戌"和"戍"、"己"和"已"和"巳"，即使十分相似，毕竟有那么一点儿差别，让人能够分辨。1915 年出版的《中华大字典》收了四万八千多个字；七十年来又造了一些新字，这样，汉字总数大概有五万左右了。这就是说，现在有五万左右不同样子的汉字。

(一) 字体演变

现在书刊报纸上印着的这种样子的字叫作"楷书",或者叫作"楷体"字。是不是汉字一产生就是楷书这种样子呢?不是。汉字的形体发生过多次变化。

现在读《诗经》、《楚辞》、《论语》等古典著作,可能会碰到这样那样的困难,不过在文字上却没有多大问题,因为那些书上的字大多数都认识。假使因此就认为古书最初就是用楷书写的,那就不对了。古代著作是用当时通行的字体写的,一代一代往下传,后代人随着字体的变化,把以前比较古老的字体转写成新体字,经过几次转写,才成为现在的楷体字。假使未经转写,识别文字首先就是难关一道。连字都认不出几个,理解全文自然就更谈不到了。

古书上的字既然已经转写成现在大家都认识的了,何必还要管它什么这种字形那种字体呢?只想稍微学一点儿文言的人,是可以不管什么字形字体的;但是想深入学习进行研究,了解一些有关文字的知识还是有用处的。比方新发现一件周朝的铜器,上头有许多文字,自然是那个时候使用的字体,还没有转写成现在的楷书。如果认识那些古老的字,对那些文字的内容了解起来就少了一层障碍。有的古文字材料虽然已经有人转写成楷书了，但是由于各种原因，难免出现差错。如果对原件上的文字有所了解，去查对原件，就可以发现差错，不至以讹传讹了。一般说来，汉朝和汉以后的字体比较容易辨认，可是转写成楷书时也难免差错。比如有人把汉简里的"耳"误作"瓦"，又有人把唐末五代时写本里的"片"误作"行"。

楷书是从隶书演变而来的，隶书之前在不同时期先后又有不同的字体。下面简单介绍汉字字体的演变。

1. 甲骨文　公元前14世纪到前11世纪住在现在河南安阳一带的商朝人使用的文字叫做甲骨文。它已经有三千多年的历史，是现在所能见到的最古老的汉字。那时候的人碰到一些事情有疑问时，就用龟甲或者牛骨进行占卜，所问的事和占卜的结果要记录下来，叫作卜辞。记就记在那块用来占卜的甲或骨上，于是给它起了个现在通行的"甲骨文"这么一个名字。过去也有叫"龟甲文"、"契文"、"贞卜文字"、"殷虚书契"的。

甲骨文可以说都是刻的；也发现过写的，数量极少。在坚硬的甲骨上刻字，又要随占卜随着刻下来，所以直线形的笔画多，弧形的少，而且笔画的线条往往很细。一块甲或骨的面积有限，上面要刻一些字，因而甲骨文的字一般都很小。右方是一段刻出来的卜辞，那些字就是甲骨文（图一）。

甲骨文有许多字，同一个字常常有不同的写法，例如：

（鹿）

（采）

（湄）

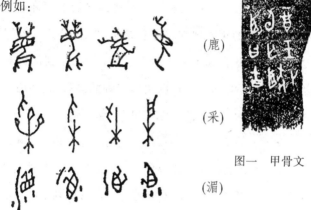

图一　甲骨文

甲骨文的某两个字或者三个字可以写得占一般一个字的面积，看起来像一个字，实际并不是一个字。这种情形称为"合文"。例如：

（五千）　　（九百）　　（壬午）

（十二月）　　（四祖丁）　　（牝牡）

甲骨文虽然最古老,可是发现得最晚,到如今不过八十多年。从甲骨文的构造上看,它已经是发展得十分成熟的文字。可以设想,一定有比甲骨文更早的汉字,只是现在还没有发现就是了。

2. 金文　商、西周和春秋时代的铜器上有许多是铸着字的,那上头的字,现在一般称之为"金文"。古人把铜叫作"吉金",因此就起了金文这个名字。因为乐器的钟和食器的鼎是重器,所以金文也可以叫作"钟鼎文"。此外还有"铜器铭文"、"吉金文字"、"彝器款识"等名称。

铜器上的字,绝大多数是在造器的范上刻好了和器物一起铸成的。在范上刻字比较容易,时间也从容,因此金文的笔画有曲直、粗细的变化。也有在器铸成之后再刻字的,不过为数甚少。铜器上的文字称为铭文,短的只有一两个字,长的有四五百字的一篇文章。下面是铸在鼎上的铭文(图二)。

金文的许多字,同一个字也往往有不同的写法,例如:

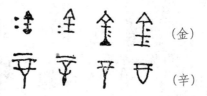

（寿）

金文里也有合文，例如：

（五百）　（小子）　（妣丙）

（內門）　（十一月）　（上下帝）

图二　毛公鼎铭

金文主要是周朝文字。战国时期固然属周朝,尽管那时的文字也有铜器上的,可是字体风格跟金文颇有差距。

3. 战国文字 春秋晚期到秦始皇统一中国之前基本上是战国时代,这时期的文字出现在铜器上的虽然很多,但是陶器、玺印、钱币、简、帛等物上也都有,于是人们就按时代命名,把这个时期的字体叫作"战国文字"。也有叫作"六国文字"的。

战国文字出现在简和帛上的数量很多,都是用毛笔写的,还有写在石头上的,这些发现大多是近些年的事。比较起来,战国文字不像金文那么浑厚凝重,而是趋向流畅秀丽。下面举几个战国文字的例子:

同一个字的写法有比较大的差异以及向简化方面发展,在

战国文字里表现得十分突出。还有改换字的部件的情形。像"定"字,金文由"宀"和"正"组合而成,战国文字有把"正"换成"丁",写成囟或仐的。还有增加部件的,像"齿"字上半的"止"就是。

战国(包括春秋)时代有少数器物上的文字笔画故意增加曲折,或者粗细不一,或者在笔画上加圆点,是意在美化,并没有表示意义的作用,例如:

(河)　(弔)　(鼌)　(邵)

《说文解字》里的和三国魏三体石经里的"古文",可以认为就是战国文字。

4. 小篆　秦始皇统一中国之后,因为原来各国文字存在差距,不利于统治,便实行统一文字的政策。办法是整理、简化原先秦国使用的文字,比方秦国铜器上的和石刻上的是写法不同的一个字,整理时取用了前者;又如把简化为。有些无须整理、简化的,就继承使用,如石刻上的字、字就是。这样,把当时使用的每个字的标准写法定出来,全国各地都必须遵照实行,凡是跟标准不合的各式各样的写法不得使用。这项工作是丞相李斯受秦始皇之命进行的。这种新字体一般称为"小篆"。也有叫作"秦篆"或者"篆书"的。

经过统一整理而产生的小篆,从总体来看,字形比较平整匀称,笔画的线条组合比以前要简单些。字形标准化规范了之后,就不存在一个字可能有几个写法的现象了。秦始皇统一文字不仅在当时有现实意义,而且对后来的世世代代一直产生着深远的影响。

在秦朝的石刻上虎符上和一些诏版上,都可以见到当时的小篆。下面印的是石刻上的字(图三)。

图三　琅邪刻石

《说文解字》解说的九千三百多字、汉朝一些篆书碑刻以及魏三体石经中的小篆，都是研究小篆的资料。

这里顺带讲一下"大篆"。小篆这个名称是后代人给起的，本来叫篆文。为了区别于文字统一前秦国系统的文字，就把统一前的叫作大篆，统一后的叫作小篆。

另外还有"籀文"的名目，指的是《史籀篇》里的字体。此书早已亡失，不过在《说文解字》里还可以见到少数籀文。就所见到的来看，它和战国时秦国石刻"石鼓文"很相近。籀文可以作为大篆看待。

5. 隶书　小篆虽然是官方颁布的标准字体，但使用并不方便。为了提高书写速度，就产生了一种写起来简便得多的新字体，当时管它叫"隶书"。这个名称含有轻视它的意思，因为那时小篆是正统。

有的古书上说隶书是秦始皇让程邈造的，可能他主持过整理隶书的工作，因为一种新字体是逐渐形成的，不可能由一个人一手创造出来。

从这时隶书的形体看，小篆的痕迹相当明显，某些地方还沿袭着小篆的写法。西汉早期的隶书也是这种样子。东汉进入隶书的成熟时期，跟小篆的面貌就相去甚远了。那时碑刻上的隶书方整的居多，竹简木牍上手写的比较自然些。见下页东汉的隶书（图四）。

隶书把小篆的弧线圆笔改成直线方笔，这是最显著的改变。另外，从整个字的外貌看，隶书是扁方形的，笔画有粗细的变化，跟小篆字字长方，笔笔粗细一律也大不一样。小篆的某个形体不论在字里哪个部位，都是一种写法；隶书却按书写的便利，把它分为不同的样子。也有相反的情形，隶书某些字里一些相同的形体，在小篆里却是不相同的，这是隶书把它们合而为一了。

过去有个"古隶"的名称，指的是秦朝（其实也应该包括西汉早期）的隶书。古隶跟西汉晚期和东汉的所谓"今隶"相对待。古隶也有叫作"秦隶"的，今隶也有叫作"汉隶"的。现在说的隶字隶书一般指汉隶。

在给汉字分古今两大类时，隶书以前的各体是古文字，从隶书开始往后就算是现代文字了。

6. 楷书　前面已经说过，现在常用的字体是楷书。"楷"是楷模的意思。也有称为"正书"、"真书"或者"正楷"的。楷书在汉朝晚期就已经出现了。一千七百多年来楷书这种形体没有变为另一种新字体，一直延续使用，这是其他任何文字所不能比拟的。

楷书是由隶书演化而成的。从总体上说,楷书跟隶书没有很大差别,主要的不同是笔画的样式。现在认识楷书的人看隶书并不感到多么困难,也可以证明它们的差别不是很大的了。见下图唐人写的楷书(图五)。

图四　礼器碑　　　　　　　　图五　欧阳询九成宫醴泉铭

7. 草书　草书有"章草"和"今草"之分。

a. 章草　章草也是由隶书演变而来。章草比楷书产生得早,西汉时就已经出现了。章草是后来起的名称,最初只叫作草书。

为了写起来方便迅速,把隶书写得草率了简化了,这渐渐成为一种新的字体,就是最早的草书,也就是章草。汉朝章草的真迹可以从出土的汉简上看到;另外,一些字帖里有摹刻魏晋时代书法家的章草。章草是把隶书写法的几笔连起来写以减少笔画,或者索性省掉隶书写法的某些笔画;但在横和捺两种笔形上还往往出现波磔,带有隶书的笔意。见下页是章草(图六)。

b. 今草 今草是在章草的基础上发展形成的。为了区别于在它之前的草书,就把后起的这种命名为今草,而把原先的那种叫作章草。今草进一步简化章草的写法,把可能连接的笔画尽量连起来写,有些字可以连作一笔写,甚至字和字也接连而下;弧形线条特别多,笔画难分。笔形和楷书相近,没有章草那种带隶书笔意的波磔写法。今草在晋朝开始出现。现在说的草字一般指今草。见下页是草书(图七)。

唐朝还出现比今草更草的所谓"狂草",这是个别书法家的一种书法艺术,如怀素《自叙》就是。

草书写起来虽然简便快速,但是字的形体常有相似的,分

 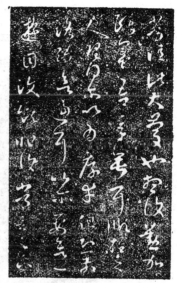

图六　急就章　　　　　　图七　王羲之十七帖

辨困难，容易混淆，因此就没有作为一种实用的字体通行。

8. 行书　行书是楷书和今草之间的一种字体。它既不像楷书规矩得一笔不苟，书写费事；又不像草书灵活得笔画牵连，辨认费力。

采用写草书的办法基本上写楷书的形体，如果楷书的成分多些，就叫作"行楷"；如果草书的比重大些，就叫作"行草"。行书出现于汉末。行书写比楷书省事，识别比草书容易,所以它一直和楷书并驾齐驱,为人所乐用。下图是行书(图八)。

图八 怀仁集王羲之书圣教序

汉字的字体大致就像以上所介绍的那几种。由前一种老形体发展出后一种新形体,其间总会有新老兼而有之的过渡形体;新体并不是某年某月突然出现的。由繁到简便于写和认是字体演变的总趋势。

（二）造字法

文字是由图画发展演变而来的。从甲骨文或金文"日、月、鱼、马、弓、矢"等字还可以看出图画的痕迹。有许多事物是抽象的，没有形象可画，用什么办法造字呢？对这个问题，很早就有人注意了，例如《左传》里有"止戈为武"、"反正为乏"的说法，《韩非子》里有"自环者谓之私，背私谓之公"的说法。但这只是对个别字的一种解说，并不是成系统的理论。成系统的造字法理论是汉朝学者提出来的。

1. 六书说 《周礼·保氏》讲"六艺"的"礼、乐、射、驭、书、数"时，提出"六书"的名目；汉朝郑众给《周礼·保氏》作注时说：

> 六书：象形、会意、转注、处事、假借、谐声也。

汉朝班固在《汉书·艺文志》里说六书是造字之本：

> 古者八岁入小学，故《周官》保氏掌养国子，教之六书，谓象形、象事、象意、象声、转注、假借，造字之本也。

汉朝许慎在《说文解字·序》里不仅列出六书的名目，而且有简要的说明，并举了例字：

> 《周礼》八岁入小学，保氏教国子，先以六书：一曰

指事；指事者，视而可识，察而见意，上、下是也。二曰象形；象形者，画成其物，随体诘诎，日、月是也。三曰形声；形声者，以事为名，取譬相成，江、河是也。四曰会意；会意者，比类合谊，以见指㧑，武、信是也。五曰转注；转注者，建类一首，同意相受，考、老是也。六曰假借；假借者，本无其字，依声托事，令、长是也。

六书的内容，这三家的说法相同，只是名称不尽一样，次序的排列有差异。现在一般是次序用班固的，名称用许慎的，这样，六书便是：象形、指事、会意、形声、转注、假借。

汉朝学者提出六书是造字之本，就是说汉字的造字法有像上面说的那六种，这对后来汉字的研究很有影响。下面对六书分别做简要介绍。

a. 象形　文字产生之前，人们用画图的办法记事。在产生文字的过程中，一直在使用那些图画；随着文字的形成，它们就成为文字行列中的成员了。那些原是描绘实物的，所以很容易认出是什么字。例如"鱼、鹿、象、马"在甲骨文里有写成🐟🦌🐘🐴的，看起来一目了然，这样子的字就叫作象形字。假使"弓、矢、门、车"这四样东西在画图记事的阶段还没有，在文字产生之后它们才出现，人们用描绘它们形状的办法造出⟨ ⟩ ⟨ ⟩ ⟨ ⟩ ⟨ ⟩四个字,这种办法就是六书之一的象形。许慎说的"画成其物,随体诘诎",大意是描画成那件东西,按着形体而使笔画曲折。他举的例字是"日"字和"月"字。日字在商朝金文里有写成⊙的,甲骨文大多是扁方形的▱,因为圆形刻起来太困难。在中间加一小横是为了跟▢(丁)字区别。月字在甲骨文里有写成𝐷或者𝐷的。

由于字形的演变,看上面举的几个例字的楷书,可以说全然不像它们所描绘的对象了。如果把"门"字、"车"字写成20世纪50年代初期通行的"門"和"車",还多少可以看出它们是象形字的样子。少数象形字在很早以前就不表示自己原来的意思了,例如"萬"原本是蝎子那样的虫子,"能"原本是熊之类的野兽,现在想到它们是象形字的大概人数很少了。

b. 指事 许慎举"上"和"下"作为指事的例字,这两个字在甲骨文、金文里分别写作⼆和⼆。其中那个长横代表水平线,用短横指明所处的位置,在上的⼆表示"上"的意思,在下的⼆表示"下"的意思。另外像一(一)、⼆(二)、三(三)、亖(四)也是指事字。这些字都是用单纯符号造成的。有的用在象形字上加符号的办法来表示意思,例如"木"

是树的象形字，上加横线成为"末"字，表示所指的部位在树梢。把横线加在下头成为"本"字，表示所指的部位在树根。在"刀"字上加个点指明刀口部分，成为"刃"字。这就是许慎说的"视而可识，察而见意"，也就是看起来可以识别字形，考察一下就明白含意了。

c. 会意　用两个或者两个以上的单字组合成一个新字，把那两个或者几个单字的意思综合起来领会这个新字的含意，这样的字是"会意字"。许慎解释"会意"说的"比类合谊，以见指㧑"就是这个意思。他举了"武"和"信"两个例字。《左传》说"止戈为武"正是说武字是由"止"和"戈"（楷书变成"弋"）组合成的。戈是古代的一种兵器，止是一只脚。综合它们的意思，戈是作战用的，走路要用脚，带着兵器走路表示用武力征伐，这就是武字的含意。"信"字由"人"和"言"组成，人说的话应当真诚，信的意思就是诚。另外，像"戍"字是由"人"和"戈"组合成的，人拿着戈表示守卫边疆的意思。"步"字上半的"止"是一只脚，下半的"少"是反着写的止，代表另一只脚，两只脚一前一后表示步行的意思。"从"字是一人在前，另一人在后跟着，表示跟随的意思。

有的会意字是由三个或者更多的作为部件的字组合而成。例如"祭"字的"夕"是肉,"又"是一只手,"示"是神的意思,综合起来就是手里拿着肉奉献给神,表示祭的意思。又如"盥"字,"匚"是一只手,"彐"是另一只手,"皿"是盆,另外还有"水",两只手放在盛着水的盆里,表示洗手的意思。

还有些字跟上面说的情形不一样,它们不是用组合方式造的,而是用改变现成字形方式造的。例如"㐬"("育"和"毓"里的㐬)是"子"字的倒写,小孩子头向下脚朝上,表示胎儿正在出生的意思。按小篆的写法子是♀、㐬是♁。又如"片"字是"木"字的右半边,表示把树纵向分割开的一部分。小篆木写成朩、片写成片。这类字也是会意字。

d. 形声　许慎解释形声是:"以事为名,取譬相成。"大意是:用一个表示意思的部件,再用一个表示读音的部件,组合成一个字。他举"江"和"河"两个例字,它们都跟水有关联,所以字的一部分用"氵"(水在楷书字中左半边的写法)表义;"江"的读音跟"工"相同或者相近,"河"的读音跟"可"相同或者相近,所以字的另一部分分别用"工"用

"可"表音:这样造成的字是形声字。表义的部件通常称为形符,也可以叫作义符;表音的部件通常称为声符,也可以叫作谐声偏旁。

组成形声字的形符和声符的排列方式,可以归纳为六种:

湟、裾、岵、排——左形右声

刜、期、鄂、鸠——右形左声

篁、嵩、霏、景——上形下声

岱、酱、蟹、裴——下形上声

闻、冈、辩、衷——内形外声

囡、匪、衔、裹——外形内声

从上面的例字可以看出,同一个形符"山"可以处在左、上、下、内四个不同的位置;同一个声符"非"可以处在左、右、下、上、内五个不同的位置。相同的形符有的因为位置不同而产生不同的写法,例如"裾"里的"衤","裴"里的"衣","裹"里的"衣"。

形声字的声符起表示读音的作用。现在有些字的读法跟声符的读音相同,例如"湟"、"篁"跟"皇"同音;可是有些字不然,例如"排"的读音跟"非"不同,"江"跟"工","河"跟"可"也不同音,这是因为语音古今有变化,当初造它们的时候不是同音便是音近。

另外要说明一下，内形外声的"衺"字，跟外形内声的"裹"字虽然外表相同，可是结构却正相反。《说文解字》火部说："衺：炮炙也，以微火温肉。从火，衣声。"衣部说："裹：缠也。从衣，果声。"因为内形外声的例字很少，所以选用了衺这么一个字。

e. 转注 "建类一首，同意相受"，这是许慎对转注的解释，结合他举的"考"、"老"两个例字来看，"考"字和"老"字在同一部（老部），"建类一首"大概就是指这种情形说的；在《说文解字》里，"考"当"老"讲，"老"当"考"讲，它们是互相训释的关系，这大概就是"同意相受"的意思。类似"考"和"老"这样的转注字，《说文解字》里还有，但是不多，例如刀部的"刑：剄也"，"剄：刑也"；穴部的"窽（窍）：空也"，"空：窽（窍）也"；页部"颠：顶也"，"顶：颠也"；等等。

转注是六书里最不好解释的一种，过去研究六书的学者对转注的理解有偏重字形的，有偏重字音的，有偏重字义的，众说纷纭，莫衷一是。

f. 假借 有个事物或者什么意思要写出来，还没有记录它的专用字，于是就借用跟它的语音相当的某个字来写，这就是许慎解释假借时说的"本无其字,依声托事"。他举的例字是"令"和"长"。"令"字本来的意思现在还没弄清楚,借来当动词用还是当名词用,也不清楚。"长"字本来是形容词的长,借来当动词用或者当名词用都可以。过去研究六书的学者,有人认为这两个例字举得不大好。

被借来用的字叫作假借字。假借字在甲骨文里就已经出现了,例如"我"本来是一种兵器,借用为第一人称代词的我。又如"自"本来是鼻子,借用为当从讲的介词。前头讲象形时举的"萬"和"能",作为假借字一直使用下来,因而原来的意思反而湮没了。

2. 三种造字方法　六书的"转注"和"假借"只是利用已有的字说明用字的方法,并不是造字的方法。在《说文解字》的九千三百五十多个字里,"指事"字只有一百二十多个,不仅数量少,而且跟会意字、象形字纠葛颇多,现在讲造字法,差不多都把指事归并到会意里去。这样,汉字的造字法实际只有三种,如果还沿用旧有的名称,那就是:a. 象形,b. 会意,c. 形声。

汉字里形声字占百分之八十多,比例最大,因为形声是一种最富有创造力的造字法。现在造的新字如"氚、钔、胩、醛"之类,用的都是形声的方法。

(三)异体

字音相同、字义也相同,只是字形不同,这种现象的字叫作"异体字"。单从字形上看,它们的样子不一样,好像是不同的字,可是实际上是相同的字;也就是一个字有不同的写法。前面介绍甲骨文、金文、战国文字时说的有些字还没有定型,那也就是一些异体字。异体字会造成文字使用的混乱,所以秦始皇要统一文字。

小篆是经过整理并且由国家颁布的,字的形体有统一的规定,一个字只允许有一种写法。到隶书阶段,异体字又出现了,例如汉简《孙子兵法》的"力"字在相连的两根简里有ㄅ、为、力三种写法,"之"字在汉简《孙膑兵法》里大致有㞢、业、乏、之四种写法。异体字不仅汉朝简牍里有,石刻里也有。楷书通行的时间最长,产生的异体字很多,情况也比较复杂。例如:

颷—飘	烁—秋	隣—鄰	左右移位
羣—群	畧—略	鵞—鹅	上下改为左右
猨—猿	椶—棕	箸—筯	声符用字不同

雞—鶏　　豬—猪　　脣—唇　　　形符用字不同

还有改动更多的，如"裏"的上下（实际是内外）结构改为左右结构，又改变偏旁，成为"裡"；"麐"和"麟"是改变声符又改变位置；"謌"和"歌"是改变形符又改变位置。

另外还有两个形体完全不相干的，例如：

麤—粗　　邨—村　　骽—腿　　秊—年

歬—前　　頫—俯　　櫶—門　　爊—熬

有的异体字，不同的形体还不只两个，例如"鹅"，除了"鵞"之外，还可以写成"鵝"；"頫"，除了"俯"之外还可以写成"俛"。又如："暖—煖、暵、烜"，"萱—蕿、蘐、蕙、蕙"，"橹—艪、樐、櫓、艣"，"窗—窓、窻、牕、囱、牎"，"國—囼、国、圀、囗、㖻"等都是有好几个异体。

过去，异体字随人们的高兴和习惯，爱写哪个写哪个；有的人甚至在一篇文章里也忽而写这个，忽而写那个，好像不这样就不足以显示他识字多、学问大。异体字多是一种毫无意义的额外负担。

现在看新出版的一般书籍报刊，是见不到异体字了，这是因为1955年12月文化部和文字改革委员会联合发布了《第一批异体字整理表》，废除了一千零五十五个异体字，并且由

1956年2月1日开始在全国（台湾和港澳地区例外）实施。这对学习、印刷等是非常有利的。现在新出版的古书，其中的异体字大都经过整理，照规定统一。不过经过整理的新出版的古书数量有限，如果阅读过去的印本或者抄本，那就仍然会遇见异体字，所以对异体字有所了解还是必要的。

（四）繁体和简体

上一节举的例字里，有几对的两种写法，一种笔画多，结构复杂；一种笔画少，结构简单。例如"豬"和"猪"，"豬"是繁体，"猪"是简体。又如"麤"是繁体，"粗"是简体；"欓"是繁体，"閂"是简体。"豬"、"麤"、"欓"是繁体字，跟繁体相对的"猪"、"粗"、"閂"是简体字。

写字的人大概都希望写起来方便省事，因而对笔画多的字，往往把写法变得简便些，于是就产生了简体字。舍繁就简是总的趋势，所以各个时代都有简体字出现。例如甲骨文的"羊"字有♉和♈的不同写法；金文的"義"字有🈀和🈁的不同写法，"車"字有🈂和🈃的不同写法；战国文字的"曹"字有🈄和🈅的不同写法；小篆的"則"字有🈆和🈇的不同写法，"明"字左半边有🈈和🈉的不同写法；隶书的"流"字有流和深的不同写法,"靈"字有靈和霛的不同写法。以上各对例字,前一种写法是繁体,后一种写法是简体。

简体字虽然比繁体字写起来方便,可是有的在过去被看成不登大雅之堂的所谓俗字,没有能代替相应的繁体在正式场合使用。

新中国成立不久就设置了专门的文字改革机构,改革的内容之一就是简化汉字。1956年1月由国务院公布了《汉字简化方案》,使简化字得到了合法地位。1964年3月,中国文字改革委员会、文化部、教育部发出《关于简化字的联合通知》,公布了中国文字改革委员会编印的《简化字总表》,进一步明确了简化字的范围和标准。使用简化字可以提高学习和工作效率,对人民对国家都十分有利。

(五) 本字和区别字

"莫名其妙"、"爱莫能助"、"非请莫入"的"莫"字,我们都明白它的意思。如果提这样一个问题:当初造这个"莫"字,它的意思是不是这样呢?假使不是,最初的意思是什么?可能不少人回答不出来。

"莫"字最初指夕阳西下快要天黑那段时间,也就是"傍晚"的意思。要把"莫名其妙"、"爱莫能助"、"非请莫入"之类里面表示"莫"的意思写下来，可是没有那么一个字，怎么办呢？于是把说起来跟"莫"一样或者差不多的"莫"字借来使用。这样"莫"字就成为假借字，本来它是个会意字。

借了用，用来用去，结果"莫"字本来的意思反而不那么明显了。为了意思清楚，避免误解，后来就另造个"暮"字代替最初的"莫"字。"莫"字当傍晚讲的时候和也当傍晚讲的"暮"字，是"本字"和"区别字"的关系，"莫"是本字，"暮"是区别字。

此外如"其"和"箕"，"然"和"燃"，"暴"和"曝"，"要"和"腰"，"正"和"征"，也是前一个是本字，后一个是区别字。

（六）通假字

古书里的有些字不能按它一般的含义去理解，例如《孟子》的："蚤起，施从良人之所之，遍国中无与立谈者。"其中"蚤"字一般当"虼蚤、跳蚤"讲，可是这里当"早"讲。又如《韩非子》："善持势者，蚤绝奸之萌。"《史记》："旦日不可不蚤自来谢项王。"《论衡》："颜渊蚤死，孔子谓之短命。"其中的"蚤"字也只有当"早"讲才讲得通。这样的"蚤"字叫作"通假字";"蚤"是"早"的通假字。

另外如"幕"字,一般当"帐幕"、"银幕"、"谢幕"、"第三幕"里的"幕"讲。如果读《史记》的"居幕北,以为汉兵不能至",把其中的"幕"字理解为覆盖着的或者张挂着的幕,那就错了。这里的"幕"当"大漠孤烟直"的"漠"讲,是沙漠的意思。"幕"在这里是"漠"的通假字。《汉书》的"是后匈奴远遁,而幕南无王庭",《后汉书》的"匈奴北徙数千里,幕南地空",其中的"幕"也是"漠"的通假字。

通假字和假借字都是借来使用,可是性质不同:本来没有而借是假借;本来有而借是通假。古人习惯用通假字,所以读古书要熟悉通假的情况,以避免误解。

二、字音

(一) 字音的构成

汉字是一个个的方块字,每个字的读音都自成一个音节。一个字的读音可以从声母、韵母、声调三方面进行分析。声母是指字的开头的辅音部分(如 b, d, g, z, c, s 等——汉语拼音,下同)。韵母是指声母以外具有元音的部分。韵母,有的是单元音(如 i，u，y)，有的是二合元音或三合元音(统称为复合元音，如 ai，ao，iao，uai)，有的是元音之后带有韵尾辅音(如 an，ang，ing)。-n，-ng 在元音之后，所以称为韵尾辅音。至于声调，指的是字音音调的高低升降。高低是相对的。升是由低升高，降是由高降低。音调的不同主要表现在韵母的主要元音上。发元音的时候，声带是颤动的，在物理学上称为"乐音"，所以能有音调上的不同。声、韵、调三者是构成汉字字音的要素。

汉字成千累万。汉字的读音，大多数都有声母，只有一部分的字，如"衣"、"屋"、"安"、"因"、"英"、"拥"之类是没有声母的，有人称之为零声母字。零声母的字在《汉语拼音方案》中，拼写的时候 i 作 yi，u 作 wu，ia、ie 之类作 ya、ye，ua、uei 之类作 wa、wei。

(二)字音的声韵系统

现代汉语普通话是以北京语音系统为标准音的，汉字的读音自然要按照北京音的声、韵、调系统来读。北京音的声、韵、调系统是从唐宋元明以来长期逐渐发展而成的。声母有二十个，韵母有二十八个，声调有四个。声母与韵母所构成的有音有字的音节约有六百九十八个(声调不同的不在内)。

1. 二十一个声母，依照《汉语拼音方案》排列如下：

双唇音：b, p, m

唇齿音：f

舌尖音：d, t, n, l

舌根音：g, k, h

舌面前音：j, q, x

舌尖后音：zh, ch, sh, r

舌尖前音：z, c, s

2. 三十八个韵母，按照主要元音之前有没有介音和介音的类别区分为开口呼、齐齿呼、合口呼、撮口呼四类：

a. 开口呼韵母：-i（z后）-i（zh后），a, o, e, ai, ei, ao, ou, an, en, ang, eng, ong

b. 齐齿呼韵母：i, ia, ie, iao, iou, ian, in, iang, ing, iong

c. 合口呼韵母：u, ua, uo, uai, uei, uan, uen, uang, ueng

d. 撮口呼韵母：ü, üe, üan, ün

这里所列的韵母，开口呼是没有介音的，齐齿呼是元音 i 和带有 i 介音的，合口呼是元音 u 和带有 u 介音的，撮口呼是

元音 ü 和带有 ü 介音的。

3. 四个声调,即阴平、阳平、上声、去声。"阴"和"阳"在这里本身没有什么意义,只是两个对称的名词,代表平声有两类而已。古人所说的"四声"是"平、上、去、入"。北京音没有"入声"。这是历史发展的结果。北京音的阴平声是高平调,阳平声是由低升高调,上声是低降而转升调,去声是由高下降调。

(三) 字音和字形

汉字不是拼音文字,但是形声字占百分之八十以上,形声字的声旁也能显示出一点读法来。例如从"申"旁的字"伸"、"呻"、"绅"、"神",从"青"旁的字"清"、"蜻"、"情"、"晴"、"请"之类,声韵与声旁是相同的(音同而调不同的不算在内)。可是就现在的读音来说,有很多形声字的声旁跟字音并不相谐合。不相谐的情况主要有三种:

1. 声同而韵不同。如皮—坡,师—筛,思—腮,列—例,发—废,瓜—孤。

2. 韵同而声不同。如告—浩,工—空,长—张,屯—纯,羊—祥,青—精。

3. 声韵都不相同。如妥—馁,带—滞,多—移,屈—掘,寿—铸,也—施。

在以上三种情况中，数量比较多的是第三种。有时同从一个声旁的几个形声字读音也不尽同。如从"少"的字有"杪"、"妙"、"抄"、"炒"，从"者"的字有"都"、"诸"、"赭"、"奢"、"屠"、"褚"、"绪"、"暑"，从"且"的字有"祖"、"粗"、"钼"、"助"、"姐"，读音都不同。

形声字的声旁跟字的读音所以不一致，主要有两种原因：

一种原因是由于文字在历史发展中为群众所创造，既非产于一时，也非出自同一地人之手，其中也有方音的影响。大体来说，古人所注意的是声旁与字音是否同韵或韵近，其次是声母是否发音部位（即唇舌牙齿喉五音）相同。另外一种原因是由于语音在历史上有很多变化，最初是相谐的，后代的语音与古音有了不同，自然产生字音与声旁不一致，甚且有相差甚远的现象。由于有上述的原因，汉字形声字当中有不少字的声旁已经不能很好地起到表音的作用，所以在读字的时候往往单凭声旁来读是不行的。如"宓"音 fú 又音 mì，"鄞"音 yín，"砾"音 lì，"跶"音 tā 等就不是一看就念准的。

但是，事物不能孤立来看待。假如单独就字的谐声声旁与字音不尽相谐而说形声字的声旁一无用处也是不恰当的。如果我们把同从一个声旁的字比在一起来看，对字音韵母的理解还

是有帮助的。有些声旁虽然所谐的字在韵母上读音不相同,但是仍有规律可循。举例如:

者:a. 奢,赭;b. 都,睹。

皮:a. 披,疲;b. 波,颇。

台:a. 胎,殆;b. 治,始;怡,饴。

非:a. 扉,绯;b. 排,徘。

从这几个简单的例子,我们从字形跟字音的关系上会进一步理解到,在汉字读音教学上形声字的声旁还可以利用。

(四)直音、读若和反切

现在我们给字注音用的是"汉语拼音字母";但在以往的古书的注解、字书、韵书里给字注音用的还是汉字。在过去,利用汉字注音有三种方法:一是直音,二是读若,三是反切。

"直音"是用一个通常应用而又普通认识的同音字注不常用或跟一般读法不同的字。例如"粗音似","蹂音柔","厩音救","菲音非",都用的是同音字。因为用同音字注音是很直接的,只要按照字下所注的同音字来读就行,所以旧日称之曰"直音"。

"读若"也说"读如",是一种譬喻的方法,即用一个易认的同音字或音近字来说明被注字的读法。有时也用某一词中或古书某句中的某字来注音。这种方法是一种比况的方法,汉代人称为"读若"或"读如"。东汉许慎所作《说文解字》里应用最多。例如:

趁,趛(zhān)也。读若尘。(今音 chèn)

窀,深肆极也。读若挑。

唉,应也。读若埃。

褫,夺衣也。读若池。(今音 chǐ)

綹,纠十缕为綹。读若柳。

哽,语为舌所介也。读若井汲綆。

眰,直视也。读若《诗》云:"眰彼泉水"。(今音 bì)

"直音"和"读若"两种注音方法都不是很好的方法。就"直音"这种方法来说,如果遇到难字而没有同音字或有同音字而又不容易认,那就注犹不注。至如"读若"的注音方法跟"直音"相似,其中有的是同音,有的只是音近,甚至于有些是作者个人的方音读法,随手拈来,未必通行。所以后来就废弃不用了,唯有"直音"的方法还相沿使用。

下面来谈"反切"。

"反切"是一种拼音的方法,是用两个汉字相拼而成一音。例如"东"(dong)音"德红切","德""红"相拼,就成为 dong。用汉字为符号来拼音，始于公元 3 世纪汉末魏初。因为印度佛教东来，受"梵文"（Sanskrit）用字母拼音方法的影响，所以创出用上一个字和下一个字相拼以反成一音的注音方法，在魏晋的时代大为流行，随之也就在"字书"之外产生了"韵书"。字书如《说文解字》是根据字形，按部首来编排文字的；韵书是根据字音，按韵分部来编排文字的。韵书就用"反切"来注音。"切"（qiè）是拼切的意思。俗言有"咬牙切齿"的话，"反切"的"切"就是上下两音向一起拼切的意思。"反切"也称"切语"，自魏晋至唐代称"某某反"，宋以后称"某某切"，意思是一样的。因而统称之为"反切"。

反切的用字是上一字要与被切字的声母相同，即所谓"双声"；下一字要与被切字的韵母相同，即所谓"叠韵"，而且声调要一致，平是平，上是上，不能相乱。在两字相拼的时候，上字只取其声母，下字只取其韵母。上字的声，下字的韵，二者相拼而成一音节，就是被切字的读音。例如：

工（gōng）音古红切。古 g-，红-ong，g-ong→gōng。

官（guān）音古丸切。古 g-，丸-uan，g-uan→guān。

留（liú）音力求切。力 l-，求-iu，l-iu→liú。

海（hǎi）音呼改切。海 h-，改-ɑi，h-ɑi→hǎi。

振（zhèn）音章刃切。章 zh-，刃-en，zh-en→zhèn。

应用这种方法，即使是难字也可以注出它的读音来。这比用"直音"、"读若"的注音方式进步多了。

(五) 韵书的字音规范

我们在前面说过魏晋时代开始有了韵书，下至南北朝时，作者增多，按四声分别韵部编排文字，每一韵部又分别声母异同，同声母的字连写在一起，注出反切，称为一"小韵"。每字之下加注字义。这样韵书既便于检字，又兼有字书之用，所以到隋唐时代韵书大为盛行。最著名的韵书是隋代陆法言的《切韵》。"切"是"声"的意思，《切韵》就是声韵的意思。《切韵》有五卷，按四声分卷。平声字多，分为两卷，上、去、入三声各为一卷。案字音有声调的分别，这是汉语的特点。平、上、去三声，音调较长，入声音调短，而且有韵尾上的不同。根据韵的韵尾在音韵学上分为阴声韵、阳声韵、入声韵三类。"阴"、"阳"是对称词，没有什么意义。

1. 阴声韵的韵尾是元音；

2. 阳声韵的韵尾有-m，-n，-ng 三类；

3. 入声韵的韵尾有-p，-t，-k 三类。

四声的分别是从古代相沿下来的。字音的读法是以书音为本,而又参照南北流行的韵书,斟酌古今,侧重分析,四声韵部就有一百九十三韵。例如"东冬钟"就分为三韵,"支脂之微"就分为四韵,这跟后代的语音很有不同。

至于声母,根据《切韵》的反切上字进行归纳,可以分出三十五母,用汉字标出兼注出国际音标如下:

双唇音:帮[p]、滂[p']、并[b]、明[m]

舌尖音:端[t]、透[t']、定[d]、泥[n]、来[l]

舌尖前音:精[ts]、清[ts']、从[dz]、心[s]、邪[z]

舌尖后音:知[ṭ]、彻[ṭ']、澄[ḍ]

　　　　　庄[tṣ]、初[tṣ']、床[dẓ]、山[ṣ]

舌面前音:照[tś]、穿[tś']、神[dź]、审[ś]、禅[ź]、日[ń]

舌面中音:喻[j]

舌根音:见[k]、溪[k']、群[g]、疑[ng]、晓[x]、匣[ɣ]

喉音:影[ɸ]

在这二十五个声母之中"并、定、从、邪、澄、床、禅、群、匣"和"明、泥、来、日"在音韵学中都称为"浊音"。

读"浊音",声带是颤动的。其他则称为"清音",读"清音",声带是不颤动的。

中国地域广阔,各地方音并不一致。陆法言编定《切韵》就有正音的作用。所以唐代科举考试就以《切韵》音为标准,诗赋押韵要按《切韵》的韵部来押。到了宋代编订《广韵》,仍以《切韵》为准则。不过,南方和北方字的读音都有改变,除了考试和应制时要按规定的情形押韵外,平时一般作品就不那样严格了。读书音也有改变。例如唐代宗大历时(公元8世纪)张参所作《五经文字》的读音就跟《切韵》不完全一致了。主要是声韵的部类有了改变,总的趋势是由繁趋简。《切韵》的字音规范也就慢慢地打破了。

(六)古音和今音

汉语有极悠久的历史。讲到古音,也有时代的不同。不同的时代,语音的声韵系统就不完全相同。从古代诗文中所反映的情况来看,粗略地说,先秦两汉以前和后代的语音差别最大,魏晋南北朝、隋唐宋跟元明清以至现代的普通话也有很大的差异。这在我们读古代的诗歌韵文的时候从押韵上最能体会得到。

例如在《诗经》里把"哉来"一类字和"时期"之类的

字在一起押韵，把"华家"一类字和"居虚"之类的字在一起押韵，把"河歌"一类字和"皮宜"之类的字在一起押韵，这些都跟后代的语音大不相同。凡能相押的，其元音必然相同或相近。又如在唐人的诗歌里，"回杯"一类字和"开来"之类的字相押，"园翻"一类字和"门昏"之类的字相押，"车蛇"一类字和"家麻"之类的字相押，这些跟元明清以至现代的语音也很不相同。由此可见，语音随时代而有发展和变化，历史上不同的时代的语音声韵系统是有变化的。汉字的读音受语音演变的影响也就有古今音的不同。

我们要了解先秦两汉的字音的声韵系统，所能依据的主要资料是形声字和诗歌辞赋的押韵。根据形声字的谐声规则，被谐字和主谐字（即声旁）在声韵上或相同或相近，由此可以考察一个字或一组字的声类和韵类。例如"波"从皮声，"江"从工声，我们根据："波"与"皮"、"江"与"工"的谐声关系再参照《诗经》的押韵情况就可以把许多相关联的字归属在一起成为一个部类。应用这种方法，推而广之，可以把先秦两汉的声韵大类区分出来。这样，对于理解汉字的谐声和上古诗歌韵文的押韵有很大的帮助。

至于魏晋南北朝以后的字音的声韵系统，可以作为考察根据的材料就比较多了。除诗歌韵文的押韵材料以外，还有韵书是一种重要的依据。另外还有一些通俗的字书也可以参考。

现在由古代存留下来的最早的比较完整的韵书就是陆法言的《切韵》，可以说是中古读书音的代表。后代承袭《切韵》而作的韵书，韵部又分别加细，宋代的《广韵》多至二百零六韵。但是各地的实际语音已经变化很大，礼部考试不得不有所变通，因而有的韵"独用"，有的韵可跟邻近的韵"同用"。金元人所刻的《礼部韵略》归并同用的韵，合为一百零六韵。韵部的归并正代表语音已有很大的变化。因为书刻于山西平水（今新绛县境），所以有"平水韵"之称。后来到元泰定帝时周德清有《中原音韵》一书，开始脱离了《广韵》的窠臼，根据当时北方中原音来编制，分韵为十九部，声母为二十类，入声字派入平上去三声。这已由中古音演变为近代音。到明清时代就发展成"官话"了。"官话"是以北京音的声韵系统为标准音的。"官话"势力不断扩大，就成为今天所说的普通话。普通话的声韵跟古代的韵书反切的读音已经相差很多。我们读古代作品的时候常常会遇到古今音的问题。我们可以把唐宋韵书所反映的字音的声韵系统跟现代普通话做一比较。

（七）古今音的差异

古今音的差异不外表现在声、韵、调三方面。下面分别以《广韵》为例加以说明。

1. 声母　声母方面的不同主要有两种现象：一种是失落声母，一种是读音有变化。例如"宜、吾、言、银"等字，古音有声母 ng，现在普通话的读音已经没有声母。《广韵》"宜"音鱼羁切，"吾"音五乎切，"言"音语轩切，"银"音语巾切。这些反切上字都失落声母。

声母读音有变化的，例如古音中有"清声母"和"浊声母"两类，在现代普通话里"浊声母"已变为"清声母"。举例来说：

a. 供、靳、眷，对、顿，布、配、壮、荀

b. 共、近、倦，队、钝，步、佩、状、旬

a 类"供"、"靳"等字是清声母字，b 类"共"、"近"等字古音则是"浊声母"字（今江浙语里还保留这种分别），现在普通话都读为清声母，虽然发音部位没有变（如舌尖音还是舌尖音，舌根音还是舌根音），但发音方法都改变了。"浊音"变为"清音"声带不颤动。同时声调也有不同。平声清声母字读阴平声，浊声母字读阳平声。如"君"是清音，读阴平；

"群"是浊音,读阳平。上声"浊声母"字则读为去声。如"巨"(其吕切)、"在"(昨宰切)韵书都属于上声韵,可是声母是浊音,今音都读为去声。

声母读音有变化比较普通的还有:

  c. 江、间、居、机、交、经、金

  d. 煎、焦、将、精、尖、嗟、津

这里c类"江"、"间"等字的声母古读舌根音g,d类"煎"、"焦"等字的声母古读舌尖音z,现在有些方言还如此,但在北京音里这两类字的韵母或有-i,或有-ü,都读成舌面音的j,发音部位有了很大的改变,跟古音完全不同了。

2. 韵母 在韵母方面,古今音的变化就更大了。现代普通话比《广韵》的韵类少得多。例如:

  蓬—朋 梨—犁 阶—街 言—妍 双—霜 惊—经

每对字今音都相同,但在韵书里不属于一韵。韵母之不同主要表现在韵母的主要元音上。如"蓬"字的韵母主要元音是"o",而"朋"字的韵母主要元音是"e"。到了后来,音有变化,韵母的主要元音变得相同,"蓬"、"朋"的读音就没有分别了。可是,韵书中同韵的字在今音里也有分化成不同韵母的。如"家"、"斜"二字,"家"音 jiā,"斜"音 xié,韵母变得不同。

韵母读音的另外一种变化是韵尾辅音。例如"今"、"林"、"心"、"谈"、"廉"一类字在古音中的韵尾是-m,而不是-n,可是现代普通话的读音已经和"巾"、"邻"、"新"、"坛"、"连"没有分别。又如古音入声字的"屋"、"各"等字有韵尾-g,"一"、"七"等字有韵尾-d,"夹"、"匣"等字有韵尾-b,现在广东话还保留这种分别,但在普通话里已没有入声,这些字的韵尾一律失落,声调也变了。

3. 声调　在声调方面,古人分为平、上、去、入。在诗律中,称平声为平,上去入为仄。平上去入因声母的清浊而各有不同的两类,清声母为一类,一般称为阴调,浊声母一类,一般称为阳调,两者音调的高下有不同。现在方言中还有近于古人分类的,不过普通话没有入声,平声虽分阴阳,而上去都不分,所以只有阴平、阳平、上声、去声四个调类。还有,古上声浊声母字(即阳上),如"动"、"似"、"巨"、"倍"、"在"、"尽"、"近"、"但"、"践"、"善"、"荡"、"静"之类都变为去声,上声清声母字(即阴上)则不变。古入声字,则分别派入平上去三声,而且失去韵尾辅音,其主要元音有些也发生了变化。例如李白诗:

蓬莱文章建安骨，中间小谢又清发。俱怀逸兴壮思飞，欲上青天揽明月。(《宣州谢朓楼饯别校书叔云》)

这里押韵的"骨、发、月"三个字都是韵书上的入声字。在现代普通话里，这三个字的韵母和声调全都不同。"骨"（-ǔ）读上声，"发"（-ā）读阴平，"月"（yè）读去声。入声派入平上去三声随声母而异，是有规律的。派入平声和去声的最多，派入上声者最少。粗略地说：

（1）b，d，g，z，zh，h 和相对的浊声母读阳平

（2）p，t，k，c，ch，s，sh，x，l 和鼻音 n，m 读去声

古今语音演变的情况很复杂，以上所说的只是一些主要的情况，知道这些，遇到古书中的注音或古代的韵文与今音不同的地方，就知道怎样去辨别其中的问题了。

（八）读古籍时会遇到的字音问题

1. 反切的读音　反切注音的方法在历史上虽然应用了一千七百多年，但是随着时代的变迁，声韵系统有了改变，韵书里和古书里的反切有些就拼切不准，有些就拼切不出来，这里有两方面的原因：一方面的原因是反切用字不贴切，如以合口字切开口字，或以开口字切合口字，就不合乎反切的原则；另一方面的原因是由于时代不同，声韵系统有变，反切用字古今

读音不同，也就难以拼切准确。举例来说，如《广韵》"建"字音居万切，"建"是开口字，"万"却是合口字。又"卦"字音古卖切，"卦"为合口字，而"卖"是开口字。韵母都有不合。还有以"於"字作反切上字的，如"依"音於希切，"殷"音於巾切，"焉"音於乾切，"幽"音於纠切，"医"音於其切等，"於"字等于虚设，只取下字的韵母就是被切字的读音。可是有的就不然。例如"威"音於非切，"娃"音於佳切，"於"就音 w 才拼得对，这就不好办了。这是反切用字不贴切的例子。

至于声韵系统有了变化，旧日的反切拼音的问题就更多了。首先要说明的是"类隔切"。公元 4 世纪以前，如"方"、"府"、"甫"、"分"，"芳"、"敷"、"抚"、"孚"，"符"、"房"、"扶"、"附"等字的声母都读双唇音，不读唇齿音 [f]；"武"、"亡"、"无"、"文"等字的声母也读双唇音 m，不读唇齿音 [v]。因此遇到被切字是 p, p', m 一类的字而以这些字作反切的时候，就切不准了。例如"篇"音芳连切，"彬"音府巾切，这类只能改读为双唇音。这类的反切，音韵学上称为"类隔切"。意思是同类而又有隔碍的意思。因为都是唇音一类，双唇音称为"重唇"，唇齿音称为"轻唇"。还有公元 4

世纪以前,如"竹"、"陟"、"知"、"张"、"猪"等字跟"都"、"当"、"多"、"丁"音近,"丑"、"敕"、"耻"、"褚"等字跟"他"、"托"、"土"、"汤"音近。音韵学上"竹"、"陟"、"丑"、"敕"等为"舌上音","都"、"当"、"他"、"托"等为"舌头音",同归舌音一类。前代反切有以"舌上音"切"舌头音"的,如"桩"音都江切,"罩"音都教切,那又是"类隔切"。如果"桩"音"陟江切","罩"音"竹教切",那就可以与今音相合了。这又是因为古今音有异而引起的麻烦。

要能掌握由反切拼出今音来,还不能不注意声调的改变。前面已经说过入派三声的规律。另外还有上声浊声母变为去声,也不能忽略。例如《广韵》"杜"音徒古切,"弟"音徒礼切,"杜"、"弟"都是上声字,但是今音都读为去声。这里只能粗略地、选择主要的说一说,有些还需要有音韵学的知识才能得其门径。现在我们通常使用的字典辞书都注的是汉语拼音,但是我们读古籍的时候总会碰到一些反切注音,意在辨别多音多义,那就不得不理解反切是怎么回事了。

2. 辨平仄 汉语从古就有声调的区别,宋齐以后开始有"四声""平上去入"的名称。"平仄"的名称稍晚。前面已经说过,平指平声,"仄"指上去入,"仄声"唐人也称为"侧声"。韵书侧仄同音。"仄"就是倾斜不平的意思。在诗歌里平仄分用,自古已然。骈体文也要讲平仄。例如梁丘迟《与陈伯之书》"暮春三月,江南草长,杂花生树,群莺乱飞,见故国之旗鼓,感平生于畴日"等句,二、四、六几句的末尾一字是平仄间开的。在唐以后的近体律诗里,有严整的格律,平仄更不能相混。以七言律诗而论,一、三、五不论,二、四、六分明。但是使人难辨平仄的地方主要是入声字。唐人作诗遵《切韵》音,宋人作诗遵《礼部韵略》,明清人作诗遵《平水韵》。《切韵》、《礼部韵略》跟《平水韵》的入声是一致的。北方人读古诗就必须能辨别哪些字是入声字。注意的要点是要多在"阳平声"中留心。比如:bá 拔,bó 伯、勃,bié 别,fá 乏、罚,fú 伏、福,dí 敌、迪,dé 得、德,gé 革、格,guó 国,hé 合、曷,huá 滑,huó 活,xié 协、挟,jí 吉、及,jié 结、杰,jú 局、菊,xí 习、席,zhú 竹、烛,zhuó 浊、茁,shí 石、食,shú 孰、淑,zé 则、责,zuó 昨等都是入声字读为阳平声的。我们了解了入声,在读古代诗歌作品的时候,遇到对句的平仄格律才不致茫无所知。

3. 入声字的读音　这是一项不容易处理的问题。一般来说，读古籍只有按今音来读。但在读古代诗词的时候，往往还要分别平仄。北方没有入声的区域，旧日都读短促的降调，有如去声。如杜甫诗句"两个黄鹂鸣翠柳，一行白鹭上青天"（杜甫《绝句》），"白"是入声字，与"黄"平仄相对，旧日读为短促的"擘"。在"丞相祠堂何处寻，锦官城外柏森森"（杜甫《蜀相》）两句诗里，"柏"也读为短促的"擘"，因为"柏"与"何"平仄相对。又如白居易的《琵琶行》中："曲终收拨当心画（音获），四弦一声如裂帛；东船西舫悄无言，唯见江心秋月白。""画"、"帛"、"白"都是入声字。又如杜甫的《北征》和《自京赴奉先县咏怀五百字》两首诗都用的是入声韵，"咏怀"中的几句："彤庭所分帛，本自寒女出。鞭挞其夫家，聚敛贡城阙。圣人筐篚恩，实欲邦国活。臣如忽至理，君岂弃此物？""出"、"阙"、"活"、"物"四字是押韵字，都以读为短促的去声调为宜。

4. 平去两读的字　古代有一小部分的字有平去两读。例如两汉以前"庆"、"宪"只读平声，后来才演变为去声，而不再读为平声。现在我们在一般文字中读为去声的字，有的在古人的诗里作平声。例如《古诗为焦仲卿妻作》："中有双飞鸟，自名为鸳鸯。仰头相向鸣，夜夜达五更。行人驻足听，寡妇起彷徨。多谢后世人，戒之慎忽忘。""忘"字作平声读。李白《蜀道难》："青泥何盘盘，百步九折萦岩峦。扪参历井仰胁息，以手抚膺坐长叹。""叹"字也作平声读。又如"看"字，今作去声，可是古人作平声读。如杜甫《月夜》："今夜鄜州月，闺中只独看。遥怜小儿女，未解忆长安。""看"、"安"押韵。又如"论"字，今作去声，古人也读为平声。如杜甫《咏怀古迹》："群山万壑赴荆门，生长明妃尚有村。一去紫台连朔漠，独留青冢向黄昏。画图省识春风面，环珮空归月夜魂。千载琵琶作胡语，分明怨恨曲中论。""论"字作平声。由此可见这些押韵字都要按照原作去念，不能按照今音来读。

5. 读破字例　古人读字，把一些意义有改变的字和一些词性有变易的字改变了读法，现在普通称为"读破"。例如"度"是尺度，音 dù；"度"作忖度的意思来用，就音 duó；"见"是眼睛看见，音 jiàn；如果是显露出来，或使人见，就音 xiàn；"处"是处所，位置，音 chù；对事物加以处置，就音 chǔ；"分"是分开，音 fēn；如果说名分、职分、分际，就音 fèn；"奔"是奔跑，音 bēn；如果是奔向某处，就音 bèn。这些或改变读音，或改变声调，一直为大家所沿用。但是有些字古人有两读,今人就不必照旧采用。例如"妻"字为名词,音 qī,平声;以女嫁人则音 qì,去声,为动词。"使"字为动词,使令的意思,音 shǐ,上声;被使的人,即"使者",为名词,则音 shì,去声。"断"字是截断的意思,音 duǎn,上声,是使动词;如果是自断的意思。音 duàn,去声。这些现在很少有人一定要分别了。不过,像"解衣衣我"、"以王王之"、"以食食之"、"食我以其食"、作为动词的"衣"、"王"、"食"旧读 yì,wàng,sì。这些为避免意义混淆起见,字典里还是分为两个读音的居多。

第二节 词

内容提要：一、单音词和复音词：单纯复音词和合成复音词；怎样分辨词和词组。二、词的本义和引申义：如何确认词的本义；词义引申的形式。三、同义词和反义词：分辨同义词要注意三个方面；同义词的细微差别；反义词可区别为六类。四、词义的演变：词义变化的三种情况；词义演变的历程。五、实词的特殊用法：（一）使动用法和意动用法；（二）各类词的其他灵活用法。六、虚词的类别和用法：（一）副词；（二）介词；（三）连词；（四）助词；（五）语气词；（六）感叹词；附说代词。

文言与白话相比,句法的差别不大。语音的差别虽大,但不懂古音也可读懂古书。唯有词汇差别相当大,学文言时必须多注意。

先要知道字和词的区别。字是记录词或语音的书写符号,词是音义结合的、可以独立运用的最小造句单位。在多数情况下,一个字就记录一个词,如"人"、"天"、"地"等;也有时候,一个字记录的只是词的一个构成成分(即词素),如"君子"一词中的"君"和"子";还有时候,一个字只记录一个没有意义的音节,如"葡萄"一词中的"葡"和"萄"。所以字和词并不相等。但是古人没有把字和词严格区别开,他们说的"虚"字、"联绵字",实际是虚词、联绵词。

一、 单音词和复音词

按音节区别,文言词包括单音词和复音词两大类:单音词由一个字表示,复音词由两个或两个以上的字表示。

把文言翻成白话,我们会发现字数明显地增多了,如《韩非子·显学》"为政而期适民",只六个字,译成白话就成为"管理政事而希望适合百姓"。这是因为文言词汇中单音词占优势,现代汉语则复音词占优势。词汇由单音词多过渡到复音词(主要是双音词)多,是汉语发展史的一个大变化。这变化早在先秦时代就已开始,所以文言中复音词也相当丰富。

文言的复音词可区别为单纯复音词和合成复音词两类。

单纯复音词是指记录复音词的两个或两个以上的音节(也就是单字)合起来才能表示意义,不能拆开讲。这类词大多是重叠词和部分重叠词。举《诗经》为例:

(1)桃之夭夭,灼灼其华。(《周南·桃夭》)

(2)交交黄鸟,止于棘。(《秦风·黄鸟》)

(3)参差荇菜,左右流之。(《周南·关雎》)

(4)凡民有丧,匍匐救之。(《邶风·谷风》)

(5)尔公尔侯,逸豫无期。(《小雅·白驹》)

(6)退食自公,委蛇委蛇。(《召南·羔羊》)

"夭夭"、"灼灼"、"交交"都是重叠单纯词。"参"和"差","匍"和"匐",都是同声母的字重叠,叫作双声字。"逸"和"豫","委"和"蛇"都是同韵母的字重叠,叫作叠韵字。双声、叠韵字都是部分重叠词。一般来说,记录单纯词的字只取其音,可不拘字形,所以同一个词常常有几种写法,如"匍匐"也写"蒲服"、"扶服"、"蒲伏","委蛇"也写"逶迤"、"委佗"、"委移"等。对单纯词有两点值得注意：一是要把重叠单纯词和重叠合成词加以区别。如成语"斤斤计较"的"斤斤"是重叠单纯词，不能拆开讲；"绿竹青青"（《诗经·卫风·淇奥》）的"青青"是重叠合成词，能拆开讲。二是要把部分重叠词和一般合成词加以区别。如成语"望洋兴叹"的"望洋"是仰视的意思，也可写作"望羊"、"望阳"、"盳羊"等，是叠韵单纯词，不能拆开，解释成"望着大洋兴叹"。

合成复音词又可分为两类：一是由词根（体现基本意义的词素）和词缀（表示附加意义的词素）合成的派生词；二是由词根和词根合成的复合词。

派生词包括由前缀派生和由后缀派生两种。如：

(1) 有殷受命，惟有历年。（《尚书·召诰》）

(2) 阿母谓阿女，汝可去应之。（《古诗为焦仲卿妻作》）

(3) 天油然作云，沛然下雨，则苗勃然兴之矣。（《孟子·梁惠王上》）

(4) 妻子因毁新令如故袴。（《韩非子·外储说左上》）

例（1）（2）是用前缀"有"、"阿"派生的，例（3）（4）是用后缀"然"、"子"派生的。词缀是虚词中助词的一种。文言中前缀还有"于"、"其"、"斯"、"聿"、"第"等,后缀还有"若"、"焉"、"尔"、"如"等。这些词缀流传到现代,只剩"子"、"阿"、"第"等几个还在用。

复合词的结构有"并列式"、"偏正式"、"动宾式"、"动补式"、"主谓式"、"综合式"六种。如:

(1)甲兵之事,未之闻也。(《左传》哀公十一年)
(2)左右皆曰不可,勿听。(《孟子·梁惠王下》)
(3)公输盘为楚造云梯之械成,将以攻宋。(《墨子·公输》)
(4)百姓足,君孰与不足?(《论语·颜渊》)
(5)虽遇执事,其弗敢违。(《左传》成公三年)
(6)汉氏减轻田租。(《汉书·王莽传》)
(7)虫有虺者,一身两口,争相龁也。遂相杀,因自杀。(《韩非子·说林下》)
(8)广不谢大将军,而起行。(《史记·李将军列传》)

上例中的复合词,"甲兵"和"左右"是并列式,"云梯"和"百姓"是偏正式,"执事"是动宾式,"减轻"是动补式,"自杀"是主谓式,"大将军"用不只一种构词方式合成,是综合式。以上六种复合词,文言中常见的是联合式和偏正式。

复音词,特别是联合式复音词,通常是两个单音词由临时组合逐步凝结成的，因此，后一时代的复音词，在前一时代可能是词组。如"消息"在白话中是复音词，但在"天地盈虚，与时消息"（《周易·丰卦》）中则是由"消"和"息"（增长的意思）两个意思相对的单音词组合的词组。怎样分辨是词组还是词呢？可以从结构和意义两方面入手。

1. 从结构上分辨　从结构上看，两个单音词结合紧密，不能拆开或随意扩展的是词，反之不是。如：

（1）鲍叔牙为人，刚愎而上悍。刚则犯民以暴，愎则不得人心。（《韩非子·十过》）

（2）聪明睿智天也，动静思虑人也。人也者，乘于天明以视，寄以天聪以听，托以天智以思虑。（《韩非子·解老》）

"刚愎"和"聪明"，后代变成复音词，但在《韩非子》中能拆开单用，说明它们尚未凝结成词。

2. 从意义上分辨　就是看在一定语言环境中，组合在一起的两个单音词是共同代表一个概念，还是各代表一个概念。共同代表一个概念，说明这两个单音词已浑成一体而不能分开；各代表一个概念，说明这个组合是临时的，可以拆开。这又可分为两种情况：

一是组合在一起的两个单音词，其中一个代表一个概念，另一个原来代表的概念已经丧失，则可判定这个组合是复音词。如：

(1) 趋走不足以逃利害。(《列子·杨朱》)

(2) 昼夜勤作息，伶俜萦苦辛。(《古诗为焦仲卿妻作》)

例（1）的"利害"，义偏于"害"，"利"的意义消失了，例（2）的"作息"，义偏于"作"，"息"的意义消失了，所以都是偏义复词。

二是两个单音词原来各代表一个概念，合成后共同代表一个新的概念，则可确认为复音词。如：

(1) 去其螟螣，及其蟊贼，无害我田稚。(《诗经·小雅·大田》)

(2) 帅我蟊贼，以来荡摇我边疆。(《左传》成公十三年)

"螟"、"螣"、"蟊"、"贼"本是四种害虫："螟"是螟蛾的幼虫，"螣"是蝗虫，"蟊"是蝼蛄，"贼"是食禾秆、禾节的害虫。在例（1）中，"蟊"和"贼"各代表一个概念，是两个单音词的临时组合。在例（2）中是把两种害虫比喻为危害国家和群众的人或事，所以是代表一个新概念的复音词。文言中这类复音词不少，如用"股"（大腿）和"肱"（臂膀）合成表示辅臣的"股肱"，用"竹"（竹片）和"帛"（丝织品）合成表示书籍的"竹帛"就是。

还有些复音词是由代表相近或相同概念的单音词组成的，如"道理"、"法度"、"婚姻"、"淋浴"、"衣裳"等都是。

从以上的分析可以看到，单音词凝结为复音词，一般是以词的意义为基础的。

二、词的本义和引申义

词的本义是词本来的意义。一个词经过历史演变，一般具有多种意义，其中最早的意义是本义，其余是从本义引申出来的引申义。

为什么要了解词的本义呢？首先是为了顺利阅读古代文献，因为古文献遣词造句常常用词的本义。如《孟子·滕文公下》"勇士不忘丧其元"，"元"的本义是"头"，如果解释为"元气"就错了。其次是为了正确理解现代汉语中某些复合词，因为现代汉语一些文言单音词的本义尽管不单用了，却依然保存在一些复音词和成语中。如成语"亡羊补牢"，"亡"保存了"逃走"的本义，"牢"保存了"牲畜圈"的本义，不了解词的本义就不能正确理解这个成语。

确认词的本义，可从以下三个方面入手。第一，分析字的形体。汉字有不少是表意字（形声字也有表意成分），因而我们可以根据甲骨文、金文等古文字的形体来考察词的本义。这可以区别为两种情况：a. 用象形、指事、会意字记录的单音词一般可以直接从形象分析它们的本义。如"木"，甲骨文像树形，本义为树木；"旦"，甲骨文在日下画一横线，表示日出，本义是早晨；"休"，甲骨文把人和木并列，表示人在树旁休息，本义是休息。b. 用形声字记录的单音词可借助意符或一部分声符来分析它们的本义。意符大都本来就是象形字或象形字的一部分，因此可以通过它来分析有关词的本义。如"页"，甲骨文像人形，突出头部，本义为"人头"，所以从"页"的字本义都和人头有关，像头顶为"颠"，脖子为"领"，大头为"颁"，磕头为"顿"，回头看为"顾"，头前额为"颜"，头偏为"颇"等。又如偏旁"阝"原为阜，古文像山上的石磴，所以凡从"阝"的字本义都和山有关，像大阜为"陵"，土山为"陆"，山丘为"阿"，山坡为"陂"，山南为"阳"，山北为"阴"，登山为"陟"，山路难行为"险"、"阻"等。形声字的声符也可用来分析词的本义，这又有两种情形：一是由于形声字产生较晚，有些字的形旁是后加上去的,声旁才是本字,那本字表示的自然多是本义。如"溢"的声符"益",甲骨文和金文的字形都像把水倒满器皿,可知"溢"的本义是"满溢";"拯"的声符"丞",甲骨文像两只手把一个陷入深坑的人拉出来,可知"拯"的本义是"拯救"。二是由于汉语最早可能采用改变固有音节某个要素的方法孳生新词,所以有音近义通的现象,这样同一个声符的字就可能意义上有关联。如"句",甲骨文像两钩形,本义同弯曲有关,因而以"句"为声符的字不少也有弯曲义,如弯竹捕鱼曰"笱",弯刀为镰曰"刨",人体弯曲曰"佝偻";又如以表小义的"戋"为声符的字,"水之小者曰浅,金之小者曰钱,歹而小者曰残,贝之小者曰贱。"(沈括《梦溪笔谈》卷十四)。以上说明,分析汉字的形体对分析词的本义确有很大帮助。但是单凭字形还是不够,还必须同以下两种方法结合起来。这就是第二,参照字书的解释。这主要指汉朝许慎的《说文解字》(简称《说文》,下同),以及《尔雅》等。第三,考察古书上的应用。这里说的古书,主要指保留古义较多的先秦文献。总之,要分析字形,参照字书,援引书证,三者互相配合,方能比较准确地弄清词的本义。

下面采用这三结合的方法,分析一些常用词的本义,作为举例。

年　甲骨文、金文都像一株成熟了的谷物。《说文》："年，谷熟也。"《诗经·周颂·丰年》："丰年多黍多稌。"（稌是稻子）郑玄笺："丰年，大有年也。"《春秋》宣公十六年："冬，大有年。"《穀梁传》："五谷大熟有大年"。可见"年"的本义是"谷熟"、"收成"。因五谷一年一熟，所以引申为年岁的年。

官　甲骨文像两只手在一房内拉弓演武，可见"官"原指一地方，相当于现代的"机关"。这个意思可以在先秦文献中得到证明，如《墨子·尚贤》："不能治千人者，使处于万人之官。""官"即指行政机关。后由行政机关引申为行政职务，《说文》解为"吏事君也"，应是引申义。

斤　甲骨文像斧形。《说文》："斫木也。"《孟子·梁惠王上》："斧斤以时入山林。"《荀子·劝学》："林木茂而斧斤至焉。""斧斤"连用，且都用于伐木，证明"斤"是像斧一类的工具。"斤"后来变为形声字的义符仍保留此义，如用斧劈木为"析"、为"斯"，用斧截物为"折"、为"断"。

征　甲骨文、金文像人足沿大路向一个地方（类似城邑）走去。《说文》解为"正行也"。《左传》僖公四年："昭王南征而不复。"《小雅·何草不黄》:"哀我征夫。"其中"征"都是远行的意思,应是"征"的本义。因系大路"正行",后引申为师出有名的征伐。

乱　甲骨文像用手整理一束乱丝,应是整治的意思,所以《说文》、《尔雅》都解为"治也"。《尚书·顾命》:"其能而乱四方。"蔡沈集传:"乱,治也。"用的是本义。但从有待整治的乱丝的形象看,又可引申为"不整"。这样,"乱"在古代就含有相反的两义。"不整"本是引申义,却逐渐取"治"而代之。

词义的引申,基本上采用两种形式:

一是连锁式。这是指词义引申采取由甲到乙、由乙到丙、由丙到丁这样的方式进行。如:

兵　本义为兵器,《孟子·梁惠王上》:"兵刃既接,弃甲曳兵而走。"由兵器引申为持兵器的人,《战国策·秦策二》:"不觳不烦一兵,不伤一人。"又引申为军队,《战国策·赵策四》:"必以长安君为质,兵乃出。"又引申为兵事、战争,《史记·秦始皇本纪》:"今天下初定,又复定国,是树兵也。"

秉　本义是捆成捆的禾把,《诗经·小雅·大田》:"彼有遗秉。"引申为"拿着",《诗经·郑风·溱洧》:"士与女,方秉简兮。"又引申为执掌、掌握，《三国志·魏书·吕布传》："共秉朝政。"

二是辐射式。这是指词义引申采取由甲义向乙义、向丙义、向丁义这样的方式进行。如：

间　本义为夹缝，《庄子·养生主》："彼节者有间，而刀刃者无厚。"因门缝处于两门之间，引申为"中间"，《论衡·订鬼》："凡天地之间有鬼，非人死精神为之也。"因门缝中有空隙，引申为"嫌隙"，《左传》哀公二十七年："故君臣多间。"因门缝中有间隔，引申为距离，《淮南子·俶真训》："则丑美有间矣。"因隔着门缝可以看见，引申为窥视，《国语·鲁语下》："齐人间晋之祸，伐取朝歌。"

节　本义为竹节，《说文》："节，竹约也。"用竹节类比人或动物，指骨节，《吕氏春秋·达郁》："凡人三百六十节、九窍、五脏、六府（腑）。"类比时日，指节气，《列子·汤问》："寒暑易节，始一反焉。"类比音律，指节奏，《楚辞·离骚》："吾令羲和弭节兮，望崦嵫而勿迫。"类比制度，指礼节，《荀子·乐论》："辞让之节繁。"用于品德，为气节，诸葛亮《出师表》："此悉贞良死节之臣。"

词义引申是一种复杂的现象，一个词有多种意义，我们很难把其中的引申关系都说清楚。又词义引申,常常是连锁和辐射两种方式兼用:取连锁式,本义和引申义是源与流的关系;取辐射式,本义和引申义是纲与目的关系。了解词的本义和引申义,有助于因流溯源,举纲张目,把纷繁的词义条理在一起,对掌握文言词义可收到以简驭繁的效果。

三、 同义词和反义词

同义词是词汇中意义相同或相近的词,相同的也可叫等义词,相近的也可叫近义词。一组同义词的意义相同或相近,是因为它们用不同的语音形式,反映了相同的或基本相同的客观事物。但要知道,所谓意义相同是相对而言,因为意义完全相同的词是极少数,绝大多数同义词,其间总不免有细微的差别。同义词的这个特征使它能够细致地区别客观事物,准确地表达人们的思想感情,所以同义词的丰富是语言发达的重要标志之一。

分辨文言词汇中的同义词,要注意三个方面:第一,要分清历史时代。同义词是一定时代的产物,不考虑时代,用现代语言的眼光去看就容易搞错。比如"牢"和"狱",现在是同义词，但在战国以前，"牢"只当牲畜圈讲，和"圈"是同义词，"狱"当打官司讲，和"讼"是同义词；"囹圄"才是关押犯人的地方。大约战国以后三者才变成同义词。司马迁《报任安书》："故士有画地为牢，势不可入。"《史记·李斯列传》："李斯拘执束缚，居囹圄中。"又："斯出狱，与其中子俱执。"可见在司马迁的笔下，三者都当监牢讲了。第二，要区别同类词和同义词。一些语源上有意义联系的词叫同类词，如"禾"的本义是谷子，凡从禾的字如"稼"、"稻"、"黍"等都同庄稼有关，是同类词，不等于同义词。第三，要区别临时义和固定义。如《孟子·滕文公上》：许子"以铁耕乎？"杜甫诗《登高》："无边落木萧萧下"，"铁"指农具，"木"指树叶，都是临时代用，不能把"铁"与农具、"木"与树叶看作同义词。

为了正确地使用同义词，我们要分辨同义词的细微差别。分辨，一要有历史发展的观念，把同义词放在特定的历史时代里来观察；二要从语言事实出发，结合具体语言环境进行分析、比较；三要参考古代的字书和注释，因为前人在这方面已经做了许多工作。做到这几点，我们就可以看出同义词大致有以下六个方面的细微差别。

1. 词义轻重程度有区别。举"疾"、"病"为例:《说文》:"疾,病也。""病,疾加也。"段玉裁注:"析言之则病为疾加,浑言之则疾亦病也。"说明一个当生病讲,一个当病重讲,词义有程度轻重的差异。《韩非子·喻老》中有一则故事:扁鹊第一次看见蔡桓公患病,说:"君有疾在腠理,不治将恐深。"因为这时蔡桓公病初起,还不重,所以用"疾";以后第二次、第三次看见,说"君之病在肌肤","君之病在肠胃",是因为病加重了,才都用"病"。类似的还有:一般肚子饿叫"饥",饿得厉害叫"饿";轻轻地往下压叫"按",较重地往下压叫"抑";一般的听叫"听",倾耳细听叫"聆";一般的害怕叫"惧",害怕得要命叫"恐";等等。

2. 词义应用的范围有区别。举"躬"、"身"为例:《说文》中两字互训,是表示在身体的意义上它们是同义词。但二者应用的范围有区别:"躬"单指人的身体,如《史记·司马相如列传》:"躬胝无胈,肤不生毛。"唐司马贞索隐引张揖曰:"躬,体也。""身"既可指人身,如《楚辞·九歌·国殇》:"身首离兮心不惩";也可指其他动植物的躯干,如《尔雅·释木》:"桧,柏叶松身。"类似的还有:同作法律讲,"法"范围较大,多指法令、制度,"律"则偏于指具体的规则、条文；同作树木讲，"树"单指树木，"木"还指木材；同表示问的意思，"问"指一般的问，"讯"特指上问下，后引申为审问；同表示华美的意思，"丽"多用于具体事物，"美"则既用于具体事物，也用于抽象事物；等等。

3. 表示行为的方式、情态有区别。举"负"、"荷"、"任"为例：在携带东西的意义上，三者是同义词。但携带的方式不同："负"是用背驮，如《论语·子路》："夫如是，则四方之民襁负其子而至矣，焉用稼？""荷"是用肩担或扛，如《列子·汤问》："[愚公]遂率子孙荷担者三夫，叩石垦壤，箕畚运于渤海之尾。""任"是用怀抱，如郭璞《江赋》："悲灵君之任石。"类似的还有：同是算卦的意思，用龟壳叫"卜"，用蓍草叫"筮"；同是跌倒的意思，向前倒叫"仆"，向后倒叫"偃"，失足倒叫"跌"；同是越过的意思，爬过去叫"逾"，跳过去叫"超"；同是啼哭的意思，有声有泪叫"哭"，无声有泪叫"泣"，哭而有言叫"号"，痛哭失声叫"啼"；等等。

4. 表示事物的形状、质地有区别。举"模"、"镕"、"型"、"范"为例：四个词都作铸造器物的模子讲，但因质地不同又有细微区别，段玉裁在《说文》"模"字下注释说：

"以木曰模,以金曰镕,以土曰型,以竹曰范。"类似的还有:同作坟墓讲,平者叫"墓",高者叫"丘";同作木柴讲,大者可析的叫"薪",小者合束的叫"柴";同作丝线讲,蚕者叫"丝",麻者叫"缕";同作口袋讲,无底叫"橐",有底叫"囊";等等。

5. 感情色彩有区别。举"弑"、"诛"为例:两个词的意义都是杀死,但子杀父、臣杀君叫"弑",说弑,含有对不孝不忠的谴责;"诛"的本义是谴责,引申为杀戮,含有对被杀者的贬斥,如《史记·陈涉世家》的"伐无道,诛暴秦"的"诛"就是。类似的还有:同是遭遇的意思,"逢"可用在逢迎的场合,"遭"则较多地用于不幸的事;同是停留的意思,"住"指一般的停留,"驻"则多用于庄重的情况;同是进攻别国的意思,"征"用于上对下,有道对无道,带有惩罚的意味,是个褒义词,"伐"通常用在诸侯国之间,没有上下、有道无道的区别,是个中性词;同是第二人称代词,"尔"、"汝"不是尊称,一般用于上对下、尊对卑,"君"、"子"是尊称,"君"一般用于下对上,"子"用于上对下或平辈;等等。

6. 语法功能有区别。举"饱","厌"为例:两个词在吃饱的意义上是同义词,但"饱"是不及物动词,如《论语·

学而》："子曰：君子食无求饱。""厌"则是及物动词，如《孟子·离娄下》："其良人出，则必厌酒肉而后反。""饱"有时可以作状语，如"饱食终日"的"饱"；"厌"则不能做状语。类似的还有：同是说的意思，"谓"相当于"对……说"，其后不能同所说的话相接，"曰"则能同所说的话相接；同是到某地的意思，"之"、"如"、"适"可以带宾语，如"之郑"、"适齐"、"如秦"，"往"则不能带宾语，如《楚辞·九歌·国殇》："出不入兮往不反。"同作否定副词，"不"既可以否定动词，又可以否定形容词，"弗"则只能否定动词，不能否定形容词；等等。

意义相反或相对的词是反义词。反义词既有相反的一面，又有相成的一面，但相反的一面是主要的。同义词主导方面是义同，但又有细微差别，可谓大同小异；反义词主导方面是义反，但又有共同的联系，可谓大异小同。下面我们从意义上把反义词区别为六类：

1. 大小、轻重。凡表示事物数量多少、形状大小、程度轻重、年龄老幼等意义的反义词，我们以"大小"、"轻重"为代表，列为　类。如：修短、厚薄、巨细、多少、盈亏、多寡、众寡、博约、详略、繁简、深浅、强弱、长幼、老少、父子等均属此类。

2. 好坏、褒贬。这类反义词表示有些现象是好的,属褒义;另一些是不好的,属贬义。如:好丑、穷达、惩劝、美恶、善恶、粹杂、贤恶、尊卑、正邪、智愚、巧拙、乐忧、吉凶、祥妖、福祸、荣辱,成败、胜负、利害、俭奢、盛衰、治乱、新旧、新陈、德怨、功过等均属此类。

3. 向背、得失。主要指行为的向心和离心,获得和失去等方面的意义。如:向背、与夺、往返、往来、迎送、离聚、出纳、买卖、去取、去就、求予、取舍、得失、争让、损益、赢输、有无等均属此类。

4. 动静、开合。主要指事物的运动状态和静止状态,包括动和静、开和合、张和弛等方面的意义。如:睡觉、开阖、动静、作息、在没、见隐、游居、言默、开关、开闭、张弛等均属此类。

5. 先后、上下。主要指时序的先后和空间的方位。如:旦暮、表里、今昔、古今、春秋、昼夜、朝暮、朝夕、早晚、朔晦、初终、前后、天地、上下、左右、内外、头尾、源流、纵横、彼此、远近、遐迩等均属此类。

6. 阴阳、雌雄。主要指人和自然界涉及生死、雌雄、暖寒等两极现象。如：寒暑、牝牡、生死、阴阳、日月、冷暖、雌雄、夫妇、男女等均属此类。

以上六类反义词中，一、二类主要是形容词，三、四类主要是动词，五、六类主要是名词。由于事物的形状、性质和状态最容易有相反的表现，所以反义词以形容词为最多。

四、词义的演变

语言是随着时代变化的，其中词汇的变化比语音、语法更显著。词汇的变化，其中一种特别值得注意的是词义的变化，就是同一个词，古今意义未必相同。变化通常有三种情况。

一是词义扩大了。如"江"、"河"，早年，"江"指长江，"河"指黄河；后来由专名发展为通名，于是有"九江"、"九河"、"湘江"、"渭河"、"江湖"、"河沟"等称呼。

二是词义缩了。如"瓦"，原来泛指一切陶制品，《诗经·小雅·斯干》："乃生女子……载弄之瓦。""瓦"指陶制的纺槌，其他陶盆、陶釜、陶碗等也可称瓦；到现代汉语则缩小为盖房屋用的瓦了。

三是词义转移了。如"爪牙"，《诗经·小雅·祈父》：

"祈父,予王之爪牙。"这里引申为卫队勇士,是个褒义词,所以祈父的士兵才自称,我本是国王的爪牙。这种含义一直沿用到唐宋时期,如《资治通鉴》魏黄初三年:"此诸将或任腹心,或堪爪牙,或是功臣。"在现代汉语中则变为"帮凶"、"狗腿子"一类贬义词了。

词义的演变有个漫长的历史过程,一般是循着从具体到抽象、从个别到一般、从褒义到贬义,从实词到虚词的历程进行。下面分项说明。

1. 从具体到抽象。如"目",甲骨文、金文均像人眼形。《尚书·舜典》:"明四目,达四聪。"孔安国传:"广视听于四方,使天下无壅塞。"孔颖达疏:"明四方之目,使为己远视四方也。""目"用的都是本义。后来由名词引申为动词"看",再引申为显眼处、重要处,就开始抽象化了。《论语·颜渊》记载孔子讲"克己复礼为仁"的道理时,颜渊说"请问其目",这个目即条目、要目的意思。此外还引申为一般的孔眼。汉郑玄《诗序谱》提到"举一纲而万目张,解一卷而通篇明",这个"目"就指网眼;成语"纲举目张"用的也是这个意义。

2. 从个别到一般。如"匠",古代专指木工。《说文》:

"匠，木工也。"其他工匠另有名称，如铁匠叫冶，陶匠叫陶等。后来泛指各种有专门技艺的人。王充《论衡·量知》："能斫削柱梁，谓之木匠；能穿凿穴坎，谓之土匠；能雕琢文书，谓之史匠。"这里甚至把脑力工作者也包括进去了。

3. 从褒义（或中性）到贬义。如"谤、诽谤"，最早指公开批评别人的过失，更常指下对上的谏责。《左传》襄公十四年："自王以下，各有父兄子弟以补察其政。史为书，瞽为诗，工诵箴谏，大夫规诲，士传言，庶人谤。"《大戴礼记·保傅》："忠谏者谓之诽谤。"可见"谤"或"诽谤"都是个褒义词。大约到先秦末期，含义开始向坏的方面变化。《韩非子·难言》："大王若以此不信，则小者以为毁訾诽谤；大者患祸灾害死亡及其身。"与"诽谤"并列的词都是坏字眼，可见"诽谤"也含有贬义了。到现代汉语，"诽谤"指无中生有的诬蔑，完全成为贬义词。

4. 从实词到虚词。如"被"，本义为寝衣，引申为动词"覆盖"，再引申为动词"遭受"、"蒙受"。以后渐渐虚化，终于成为介词"被"。其发展过程大体可分为三个阶段：一是上古时期，"被"字放在动词前，动词后一般无其他成分，如《史记·屈原贾生列传》："信而见疑，忠而被谤。"二是中古时期,"被"后可加施事者,如《世说新语·方正》:"亮子被苏峻害。"三是近古,自唐代开始,"被"后动词多加宾语(或补语),这个宾语从意念上看是"被"前的主语,如《王昭君变文》:"纵有衰蓬欲成就,旋被流沙剪断根。"这就同现代汉语接近了。又如"和",原写作"龢"。像奏乐器状,本义为音乐和谐;引申为和睦、协调;再引申为联结、连带,如杜荀鹤《山中寡妇》诗:"时挑野菜和根煮,旋斫生柴带叶烧。""和"与"带"互文,是连带的意思。就是这个意义,逐渐虚化为现代汉语连词的"和"。

五、 实词的特殊用法

文言词也可分为实词和虚词两大类。这里先谈实词,同现代汉语一样,可区别为名词、形容词、动词、代词、数词和量词。总的看,哪些词属于哪一词类是比较固定的,各类词在句中的职务也有一定的分工。但是应用时灵活的情况要比现代汉语突出。下面分两类作简要介绍。

(一) 使动用法和意动用法

名词、形容词、不及物动词用为使动词,是名词、形容词、不及物动词的使动用法。这些词用为及物动词,对宾语含有"使它怎样"的意思。如《左传》隐公元年:"庄公寤生,惊姜氏。""惊"是不及物动词,用作及物动词,带上宾语"姜氏",从意念上看是"使姜氏吃惊","惊"在这里成为使动词,用法是使动用法。下面再举些例子:

(1) 公若曰:"尔欲吴王我乎?"(《左传》定公十年)——"吴王我"即"使我成为吴王"。

(2) 故王不如东苏子,秦必疑齐而不信苏子矣。(《史记·苏秦列传》)——"东苏子"即"使苏子东(往齐国)"。

(3) 于是梁王虚上位,以故相为上将军。(《战国策·齐策四》)——"虚上位"即"使上位虚"。

(4) 春风又绿江南岸。(王安石《泊船瓜州》)——"绿江南岸"即"使江南岸绿"。

(5) 小子鸣鼓而攻之可也。(《论语·先进》)——"鸣鼓"即"使鼓鸣"。

(6) 广故数言欲亡,忿恚尉。(《史记·陈涉世家》)——"忿恚尉"即"使尉发怒"。

以上例中名词、形容词、不及物动词通常不带宾语,一旦带上宾语就成为使动用法。可以说,带宾语是这类词灵活用法的基本标志。但这类用法也可以不带宾语；还有本来带宾语的及物动词也可用作使动词。如：

(1) 强本而节用，则天不能贫；养备而动时，则天不能病；修道而不贰，则天不能祸。(《荀子·天论》)——"贫"、"病"、"祸"都用为使动词，表示"不能使之贫"、"不能使之病"、"不能使之祸"，却没有带宾语"之"。

(2) 故不如先斗秦赵。(《史记·项羽本纪》)——"斗"是及物动词，在这里表示使秦赵斗，是用作使动词。

形容词、名词等用为意动词，是形容词、名词等的意动用法。这些词用为及物动词，对宾语含有"认为它怎样"或"将它视为怎样"的意思。如《孟子·尽心上》："孔子登东山而小鲁。""小"是形容词，用作及物动词，带上宾语"鲁"，从意念上看是"觉得鲁国小"，"小"在这里成为意动词，用法是意动用法。非及物动词用为意动词，形容词较多，名词较少，动词更少。下面再举些例子：

(1) 大将军邓骘奇其才。(《后汉书·张衡传》)——"奇其才"就是"认为其才不平凡"。

(2) 既饱而后轻食，既暖而后轻衣。(贾思勰《齐民要术序》)——"轻食"是"认为食不贵重","轻衣"是"认为衣不贵重"。

(3) 今我百岁后,皆鱼肉之矣。(《史记·魏其武安侯列传》) ——"皆鱼肉之"即"皆视之为鱼肉"。

(4) 奉祖宗庙,子百姓。(《汉书·霍光传》)——"子百姓"即"视百姓如子"。

有时意动和使动形式上没区别,要根据文意细加分辨。如:

(1) 左右以君贱之也,食以草具。(《战国策·齐策四》)

(2) 赵孟之所贵,赵孟能贱之。(《孟子·告子上》)

同是"贱之",例(1)是视之为贱的意思,为意动用法,例(2)是"使之贱"的意思,为使动用法。

(二)各类词的其他灵活用法

除"使动用法"、"意动用法"以外,文言词用法还有其他灵活的情况。下面分别介绍。

1. 名词的灵活用法。有两种情况:

一是用作一般动词。名词这样用,就具有一般动词的特点,如可以带宾语,前面可以加能愿动词等。如:

(1) 假舟楫者,非能水也,而绝江河。(《荀子·劝学》)——

"水"表"游泳"的意义，前加能愿动词"能"。

(2) 百姓孰敢不箪食壶浆以迎将军者乎？（《三国志·诸葛亮传》）——"箪"、"壶"都带宾语，前面加状语"不"。

二是用作副词、形容词，充当状语。如：

(1) 各鸟兽散，犹有得脱归报天子者。（《汉书·李广苏建传》）——"鸟兽散"是"像鸟兽那样四散奔逃"。

(2) 豫让曰："臣事范、中行氏，范、中行氏皆众人遇我，我故众人报之。至于智伯，国士遇我，我故国士报之。"（《史记·刺客列传》）——"众人遇"是"像对待一般人那样对待"，其余同。

(3) 江南火耕水耨。（《史记·平准书》）——"火耕"是"用火的办法耕种"，"水耨"同。

(4) 君何不以此时归相印，让贤者而授之，退而岩居川观，必有伯夷之廉，长为应侯，而有许由、延陵季子之让，乔松之寿，孰与以祸终哉？（《史记·范雎蔡泽列传》）——"岩居"是"在岩那里居住"，"川观"是"在川那里游观"。

2. 形容词的灵活用法。一般是用为动词或名词。如：

(1) 楚尹项伯者，项羽季父也，素善留侯张良。(《史记·项羽本纪》)——"善留侯"是"同留侯交好"。

(2) 西人长火器而短技击。(徐珂《冯婉贞》)——"长"是"善于"，"短"是"不善于"。

(3) 将军身被坚执锐。(《史记·陈涉世家》)——"坚"是"坚甲"，"锐"是"利兵"。

(4) 灼灼百朵红，戋戋五束素。(白居易《买花》)——"红"是"红花"，"素"是"白花"。

在例（1）（2）中是用为动词，例（3）（4）中是用为名词。

3. 动词的灵活用法。一般是用为名词，充当宾语；还有的时候充当状语。如：

(1) 黔敖左奉食，右执饮。(《礼记·檀弓》)——"食"是"食物"，"饮"是"饮料"。

(2) 殚其地之出，竭其庐之入。(柳宗元《捕蛇者说》)——"出"是"收成"，"入"是"收入"。

(3) 足下必欲诛无道秦，不宜踞见长者。(《史记·高祖本纪》)——"踞见"是"不礼貌地接见"。

(4) 天地欣合，阴阳相得。(《史记·乐书》)——"欣合"是"圆满地合一"。

在例（1）（2）中是充当宾语，例（3）（4）中是充当状语。

4. 数词的灵活用法。一般是用为动词。如：

(1) 夫天亦有所分予：予之齿者去其角，傅其翼者两其足，是所受大者不得取小也。（《汉书．董仲舒传》）——"两"是"给两个"。

(2) 七年之中，一与一夺，二三孰甚焉？（《左传》成公八年）——"二三"是"摇摆不定"。

(3) 士也罔极，二三其德。（《诗经·卫风·氓》）——"二三其德"是"三心二意"。

(4) 疑当世之法，而贰人主之心。（《韩非子·五蠹》）——"贰"是"动摇"。

六、 虚词的类别和用法

文言虚词是指没有实在意义，一般不能单用，但能组织实词、完成句子结构的词。虚词包括哪几类词，大家看法不尽一致，一般认为应包括副词、介词、连词、助词、语气词、感叹词六种。代词是实词，旧时代曾看作虚词。下面分类介绍一下用法。

(一) 副词

主要包括程度副词、范围副词、时间副词、情态副词、否定副词、语气副词、谦敬副词七种。

1. 程度副词。指表示动作、行为或状态程度的词,常见的有"极"、"最"、"良"、"至"、"殊"、"稍"、"微"、"颇"、"略"、"益"、"愈"、"滋"、"渐"、"足"等。如:

(1) 彭祖,至寿也。(《吕氏春秋·为欲》)——"至寿"即"最高寿"。

(2) 卿言殊豁吾意,成败吾决行之。(《资治通鉴·后晋纪》高祖天福元年)——"殊豁"是"特别开阔"。

2. 范围副词。指表示动作、行为涉及范围大小或数量多少的词,常见的有"皆"、"悉"、"咸"、"俱"、"都"、"总"、"凡"、"全"、"齐"、"了"、"各"、"共"、"互"、"兼"、"但"、"第"、"独"、"唯"、"只"、"才"、"仅"等。如:

(1) 五年一朝,凡三朝。(《汉书·文三王传》)——"凡三朝"即"总共朝见了三次"。

(2) 了无喜色。(《晋书·谢安传》)——"了无"即"完全没有"。

3. 时间副词。指表示动作行为发生的时间、时态等方面的词,常见的有"已"、"既"、"尝"、"曾"、"昔"、"方"、"正"、"将"、"且"、"始"、"甫"、"终"、"卒"、"夙"、"早"、"晚"、"后"等。如:

(1) 邯郸方盛,力不能独拒,如何?(《后汉书·寇恂传》)——"方盛"是"正旺盛"。

(2) 许靖夙有名誉。(《三国志·许靖传》)——"夙"是"素来"。

4. 情态副词。指表示行为状态或方式的词,常见的有"诚"、"信"、"必"、"果"、"约"、"或"、"殆"、"盖"、"率"、"计"、"容"、"无乃"、"得无"等。如:

(1) 今天下三分,益州疲弊,此诚危急存亡之秋也。(《三国志·诸葛亮传》)——"诚"是"确实"。

(2) 鲁未若商周,而改其常,无乃不可乎?(《国语·鲁语上》)——"无乃"是"岂不是"。

5. 否定副词。表示对客观状况有所否定的词,常见的有"不"、"弗"、"毋"、"勿"、"莫"、"靡"、"罔"、"蔑"、"微"、"未"、"非"等。如:

(1) 梁掩其口,曰:"毋妄言,族矣。"(《史记·项羽本纪》)——"毋"是"不要"。

（2）天高地迥，号呼靡及。(文天祥《指南录后序》)——"靡"有"不"、"没"两义，这里用"没"义。

6. 语气副词。表示反诘、祈使、假设、强调等语气的副词，常见的有"岂"、"安"、"焉"、"恶"、"其"、"宁"、"竟"、"何其"等。如：

（1）沛公不先破关中，公岂敢入乎？(《史记·项羽本纪》)

（2）王侯将相，宁有种乎？(《史记·陈涉世家》)

7. 谦敬副词。表示尊敬和谦和的副词，主要有"伏"、"窃"、"谨"、"敢"、"叨"、"幸"、"辱"、"请"等。如：

（1）敢问何谓浩然之气？(《孟子·公孙丑上》)

（2）臣从其计，大王亦幸赦臣。(《史记·廉颇蔺相如列传》)

（二）介词

作用是带名词性宾语，共同修饰或说明动词或形容词，表明有关的时间、对象、处所、工具、方式、条件、原因或目的等。可区分为四类：

1. 时地介词。表示动作、行为发生的时间、地点，主要有"于"、"以"、"自"、"从"、"在"、"及"、"比"、"临"、"乘"、"即"、"逮"等。如：

（1）千里之行，始于足下。(《老子·第六十四章》)

（2）逮夜至于齐。（《左传》哀公六年）

2. 原因介词。引进动作、行为的原因或目的，主要有"由"、"为"、"因"、"缘"、"用"、"坐"、"赖"等。如：

（1）知物由学，学乃知之。（《论衡·实知》）

（2）宣不知情，坐系狱，自杀。（《汉书·鲍宣传》）

3. 方式介词。引进动作、行为的方式、工具或条件，主要有"用"、"以"、"因"、"乘"、"将"、"把"等。如：

（1）百工为方以矩，为圆以规，直以绳，正以县。（《墨子·法仪》）

（2）苏秦始将连横说秦惠王。（《战国策·秦策一》）

4. 对象介词。引进动作、行为所涉及的对象，主要有"与"、"及"、"乎"、"于"、"为"、"比"、"对"、"随"等。如：

（1）余不爱衣食于民，不爱牲玉于神。（《国语·鲁国上》）

（2）寡人耻之，愿比死者一洒之。（《孟子·梁惠王上》）——"比死者"即"为死者"。

（三）连词

用来连接词、词组或句子，表示前后两项的并列、顺承、递进、假设、转折、让步、因果等关系的词。可区别为联合连词和偏正连词两类。

1. 联合连词。表示并列、顺承、递进、选择关系的是联合连词，主要有"而"、"且"、"以"、"及"、"与"、"共"、"暨"、"乃"、"并"、"故"、"于是"、"而后"、"因而"、"矧"、"况"、"而况"、"何况"、"非独……犹"、"不惟……亦"、"既……又"、"岂止……抑乃"、"如"、"将"、"抑"、"或"、"宁……将"、"与其……宁"、"与其……孰若"、"非……则"等。如：

（1）朱栏今已朽，何况倚栏人。（厉鹗《湖楼题壁》）

（2）汝非徒身当服行，当以训汝子孙。（司马光《训俭示康》）

（3）然其语而不舍，非愚则诬也。（《庄子·秋水》）

2. 偏正连词。表示假设、转折、让步、因果关系的是偏正连词，主要有"若"、"如"、"苟"、"倘"、"微"、"但使"、"假令"、"如使"，"然"、"然而"、"但"、"则"、"顾"、"虽"、"自"、"唯"、"就"、"纵"、"第令"、"因"、"故"、"以故"、"是用"、"是以"、"用此"、"由此"等。如：

（1）微夫子之发吾覆也，吾不知天地之大全也。（《庄子·田子方》）

（2）顾安所得酒乎？（苏轼《赤壁赋》）——"顾"相当于"只是"。

(3) 王前欲伐齐，员强谏；已而有功，用是反怨王。(《史记·越王勾践世家》)——"用是"相当于"因此"。

(四) 助词

帮助句子或某些句子成分组成或变换某种结构的词。主要有"之"、"所"、"者"、"是"等。如：

(1) 疾不可为也，在肓之上，膏之下，……不可为也。(《左传》成公十年)

(2) 子曰："近者悦，远者来。"(《论语·子路》)

还有些助词，如"然"、"斯"、"若"、"尔"、"其"等只作为词缀构成复音词，前已谈及，不赘述。

(五) 语气词

用于句首、句中、句末，表达陈述、判断、肯定、疑问、反诘、惊讶等语气的词。常见的有"夫"、"盖"、"惟"（常用在句首）、"者"、"也"、"乎"、"焉"（常用在句中）、"也"、"矣"、"焉"、"耳"、"乎"、"与"（欤）、"耶"（邪）、"哉"、"夫"、"兮"（常用在句尾）等。如：

(1) 盖闻王者莫高于周文，霸者莫高于齐桓。(《汉书·高帝纪》)

(2) 陈胜者，阳城人也。(《史记·陈涉世家》)

(3) 三人行，必有我师焉。(《论语·述而》)

(4) 相如虽驽,独畏廉将军哉?(《史记·廉颇蔺相如列传》)

(六) 感叹词

用于句首,可单独成句,主要用来表示喜、怒、哀、乐、惊、忧等强烈感情或表示应答声音的词。常见的有"嘻"(诺)、"嗟"、"咄"、"恶"、"噫"、"嗟夫"、"嗟乎"、"呜呼"等。如:

(1) 颜渊死。子曰:"噫!天丧予!天丧予!"(《论语·先进》)

(2) 嗟乎!师道之不传也久矣!(韩愈《师说》)

最后附带谈谈代词。可区分为三类:一是人称代词,常见的有:"我"、"吾"、"余"、"予"、"朕"、"女"、"尔"、"乃"、"若"、"汝"、"彼"、"其"、"之"、"夫"等;二是指示代词,常见的有:"此"、"是"、"斯"、"兹"、"彼"、"夫"、"其"、"之"、"莫"等;三是疑问代词,常见的有:"安"、"何"、"曷"、"胡"、"害"、"孰"、"恶"、"谁"、"焉"、"畴"等。

第三节 句

内容提要：一、形体简短；简短的原因。二、整齐句式多：散体，骈体。三、判断句的表示法；用"为"、"即"、"乃"之类联系。四、句中的主谓关系多用偏正形式表示。五、用动宾形式表兼语之类（使动、意动）。六、数词与名物、动作直接联系。七、宾语前置的规格，三种。八、定语后置的形式。九、状语和补语的位置。十、省略较多：省主语，省宾语；省"使"、"令"之后的兼语，省介词。十一、容许变格：残缺，错综，颠倒，特殊格式表叙述、描写，换位。

文言和现代汉语的差别，在句子结构方面，不像在词汇方面那样大。这是因为,结构是形式,形式,一则不会数量很多,二则性质近于坛子,装什么酒都适用,也就不必换,甚至比较难换。但是,时间长了,也总会有变化,因而与现代汉语相比,句法也有一些值得注意的特点。这特点,有的表现在全句上,有的只涉及结构的一部分。以下分项说一说。

一、形体简短

我们读文言作品,一个突出的感觉是句子常常比较短,停顿比较多。如:

(1) 广之将兵,乏绝之处,见水,士卒不尽饮,广不近水;士卒不尽食,广不尝食。宽缓不苛,士以此爱乐为用。其射,见敌急,非在数十步之内,度不中不发,发即应弦而倒。(《史记·李将军列传》)

(2) 明年春,草堂成。三间两柱,二室四牖,广袤丰杀,一称心力。洞北户,来阴风,防徂暑也;敞南甍,纳阳日,虞祁寒也。木,斫而已,不加丹;墙,圬而已,不加白。碱阶用石,幂窗用纸,竹帘,纻帏,率称是焉。(白居易《庐山草堂记》)

(3) 山多石，少土。石苍黑色，多平方，少圆。少杂树，多松，生石罅，皆平顶。冰雪，无瀑水，无鸟兽音迹。至日观数里内无树，而雪与人膝齐。(姚鼐《登泰山记》)

三段文章出自前后三个时代，都是三四个字停顿一次，这在现代汉语的文章里几乎是不可能的。

文言句子简短，有多方面的原因。一种是单音节的词多，前面讲词的部分已经谈过。另一种是惯于用意会法。如：

(4) 公子即合符，而晋鄙不授公子兵而复请之，事必危矣。……晋鄙听，大善；不听，可使击之。(《史记·信陵君列传》)

(5) 前长君为奉车，从至雍棫阳宫，扶辇下除，触柱折辕，劾大不敬。(《汉书·李广苏建传》)

(6) 管记陆瑜，奄然殂化，悲伤悼惜，此情何已。(陈叔宝《与詹事江总书》)

例(4)的"晋鄙不授公子兵而复请"、"晋鄙听"、"不听"都是假设的情况，照现代语习惯，前面都要用"如果"、"假使"之类的词，文言却不用而靠意会。例(5)的"劾大不敬"是被劾，照现代语习惯"被"要明白点出，文言却不说而靠意会。例（6）是作者"悲伤悼惜"，照现代语习惯前面要加"我"，文言却省去而靠意会。此外，旧的文风以简为高也是个重要原因。宋朝和尚文莹《湘山野录》记一个故事，大官钱惟演请谢绛、尹洙、欧阳修都为他作《河南驿记》，写成，谢文七百字，欧文五百字，尹文三百八十字。欧不服，重作，比尹文少二个字，尹洙赞叹说："欧九（欧阳修行九）真一日千里也！"崇简，总的表现为篇幅短；短而言能尽意，句子就不能过长。

二、整齐句式多

韵文要求句式整齐，既是老习惯，又有音律美的当然性。这里专说不押韵的文章。在先秦的典籍里，行文求句式整齐，《老子》是突出的代表。如：

(1) 曲则全，枉则直，洼则盈，敝则新，少则得，多则惑。是以圣人抱一以为天下式。不自见，故明；不自是，故彰；不自伐，故有功；不自矜，故长。夫唯不争，故天下莫能与之争。(第二十二章)

《老子》的文章是格言式的，自然宜于这样表达。其实也不尽

然,如《荀子》总是长篇大论,句式也求整齐。如:

(2) 天行有常,不为尧存,不为桀亡。应之以治则吉,应之以乱则凶。强本而节用,则天不能贫;养备而动时,则天不能病;循道而不贰,则天不能祸。故水旱不能使之饥,寒暑不能使之疾,妖怪不能使之凶。本荒而用侈,则天不能使之富;养略而动罕,则天不能使之全;背道而妄行,则天不能使之吉。故水旱未至而饥,寒暑未薄而疾,妖怪未生而凶。(《天论》)

句式求整齐,不只少数作者、少数篇章,可见不是出于某些人的一时癖好,而是有必要。这必要,是整齐比不整齐有比较好的表达作用。作用包括两个方面,同形式语句的累积和对称,可以使"意思"更显豁,"声音"更悦耳。因为有这种优点,所以在汉魏时期发荣滋长,以后就势力越来越大。如南北朝时期写说理、记事文章,也是:

(3) 夫两仪即位,帝王参之,宇中莫尊焉。天以阴阳分,地以刚柔用,人以仁义立。……归仁与能,是为君长。抚养黎元,助天宣德。日月淑清,四灵来格。祥风协律,玉烛扬辉。九谷刍豢,陆产水育,酸咸百品,备其膳羞。栋宇舟车,销金合土,丝竹玄黄,供

其器服。文以礼度，娱以八音，庇物殖生，罔不备设。(僧祐《弘明集》卷四何承天《达性论》)

(4) 时有西域沙门菩提达摩者，波斯国胡人也，起自荒裔，来游中土，见金盘炫日，光照云表，宝铎含风，响出天外，歌咏赞叹，实是神功。自云年一百五十岁，历涉诸国，靡不周遍，而此寺精丽，阎浮所无也，极佛境界，亦未有此，口唱南无，合掌连日。

(杨衒之《洛阳伽蓝记·永宁寺》)

可以明显地看出来，这是有意凑四字句。这种风气向下发展，精益求精，就不只求句式整齐，而且求相邻的语句在意义和声音方面都对称（名词对名词、动词对动词之类；平对仄，仄对平），并且长短有变化（四六或六四等），这就成为骈体。如：

(5) 嗟乎！时运不齐，命途多舛。(四对四) 冯唐易老，李广难封。(四对四) 屈贾谊于长沙，非无圣主；窜梁鸿于海曲，岂乏明时？(六四对六四) 所赖君子安贫，达人知命。(四对四) 老当益壮，宁移白首之心；穷且益坚，不坠青云之志。(四六对四六) 酌贪泉而觉爽，处涸辙以犹欢。(六对六) 北海虽赊，扶摇可接；东隅已逝，桑榆非晚。(四四对四四) 孟尝高洁,空余报国之情;阮籍猖狂,岂效穷途之哭?

(四六对四六)(王勃《滕王阁序》)

这是整齐到了极点,现代语想这样就太难了。

三、 判断句的表示法

表达现代语"……是……"的意思,文言经常用"……者,……也"的形式。如:

(1) 南冥者,天池也。(《庄子·逍遥游》)

(2) 廉颇者,赵之良将也。(《史记·廉颇蔺相如列传》)

(3) 师者,所以传道受业解惑也。(韩愈《师说》)

或者只用一个"也"字。如:

(4) 夫许,大(太)岳之胤也。(《左传》隐公十一年)

(5) 琳、瑀之章表书记,今之隽也。(曹丕《典论·论文》)

(6) 张衡,字平子,南阳西鄂人也。(《后汉书·张衡传》)

还可以"者"、"也"都不用。如:

(7) 此堂,师长教士地。(《明史·海瑞传》)

(8) 刘备天下枭雄。(《资治通鉴》卷六十五)

这种形式同"是"的古今异用有关系。早期,"是"在文言里经常用作指示代词，一般不起联系的作用。如果用"……是……"的形式表示判断，那要用"为"、"即"、"乃"之类的词联系。如：

(9) 颍考叔为颍谷封人。(《左传》隐公元年)

(10) 古文贵达，学达即所谓学古也。(袁宗道《论文上》)

(11) 盖古者因田制赋，赋乃米粟之属。(马端临《文献通考序》)

(12) 凭画栏而读者则铨也。(蒋士铨《鸣机夜课图记》)

(13) 然邯郸亦漳河之间一都会也。(《史记·货殖列传》)

(14) 所与游皆当世名人。(韩愈《柳子厚墓志铭》)

表示"不是"要用"非"。如：

(15) 子贡曰："管仲非仁者与？"(《论语·宪问》)

(16) 非我也，兵也。(《孟子·梁惠王上》)

四、句中的主谓关系多用偏正形式表示

用在句里的有主谓关系的词语（主谓词组作句子成分），文言经常在主谓间加"之"字，使它成为偏正关系。如：

(1) 唯我郑国之有请谒焉，如旧昏媾。(《左传》隐公十一年)

(2) 欲勿予，即患秦兵之来。(《史记·廉颇蔺相如列传》)

(3) 快然自足,曾不知老之将至。(王羲之《兰亭集序》)

(4) 师道之不传也久矣,欲人之无惑也难矣。(韩愈《师说》)

这也许是为了紧凑,因为偏正关系给人的感觉是一个单位,主谓关系是事物和动作并立,像是两个单位。

五、 用动宾形式表兼语之类

现代汉语"以他为什么"、"认为他怎么样"和"使他做什么"、"教他怎么样"等表达的意思,文言常常用简单的动宾形式来表达。这样表达的时候,表动作的词常常用"名词"、"形容词"或"不及物动词"。如:

(1) 吾妻之美我者,私我也。(《战国策·齐策一》)

(2) 于是乘其车,揭其剑,过其友曰:"孟尝君客我。"(《战国策·齐策四》)

(3) 吾母怡然无愁蹙状,戚觉人争贤之。(蒋士铨《鸣机夜课图记》)

(4) 秦时与臣游,项伯杀人,臣活之。(《史记·项羽本纪》)

(5) 王果能将吾,中原可得,于胜小敌何有!(方孝孺《客谈二事》)

(6) 适为虞人逐，其来甚速，幸先生生我。(马中锡《中山狼传》)

"客"、"将"是名词，"美"、"贤"是形容词，"活"、"生"（表活的意义）是不及物动词，都带宾语，在前三例里表示"以为如何"的意思，后三例里表示"使之如何"的意思。现代汉语里没有这样的用法。

六、数词与名物、动作直接联系

现代汉语表示名物、动作的数量，数词之后要用量词，如说"一件事"、"看一次"。文言经常不用这种专职表量的量词，所以数词可以与名物、动作直接联系。如：

(1) 齐国虽褊小，吾何爱一牛！(《孟子·梁惠王上》)

(2) 秦王以十五城请易寡人之璧，可予不？(《史记·廉颇蔺相如列传》)

(3) 一夫作难而七庙隳，身死人手。(贾谊《过秦论》)

(4) 梁使三反，孟尝君固辞不往也。(《战国策·齐策四》)

(5) 一鼓作气，再而衰，三而竭。(《左传》庄公十年)

(6) 丈人闻之，欷歔再三。(马中锡《中山狼传》)

前三例是数词与名物直接联系,后三例是数词与动作直接联系,这在现代汉语里是不容许的。

七、 宾语前置的规格

表示动宾的意义关系,文言和现代汉语都经常是宾在动后。但都可以变通,成为宾语先说。宾语前置,现代语常用"把"字,如说"把他叫来"、"把书念一遍";有时也可以不用,如说"书我爱看"。"把"在文言里是动词(如"把酒问青天"),没有使宾语先说的用法。但文言有另外的宾语前置的规格。主要是三种。

一种是,宾语是代词,在疑问句里要前置。如:

(1)室如县(悬)罄,野无青草,何恃而不恐?(《左传》僖公二十六年)

(2)吾谁欺?欺天乎?(《论语·子罕》)

(3)项王曰:"沛公安在?"(《史记·项羽本纪》)

(4)直道而事人,焉往而不三黜?(《论语·子罕》)

另一种是,宾语是代词,在否定句里要前置。如:

(5)硕鼠硕鼠,无食我黍。三岁贯女(汝),莫我肯顾。

(《诗经·魏风·硕鼠》)

(6) 古之人不余欺也。(苏轼《石钟山记》)

(7) 不患人之不己知,患不知人也。(《论语·学而》)

(8) 然而不王者,未之有也。(《孟子·梁惠王上》)

还有一种是,用中间加"之"或"是"的办法使宾语前置,以加重语气。如:

(9) 天道何亲?惟德之亲。(刘基《司马季主论卜》)

(10) 非子之求而蒲之爱,董泽之蒲,可胜既乎?(《左传》宣公十二年)

(11) 鸡鸣而驾,塞井夷灶,唯余马首是瞻。(《左传》襄公十四年)

(12) 而贾人牟利,亦惟近乎举子业者是求。(朱彝尊《池北书库记》)

(13) 皇天无亲,惟德是辅;民心无常,惟惠之怀。(《尚书·周书·蔡仲之命》)

八、定语后置的形式

定语在中心词语之后,文言里偶尔可以看到。这样的形式

大都以"者"字收尾。定语后置,有突出中心词语的意味。如:

(1) 巫行视小家女好者,云是当为河伯妇。(《史记·滑稽列传》)
(2) 计未定,求人可使报秦者,未得。(《史记·廉颇蔺相如列传》)
(3) 即入闾左呼子弟素健者,得数十人。(高启《书博鸡者事》)
(4) 其市井小人昔与敬亭尔汝者,从道旁私语。(黄宗羲《柳敬亭传》)

九、 状语和补语的位置

介宾词组"以……"、"于……"之类作修饰成分,现代汉语经常用在前面作状语的,文言却经常用在后面作补语。如:

(1) 投我以木瓜,报之以琼琚。(《诗经·卫风·木瓜》)
(2) 必若接之以高宴,纵之以清谈,请日试万言,倚马可待。(李白《与韩荆州书》)
(3) 君子食无求饱,居无求安,敏于事而慎于言。(《论语·学而》)

（4）壬戌之秋，七月既望，苏子与客游于赤壁之下。（苏轼《赤壁赋》）

（5）中孚为其先妣求传再三，终已辞之。（顾炎武《与人书》）

有时候，现代汉语用作补语的，文言却用作状语。如：

（6）令尹子文三仕为令尹，无喜色，三已之，无愠色。（《论语·公冶长》）

（7）吾王不游，吾何以休，吾王不豫，吾何以助，一游一豫，为诸侯度。（《孟子·梁惠王下》）

（8）夫天地之大计，三年耕而余一年之食。（《淮南子·主术训》）

（9）项籍唯不能忍，是以百战百胜而轻用其锋。（苏轼《留侯论》）

十、省略较多

语言是交流情意的工具，当然也要服从经济的原则，就是最好能够简而得要，所以任何语言都有省略的现象。不说也可，说了就是浪费，我们通常称为冗赘。在这方面，文言与现代书面语相比，文言简，省略较多；现代书面语繁，不只省略较少，而且近年来，大有应省而增的趋势。举例说，可以写

"参加的同志都积极主动","他是坐火车来的","不惜牺牲生命","是为了节约用水",等等,而有不少人却要写"参加的同志,他们都积极主动","他是乘坐火车来的","不惜牺牲自己的生命","目的是为了节约用水",等等。趋简趋繁会成为行文的风气,专就这一点说,文言的句法有不少值得现代语借鉴的地方。下面分类举例(方括号表示有省略)说说省略的情况。

省主语的:

(1) 余幼时即嗜学,[ ]家贫,[ ]无从致书以观,[ ]每假借于藏书之家,[ ]手自笔录,[ ]计日以还。天大寒,砚冰坚,[ ]手指不可屈伸,[ ]弗之怠。[ ]录毕,[ ]走送之,[ ]不敢稍逾约。(宋濂《送东阳马生序》)

(2) 郭奉孝年不满四十,[ ]相与周旋十一年,险阻艰难皆共罹之。[ ]又以其通达,见世事无所疑滞,[ ]欲以后事属之,何意卒尔失之,[ ]悲痛伤心。(曹操《与荀彧书追伤郭嘉》)

(3) [ ]见渔人,[ ]乃大惊,[ ]问所从来。[ ]具答之。[ ]便要还家,[ ]设酒杀鸡作食。(陶渊

明《桃花源记》)

例(1)省略的都是"余",可是中间隔了两个句号,而且隔了"天大寒"等完整的主谓句。例(2)省略的也都是"余",可是无所承,因为前面没出现"余"字。例(3)是主语换了,如"具答之"和"便要还家"都不是承前省,可是也省了。这在现代语里都是罕见的。

省宾语的:

(4) 今至大为不义攻国,则弗知非〔 〕,从而誉之,谓之义。(《墨子·非攻上》)

(5) 承〔 〕示《戴东原事略》,具见〔 〕表章古学之深心。(纪昀《与余存吾太史书》)

(6) 吾骑此马五岁,所当无敌,尝一日行千里,不忍杀之,以〔 〕赐公。(《史记·项羽本纪》)

(7) 既加冠,益慕圣贤之道。又患无硕师名人与〔 〕游。(宋濂《送东阳马生序》)

例(4)(5)是省动词后的宾语,例(6)(7)是省介词后的宾语。

省"使"、"令"之后的兼语的:

(8) 不如因而厚遇之,使〔 〕归赵。(《史记·廉颇蔺相如列传》)

(9) 宁南以为相见之晚，使〔　〕参机密。(黄宗羲《柳敬亭传》)

(10) 今媪尊长安君之位，而封之以膏腴之地，多予之重器，而不及今令〔　〕有功于国。(《战国策·赵策四》)

(11) 少间，复令〔　〕读，鸡鸣卧焉。(蒋士铨《鸣机夜课图记》)

省介词的：

(12) 晋主不衔璧〔　〕军门，则走死〔　〕江海。(《资治通鉴》卷一〇四)

(13) 或匿影〔　〕树下，或逃嚣〔　〕里湖。(张岱《西湖七月半》)

(14) 简子至，求狼弗得，盛怒，拔剑斩辕端〔　〕示先生。(马中锡《中山狼传》)

(15) 布袍脱粟，令老仆艺蔬〔　〕自给。(《明史·海瑞传》)

例(12)(13)省略的介词是"于"，例(14)(15)省略的介词是"以"。

十一、容许变格

文言作品，多数是在骈体和诗词里，为了适应字数整齐、对偶、押韵等要求，造句时还会出现打破常规的现象。如：

（1）及魏代三雄，记传互出，《阳秋》、《魏略》之属，《江表》、《吴录》之类，或激抗难征，或疏阔寡要。（刘勰《文心雕龙·史传》）

（2）杨意不逢，抚凌云而自惜；钟期既遇，奏流水以何惭？（王勃《滕王阁序》）

（3）有别必怨，有怨必盈，使人意夺神骇，心折骨惊。（江淹《别赋》）

（4）或有孤臣危涕，孽子坠心。（江淹《恨赋》）

这是骈体，四六对偶，字数多少有限制，声音平仄有限制，因而例（1）和例（2）的《阳秋》（孙盛《魏氏春秋》，因避晋简文帝母小名阿春讳，改写《魏氏阳秋》）、《江表》（虞溥《江表传》）、杨意（汉武帝时推荐司马相如的杨得意）、钟期（春秋时知伯牙琴音的钟子期）都成为残缺不全。例（3）和例（4）是另一种情况，张冠李戴。"心折骨惊"，心不能折，骨不能惊，显然是"骨折心惊"的颠倒说法。同理，"孤臣危涕，孽子坠心"也是颠倒说法。这是用旧典，《孟子·尽心上》："独孤臣孽子，其操心也危，其虑患也深，故达。"王粲《登楼赋》："悲旧乡之壅隔兮，涕横坠而弗禁。"这是为了声音和谐,把"心危"、"涕坠"说成"危涕"、"坠心"。

(5) 花近高楼伤客心,万方多难此登临。(杜甫《登楼》)

(6) 清新庾开府,俊逸鲍参军。(杜甫《春日忆李白》)

(7) 枯藤老树昏鸦,小桥流水人家。古道西风瘦马,夕阳西下,断肠人在天涯。(马致远《天净沙》)

(8) 寻寻觅觅,冷冷清清,凄凄惨惨戚戚。(李清照《声声慢》)

(9) 香稻啄余鹦鹉粒,碧梧栖老凤凰枝。(杜甫《秋兴八首》)

这是诗词曲,结构的变动更大。例(5),就时间或因果关系说是登楼后伤心,却倒过来说了。例(6)是用两个偏正结构表示叙述句的意思(诗之清新如庾信……)。例(7),"夕阳西下"以上是一连串名词,也是表叙述句的意思(所见景物有枯藤、老树……)。例(8)是一连串形容性词语作描写句。例(9)"香稻"和"鹦鹉"换位,"碧梧"和"凤凰"换位,似乎只是以反常格求新奇,因为连声音的必要也没有。像这类突破常规的写法,现代书面语里是难以见到的。

第四节 篇

内容提要：一、篇的内部结构：（一）标题；（二）开头；（三）主体；（四）结尾。二、篇的形式特征：（一）篇幅短小；（二）文体多样。

针对一个主旨，写完，能够圆满地达到表情达意的目的，形式方面大于句、句群或段，不管有没有标题，我们都称为"篇"。与现代白话作品相比，文言作品的篇也有些特点。这可以总括为两个方面：一是内部结构，二是形式特征。下面依次谈谈。

一、篇的内部结构

一篇文言作品，一般要具备这样几个要素：标题、开头、主体、结尾。

(一) 标题

也就是文章的篇名。标题一般要求简短、醒目、生动、易记。文言作品的标题,不少是两个字或三个字的,如《墨子》的《非攻》篇,《庄子》的《胠箧》篇,《吕氏春秋》的《察传》篇,《韩非子》的《五蠹》篇,《楚辞》的《离骚》、《山鬼》、《国殇》、《哀郢》诸篇,以及杜甫诗的《潼关吏》、《新婚别》,苏轼诗的《荔枝叹》等。这样的标题都很简短,因而便于记忆,同时具有醒目、生动等特点。

标题是多种多样的。有的标题对文章的主题具有较强的概括力和表现力,使人看到标题,便能知道文章的主旨。如《荀子》的《劝学》篇,一看标题就知道文章主旨在于勉励人勤奋学习。韩愈的《师说》,标题告诉人文章是讲"求师"的重要的。白居易诗《卖炭翁》,标题明确告知诗是反映卖炭老人的生活的。

也有另外一种情况,就是标题与文章主题并无直接联系。像我国最早一部诗歌总集《诗经》中诗的标题,都是用该诗第一句里的两个字或几个字作标题,如《周南》的《关雎》篇,是用首句"关关雎鸠"的"关雎"两个字为标题;《卷耳》是用首句"采采卷耳"的"卷耳"两个字为标题。《论语》、《孟子》各篇是取第一句的关键字眼为标题,如《论语》的《学而》篇,以篇首"子曰:学而时习之,不亦说乎?"的"学而"两个字为标题。《孟子》的《梁惠王》篇,以篇首"孟子见梁惠王"的"梁惠王"三个字为标题。

有的诗文的标题只记一件事、一种情况,至于作者通过记事所要表达的思想,从标题中是难以看出的。如杜牧诗《泊秦淮》这个标题,只标示出作者停船于秦淮河这件事,而主题思想是由诗句"商女不知亡国恨,隔江犹唱后庭花"表现出来的。陆游诗《十一月四日风雨大作》也是如此。

还有些诗,难以标题,索性就以"无题"为标题。著名诗句"春蚕到死丝方尽,蜡炬成灰泪始干"就是出自李商隐的《无题》一诗。词绝大多数没有词意的标题,只以词调为标题,如"忆秦娥"、"水调歌头"等。

(二) 开头

一篇作品的开头,是除标题外读者首先接触的部分,因此应该新颖别致,具有引人入胜的力量。

开头也可以是多种多样的。有的文章开头就点明主题,这就是通常说的"开宗明义"。《荀子·劝学》开头就说:"学不可以已"（学习要永无停歇）。韩愈《师说》开头是："古之学者必有师。师者，所以传道受业解惑也。"也有的文章开头引用经典或古语，使内容显得有根有据，雄辩有力。贾谊《论积贮疏》开头说："管子曰：'仓廪实而知礼节。'民不足而可治者，自古及今，未之尝闻。"有力地说明了自古以来储备粮食就是治国安邦的大计这样一个主题。有的文章用问话开头，使人产生求得答案的欲望，因而具有引人入胜的力量。范缜《神灭论》开头是："问曰：'子云神灭，何以知其灭邪？'答曰：'神即形也，形即神也。是以形有则神存，形谢则神灭也。'"《诗经·卫风·河广》也是如此："谁谓河广？一苇杭之。谁谓宋远？跂予望之。"还有用比喻开头的。《诗经·魏风·葛屦》开头是："纠纠葛屦，可以履霜。"用贱物贱用引出"掺掺女手，可以缝裳"的劳动情况。

文言作品，有些体裁的写法有较为固定的格式，因而开头往往用些套语似的词句。如"上书"这种文体，开头常用"臣闻……"之类的话。李斯《上书秦始皇》（即《谏逐客书》）开头是："臣闻吏议逐客，窃以为过矣。"邹阳《上吴王书》开头是："臣闻忠无不报，信不见疑，臣常以为然。"又如"书（书信）"这种文体，开头常用"某白"这类说法。

曹植《与吴季重书》开头是:"植白,季重足下……"曹丕《与钟大理书》开头是:"丕白,良玉比德君子,珪璋见美诗人……"其他如祭文、墓志铭、序跋等文体,开头大致都有个较固定的模式。

正因为作品开头很重要,所以有些作家写文章开头时很费推敲。欧阳修《醉翁亭记》开头一句就是经过反复修改后写定的。《朱子语类大全》卷一三九记载此事说:"欧公文亦多是修改到妙处。顷有人买得他《醉翁亭记》稿,初说'滁州四面有山',几数十字。末后改定,只曰'环滁皆山也',五字而已。"五字对数十字,真是以少许胜多多许。

(三) 主体

这是文章的重点和灵魂,应占全篇的绝大部分。如果是议论文,要求在这个部分论述得充分透彻;如果是记叙文,要求在这个部分描写得细密周全;如果是抒情文,要求在这个部分抒发得淋漓尽致。

还是从韩愈《师说》谈起。这是一篇议论文,主体部分说明学者必须有师,无师不能解惑,师无处不在:先闻道者即为师。古代圣贤尚且求师,今之众人反而耻于求师,是一种反常情况,必须改变。这里把为什么求师、怎样求师都论述得详明透辟,令人有"不求师无以进"之感。《左传》隐公元年《郑伯克段于鄢》是一篇记叙文,主体部分记述了姜氏与庄公母子之间的矛盾,庄公与共叔段兄弟之间的矛盾,两种矛盾激化,导致了武装冲突。整个事件的过程记叙得清楚完备。袁枚的《祭妹文》是一篇祭文,也是一篇抒情文,主体部分写了妹妹葬身异乡的凄凉景况。写了妹妹致死之由,是受封建礼教的迫害,而这一点,作为兄长是有责任的,更增加了伤痛之情。又追叙了妹妹的身世,回顾了兄妹幼年同戏的情景,这"如影历历"的往事,令兄长"旧事填膺,思之凄梗"。又写了得妹死讯后的情景:"予以未时还家,而汝以辰时气绝,四肢犹温,一目未瞑,盖犹忍死待予也。呜呼痛哉!"真是一字一泪,凄婉哀伤之情发挥得淋漓尽致。

主体部分内容多,篇幅大,这就有组织材料、安排线索的问题。材料组织不好,线索不清,就会使全文杂乱无章。

组织材料的方法同样是多种多样的。有的文章以时间为主线组织材料,一般记叙文、传记等差不多都采用这种方法。《郑伯克段于鄢》就是以事情发生的时间先后为序来写的,段落之间用时间副词和表示时间的其他词语"初"、"既而"、"太叔完聚"、"遂"等连接,全文层次清楚有致。

有的文章以某种感情为线索来写。欧阳修《醉翁亭记》以"乐"为感情线索来写。先写"醉翁亭"命名的由来,点出"山水之乐,得之心而寓之酒也",接着写醉翁亭外的景色变化万千,从而写了"四时之景不同,而乐亦无穷也",接下去写亭中宴饮之乐,最后写人的醉归之乐,以及禽鸟因人归而乐。末段是这样写的:

> 已而夕阳在山,人影散乱,太守归而宾客从也。树林阴翳,鸣声上下,游人去而禽鸟乐也。然而禽鸟知山林之乐,而不知人之乐;人知从太守游而乐,而不知太守之乐其乐也。

此外,还有许多组织材料的方法,如可以先总提,后分说,也可以先写外,后及内,以及先写远,后写近,或者与此相反。这里不再细说。只要做到脉络清楚、层次分明,至于采取什么方法,是可以由作者自定的。

(四)结尾

谈到文章的结尾,往往使人联想起歌唱家的唱歌,如果唱得并不坏,只是最后一句没顶上去,那是会大煞风景的。文章的结尾也一样,写不好会影响全篇的效果;反之,会起到升华主题、画龙点睛的作用。一个好的结尾应该是耐人寻味、发人深省的。《礼记·檀弓下》的《苛政猛于虎》一文,结尾处点明主题:"夫子曰:'小子识之:苛政猛于虎也。'"前后照应,给人的印象是深刻的。与此文主题相似,柳宗元《捕蛇者说》的结尾是:

> 余闻而愈悲。孔子曰:"苛政猛于虎也。"吾尝疑乎是。今以蒋氏观之,犹信。呜呼!孰知赋敛之毒有甚是蛇者乎!故为之说,以俟夫观人风者得焉。

这样的结尾具有深刻的思想内涵,确有发人深省的力量。

杜牧《阿房宫赋》的结尾是:

> 呜呼!灭六国者六国也,非秦也。族秦者秦也,非天下也。嗟夫!使六国各爱其人,则足以拒秦。使秦复爱六国之人,则递三世可至万世而为君,谁得而族灭也?秦人不暇自哀,而后人哀之;后人哀之而不鉴之,亦使后人而复哀后人也。

这里深刻地指明了一个道理:横征暴敛、穷奢极欲的统治者必定要自取灭亡。如不牢记这个教训,后来的统治者还会重蹈覆辙。这样的结尾深沉含蓄,具有强烈的教育效果,读后令人久久不能忘怀。

范仲淹《岳阳楼记》看上去是描叙景物的,然而却以

"先天下之忧而忧,后天下之乐而乐"结尾,这就把文章的主题升华到一个新的思想境界。这结尾处的两句话一直流传至今,并经常被用来作为革命人生观的形象概括。

二、篇的形式特征

比起现代文来,文言文有它独具的形式特征,主要是以下两点。

(一)篇幅短小

文言不乏百字上下的短文,还有十几个字甚至不满十个字的。《论语》是语录体文言文,全书分为二十篇,每篇包括若干章。每章都是极简练的短文。《里仁》篇第八章为:"子曰:朝闻道,夕死可矣。"共九个字。《子罕》篇第一章为:"子罕言利与命与仁。"共八个字。该篇第二十八章为:"子曰:岁寒,然后知松柏之后凋也。"共十三字。正因为《论语》具有篇幅短小、言简意赅的特点,所以其中很多篇章或全部或局部被沿用至今,成为现代活语言的一个组成部分,像"学而不厌,诲人不倦""发愤忘食""己所不欲,勿施于人""听其言而观其行""文质彬彬""祸起萧墙""欲速则不达"等等,无不如此。《孟子》的篇幅一般较《论语》为长,但多数是在百字上下。语录体文章如此,一般散文也不少是这样。宋周敦颐《爱莲说》是一篇思想深邃、文字隽永的优美散文,字里行间流露出作者对高洁品格的仰慕和对追名逐利者的鄙夷,然而全文只一百一十九个字。照录于此,以供欣赏与借鉴。

  水陆草木之花,可爱者甚蕃。晋陶渊明独爱菊。自李唐来,世人甚爱牡丹。予独爱莲之出淤泥而不染,濯清涟而不妖,中通外直,不蔓不枝,香远益清,亭亭净植,可远观而不可亵玩焉。

  予谓菊,花之隐逸者也;牡丹,花之富贵者也;莲,花之君子者也。噫,菊之爱,陶后鲜有闻;莲之爱,同予者何人?牡丹之爱,宜乎众矣!

散文如此,其他文体中也不乏短小别致的精品。王安石《读孟尝君传》,全文九十个字,主要是前三句话,每句击破世人的一个论点,有力地驳斥了"孟尝君能得士"的说法。亦录于此:

  世皆称孟尝君能得士,士以故归之,而卒赖其力以脱于虎豹之秦。嗟乎!孟尝君特鸡鸣狗盗之雄耳,岂足以言得士!不然,擅齐之强,得一士焉,宜可以南面而制秦,尚何取鸡鸣狗盗之力哉？夫鸡鸣狗盗之出其门，此士之所以不至也。

这篇文章简短有力，落地有声，是千年来有名的短文。清沈德潜说此文"语语转，笔笔紧，千秋绝调"。

宋苏轼《记承天寺夜游》全文八十三个字，先写月光澄澈，后写惋惜无人欣赏美丽的月光，微讽世人汲汲于名利，为俗务所累。其文为：

> 元丰六年十月十二日，夜，解衣欲睡，月色入户，欣然起行。念无与乐者，遂至承天寺，寻张怀民。怀民亦未寝，相与步于中庭。庭下如积水空明，水中藻荇交横，盖竹柏影也。何夜无月，何处无竹柏，但少闲人如吾两人耳。

刘禹锡《陋室铭》，全文八十一个字：

> 山不在高，有仙则名；水不在深，有龙则灵。斯是陋室，唯吾德馨。苔痕上阶绿，草色入帘青。谈笑有鸿儒，往来无白丁。可以调素琴，阅金经。无丝竹之乱耳，无案牍之劳形。南阳诸葛庐，西蜀子云亭。孔子曰："何陋之有？"

短短几十个字，表现了作者对隐逸生活的向往和不与权势者同流合污的高尚情操。

文言中的随笔、序跋、书信、诗话等,也大多篇幅短小。记传体的文言文,篇幅相对长些,但比起现代文来仍是简短的。

文言文篇幅短小,原因主要是文言中单音节词多,而现代汉语中双音节词多,所以,同样的内容,用文言表述就显得简短。

另一方面,文言比现代汉语的省略更普遍。可以省主语([ ]内为省略的成分,下同),如:"[汝]食之,比门下之客。""故[人]不登高山,不知天之高也;不临深溪,不知地之厚也。""郤子至,请伐齐,晋侯弗许;[郤子]请以其私属[伐齐],[晋侯]又弗许。"可以省谓语动词,如:"杨子之邻人亡羊,既率其党[追之],又请杨子之竖子追之。"可以省宾语,如:"为之,则难者亦易矣;不为[之],则易者亦难矣。"可以省兼语,如:"武帝以[陵]为有广之风,使[之]将八百骑,深入匈奴二千里。"可以省介词宾语,如:"公输盘为楚造云梯之械,将以[之]攻宋。"可以省介词"以"等,如:"客闻之,请买其方[以]百金。"还有其他多种省略,可以类推。

(二)文体多样

现代文的文体大致有散文、记叙文、杂文、诗歌、小说等,而文言文的文体远比现代文体为多,仅萧统《文选》所列,就有赋、诗、骚、七、诏、册、令、教等三十多种。每种文体在写法上都有一定的规格。这里想说说,有一部分文体是要求全部或部分押韵的。诗、词、赋当然要押韵,就是赞、颂也要押韵,如柳宗元《伊尹五就桀赞》,韩愈《子产不毁乡校颂》,都是韵文。箴、铭同样如此,如上文提到的《陋室铭》,名、灵、馨、青、丁、经、形、亭几个字都押韵,只有末句不入韵。祭文一般也是韵文,如韩愈《祭柳子厚文》,除开头几句外,一律押韵。记,本来是不必押韵的,但有些记中也夹杂着韵文,如柳宗元《永州韦使君新堂记》中有这样一段韵文:

> 始命芟其芜,行其涂。积之丘如,蠲之浏如。既焚既骊,奇势迭出。清浊变质,美恶异位。视其植,则清秀敷舒;视其蓄,则溶漾纡徐。怪石森然,周于四隅。或列或跪,或立或仆,窍穴逶邃,堆阜突怒。

其中,"芜"和"涂"相押,"丘"和"浏"相押,"出(读chù)"和"位"相押,"舒"和"徐"和"隅"相押,"仆"和"怒"相押。

范仲淹《岳阳楼记》中也有这样一段韵文:

> 若夫霪雨霏霏,连月不开。阴风怒号,浊浪排空;日

星隐曜，山岳潜形。商旅不行，樯倾楫摧。薄暮冥冥，虎啸猿啼。登斯楼也，则有去国怀乡，忧谗畏讥，满目萧然，感极而悲者矣。至若春和景明，波澜不惊。上下天光，一碧万顷。沙鸥翔集，锦鳞游泳。岸芷汀兰，郁郁青青。而或长烟一空，皓月千里，浮光耀金，静影沉璧。渔歌互答，此乐何极！登斯楼也，则有心旷神怡，宠辱皆忘，把酒临风，喜气洋洋者矣。

其中"霏"与"开"相押，"空"与"形"相押，"摧"与"啼"相押，"讥"与"悲"相押，"明"、"惊"与"顷"、"泳"、"青"相押，"璧"与"极"相押，"忘"与"洋"相押。

这些押韵的文字，给文章增添了铿锵和谐的音律之美。

第三章
文言的文体和时尚

第一节 文体

内容提要：一、什么是"体"。二、什么是"文体"。三、分辨文体的意义。四、文体分类简史。五、文体名称释略：（一）论辨；（二）序跋；（三）奏议；（四）书说；（五）赠序；（六）诏令；（七）传状；（八）碑志；（九）杂记；（十）箴铭；（十一）颂赞；（十二）辞赋；（十三）哀祭；（十四）典志；（十五）叙记；（十六）诗歌。

一、什么是"体"

一切事物的一定的格式，一定的规模，都可以叫作

"体"。例如我们常说，书法有颜（真卿）、柳（公权）、赵（孟頫）、欧（阳询）四体。凡是模仿唐代书法家颜真卿的字，写得样式与之相似的，就叫作"颜体"。凡是模仿唐代书法家柳公权的字，写得样式与之相似的，就叫作"柳体"。颜、柳、赵、欧四大家的字，各有各的式样，也就是各成一体。又如论唐代的诗，有所谓初唐、盛唐、中唐、晚唐的分别，这也可以称为体。又如我国古代文字的字形，有古文、篆、隶、楷等，也都各称一体。例如后汉有所谓"三体石经"，三体即指古文、篆、隶三种样式的文字。又如现在简化了笔画的汉字称"简体"，旧日笔画繁多的汉字称"繁体"。又如诗中的绝句、律诗等，也各有一定的式样，也可以称为体。宋人周弼编过一部《三体唐诗》，他所说的三体，指七言绝句、七言律诗和五言律诗。总之，体就是体制、体类、体裁。

二、什么是"文体"

这里的"文"指"文章"，也就是指我国自古以来各式各样的成文（不仅指"纯文学"）的作品。文体就是文章的体裁、体类，如论辨、序跋、碑铭……之类。这些类目都是人们研究了许多文章,然后根据那些文章体裁的特点和异同定出来的。

三、分辨文体的意义

自古至今,有许多人做过分辨文体的研究。各种骈文、散文、辞赋、诗歌等的总集,都是先把作品分为若干类,然后编纂起来的。这样分编,对研究各类作品的人来说,可以比较容易地知道某类文章以往有哪些名篇;对从事写作的人来说,可以得到各类文章的范本,按照那种式样(体)去写作。所以分辨文体这个工作是很有意义的。

四、文体分类简史

古人很早就知道给文体分类。周代编的《尚书》,把古圣贤相告诫之辞分为典、谟、训、诰等类。周代编的《诗经》,收的诗有风、雅、颂之别。不过《尚书》和《诗经》的编者并没有强调文体分类之说,只是觉得那样分比较清晰、方便。真正有意汇集各种文章加以分类,始于晋代的挚虞。

《隋书·经籍志》著录挚虞《文章流别集》四十一卷。他不仅撰集古今文章,加以分类,而且有"论"二卷。可惜这部书早已散佚,仅在《北堂书钞》、《艺文类聚》和《太平御览》的引文中偶尔见到一些。究竟挚虞怎样区分文体,因为看不到全书,不易凭空推测。

东晋李充的《翰林论》二卷也是《文章流别集》一类著作,其书也早已散佚,详细情况不得而知。

到了南北朝梁朝,任昉的《文章缘起》、刘勰的《文心雕龙》、萧统的《文选》,都是与文章分体极有关系的著作。不过今存的《文章缘起》虽然署名任昉撰,但有些人认为是后人假托任昉的姓名伪造的。现存较早的分辨文体的书,应该首推《文选》和《文心雕龙》。这两部书是论我国文体的极重要的著作。

《文选》把所选的作品分为赋、诗、骚、七、诏、册、令、教、策、表、上书、启、弹事、笺、奏记、书、移、檄、对问、设论、辞、序、颂、赞、符命、史论、史述赞、论、连珠、箴、铭、诔、哀、碑、墓志、行状、吊文、祭文,共三十八类;其中赋、诗两类又分细目,赋分为十五小类,诗分为二十三小类。

《文心雕龙》自第二卷至第五卷都是论文体的，每卷论五类，共二十类。就篇目说，第二卷为明诗、乐府、诠赋、颂赞、祝盟；第三卷为铭箴、诔碑、哀吊、杂文、谐隐；第四卷为史传、诸子、论说、诏策、檄移；第五卷为封禅、章表、奏启、议对、书记。

按当时称重辞藻声韵的作品为"文"、朴而不华的作品为"笔"的习惯，二、三两卷所论者为"文"，四、五两卷所论者为"笔"。

我国古代的文体，就无韵之文说，主要还可以分为骈文、散文两大派。简单地说，骈文是讲究声律、辞藻、对偶的文章，散文是不讲究声律、不特意用对偶的文章。骈文派和散文派，在中国文学史上都有一些伟大的作家和作品。《文选》和《文心雕龙》是骈文派的具有代表性的著作。六朝是骈文极发达的时期。隋文帝开皇四年诏天下公私文翰并宜实录，李谔复上书请禁轻薄文体，于是南朝文风才渐渐有所改变。后来韩愈提倡古文，柳宗元、李翱、皇甫湜等人起而附和，又经过宋朝欧阳修、尹洙、苏氏父子的提倡，法古散行之文才成为正统，占了上风。此后自元明到清朝中年，这种情况越来越显著，宗法愈严，派系之分愈清，散文派的旗帜也愈鲜明。

宋人姚铉编了一部《唐文粹》，这是最早的散文派的选集。这部书把文章分为古赋、古诗、颂赞、表奏、书疏等二十二纲三百一十六类。分类的办法模仿《文选》，但有分、合、增、损，分得更细。宋朝还有真德秀编了一部《文章正宗》，把文章分为四大类：辞命、议论、叙事、诗赋。他以为萧、姚二家有两失：一是详于美辞而略于明义理，不切世用，二是体类碎杂，不便学习。真氏之意在于纠此二失，所以后来的学者颇推重他。

真氏以后，元明清时期，汇集文章并分类编集的书很多，如元陈绎曾《文筌》，明吴讷《文章辨体》、贺复征《文章辨体汇选》、徐师曾《文体明辨》、茅坤《唐宋八大家文钞》，清储欣《唐宋十大家类选》等都是。姚铉、真德秀、储欣诸家都是张大散文派，有意与文选派对垒的。

到清朝乾隆年间，散文派的文体分类著作出了一部非常重要的，是桐城派姚鼐的《古文辞类纂》。这部书把文章分为论辨、序跋、奏议、书说、赠序、诏令、传状、碑记、杂记、箴铭、颂赞、辞赋、哀祭，共十三类。到此，我国文体的分类几乎可以说是登峰造极了。其优点有：

（1）门类渐趋简化，但能够以简驭繁。

(2) 分类时研究了各种文体的源流与功用，因而文体的分合比较合理。

(3) 类目命名比较适当，使人见其名即能知为何种性质的文章。

(4) 类目的排列次序都经过仔细考虑。如以论辨类居首，就有特别重视这类文章的意思。这一点最能显示散文派的精神。

但是我们也不能说这部书的分类已经尽善尽美，因为其后还有人著书，意在补正它的缺失。这类书最重要的有三家。一是梅曾亮的《古文词略》，于十三类外增加诗歌，成为十四类。二是吴曾祺的《涵芬楼古今文钞》，大类从《古文辞类纂》，各类下增添详细子目，共二百一十三种，如论辨类有子目二十四种，序跋类有子目十七种，奏议类有子目二十八种，这样就显得眉目更加清晰。三是曾国藩的《经史百家杂钞》，变十三类为十一类，外加三个总纲，即著述门、告语门、记载门。其解释如下：

著述门 { 论著类：著作之无韵者
辞赋类：著作之有韵者
序跋类：他人之著作，序述其意者

告语门 { 诏令类：上告下者
　　　　　奏议类：下告上者
　　　　　书牍类：同辈相告者

记载门 { 哀祭类：人告于鬼神者
　　　　　传志类：所以记人者
　　　　　叙记类：所以记事者
　　　　　典志类：所以记政典者
　　　　　杂记类：所以记杂事者

到此，文体的分类又前进了一步。

"五四"以后，西方的分类法渐渐为人们所乐用，但所分不限定过去常见的文言作品，已经越出文言文体分类的范围，这里不谈了。

五、 文体名称释略

如上所述，文体分类，《古文辞类纂》和《经史百家杂钞》是特别重要的比较合用的两家。现在根据这两家的体系，把文体的名称略加解说。诗歌应为重要的文体，姚、曾两家略之，增补在最后。

(一) 论辨

姚鼐《古文辞类纂·序目》说:"论辨类者,盖原于古之诸子,各以所学著书诏后世,孔孟之道与文至矣。自老庄以降,道有是非,文有工拙。今悉以子家不录,录自贾生始。盖退之著论,取于六经、孟子,子厚取于韩非、贾生,明允杂以苏、张之流,子瞻兼及于庄子,学之至善者神合焉,善而不至者貌存焉。"《文心雕龙·论说篇》说:"圣哲彝训曰经。述经叙理曰论。论者,伦也,伦理无爽,则圣意不坠。其仲尼微言,门人追记,故仰其经目,称为《论语》。"辨就是判别。察事物的是非美恶,而能区别之,叫作辨,与争论是非的辩通用。所以文的争论事理、争论曲直者亦曰辨。论辨的文有多种名称,如议、驳议、说、解、难、原等都是。

(二) 序跋

姚氏同书说:"序跋类者,昔前圣作《易》,孔子为作《系辞》、《说卦》、《文言》、《序卦》、《杂卦》之传,以推论本原,广大其义。《诗》、《书》皆有序,而《仪礼》篇后有记,皆儒者所为。其余诸子,或自序其义,或弟子作之,《庄子·天下》篇、《荀子》末篇皆是也。"宋王应麟《辞学指南》说:"序者,序典籍之所作。《文选》始于《诗序》,而

《书序》、《左传》次之。"曾国藩《经史百家杂钞》说:"他人之著作,序述其义者,经如《易》之《系辞》,《礼记》之《冠义》、《昏义》皆是。"他还说,后世所说的引、题、读、说、解之类也是。序文常写在一部书或一篇文的前面,题辞也是这样;跋则在后。一般说,序详而跋简。

(三) 奏议

姚氏同书说:"奏议类者,盖唐、虞、三代圣贤陈说其君之辞,《尚书》具之矣。周衰,列国臣子为国谋者,谊忠而辞美,皆本谟、诰之遗,学者多诵之。其载《春秋》内外传者不录,录自战国以下。汉以来有表、奏、疏、议、上书、封事之异名,其实一类。惟对策虽亦臣下告君之辞,而其体少别,故置之下编。两苏应制举时所进时务策,又以附对策之后。"此外还有异名同实的,如札子、弹章、弹事、上言等都是。

(四) 书说

姚氏同书说:"书说类者,昔周公之告召公,有《君奭》之篇。春秋之世,列国士大夫或面相语,或为书相遗,其义一也。战国说士说其时主,当委质为臣,则入之奏议;其已去国或说异国之君,则入此编。"这种体裁也有不少异名,如:

书、上书、启、牍、尺牍、书牍、简、帖、简帖、札、简札、书札、牒、笺、移等都是。

(五) 赠序

姚氏同书说:"赠序类者,《老子》曰:'君子赠人以言。'颜渊、子路之相违,则以言相赠处,梁王觞诸侯于范台,鲁君择言而进,所以致敬爱、陈忠告之谊也。唐初赠人,始以序名,作者亦众。至于昌黎,乃得古人之意,其文冠绝前后作者。苏明允之考名'序',故苏氏讳'序',或曰'引',或曰'说'。"案赠序一类,选文家多合于序跋,姚氏《古文辞类纂》分而为二,大概是考虑到性质与书序有别。后来《经史百家杂钞》仍合之为一。这种体裁也有异名,如寿序、引、说(与论辨类中之说不同)等都是。

(六) 诏令

姚氏同书说:"诏令类者,原于《尚书》之誓、诰。周之衰也,文诰犹存,昭王制,肃强侯,所以悦人心而胜于三军之众,犹有赖焉。秦最无道,而辞则伟。汉至文景,意与辞俱美矣,后世无以逮之。光武以降,人主虽有善意,而辞气何其衰薄也?檄、令皆谕下之辞……故悉附之。"这种体裁也有异名,如诰、谕、教、赦、玺书、策命等都是。

(七)传状

姚氏同书说:"传状类者,虽原于史氏,而义不同。刘先生(大櫆)云:'古之为达官名人传者,史官职之。文士作传,凡为圬者、种树之流而已,其人既稍显,即不当为之传,为之行状,上史氏而已。'余谓先生之言是也。虽然,古之国史立传,不甚拘品位,所纪事犹详。又实录书人臣卒,必撮序其平生贤否。今实录不纪臣下之事,史馆凡仕非赐谥及死事者,不得为传。乾隆四十年,定一品官乃赐谥,然则史之传者亦无几矣。……昌黎《毛颖传》,嬉戏之文,其体传也,故亦附焉。"这种体裁也有异名,如家传(别于官书)、小传(叙次简略者)、别传、外传(搜采轶事以补传所未及者)、补传(补前人所未传或已有而佚者)、状、述、行述、行略、事略等都是。

(八)碑志

姚氏同书说:"碑志类者,其体本于诗,歌颂功德;其用施于金石。周之时有石鼓刻文。秦刻石于巡狩所经过。汉人作碑文,又加以序。序之体,盖秦刻琅邪具之矣。茅顺甫讥韩文公碑序异史迁,此非知言,金石之文自与史家异体,如文公作文,岂必以效司马氏为工耶?志者,识也,或立石墓上,或埋之圹中,古人皆曰志;为之铭者,所以识之之辞也;然恐人观之不详,故又为序。世或以石立墓上曰碑,曰表,埋乃曰志,及分志、铭二之,独呼前序曰志者,皆失其义,盖自欧阳公不能辨矣。"曾氏同书把碑志类并入传志类,算作下编。

(九)杂记

姚氏同书说:"杂记类者,亦碑文之属。碑主于称颂功德,记则所纪大小事殊,取义各异。故有作序与铭诗全用碑文体者,又有如纪事而不以刻石者。柳子厚纪事小文或谓之序,然实记之类也。"曾氏同书说:"……所以记杂事者。……后世古文家,修造宫室有记,游览山水有记,以及记器物、记琐事,皆是。"

(十)箴铭

姚氏同书说:"箴铭类者,三代以来有其体矣,圣贤所以自戒警之义,其辞尤质而意尤深。若张子(载)作《西铭》,岂独其理之美耶?其文固未易几也。"

(十一)颂赞

姚氏同书说:"颂赞类者,亦诗颂之流,而不必施之金石者也。"此类文字与箴铭相类,都是有韵之文,只是箴铭义在规戒,颂赞意取揄扬,其实都是古诗之流。曾氏同书大概也是考虑到有韵，所以把"箴铭"、"颂赞"类并入"辞赋"，算作下编。

(十二) 辞赋

姚氏同书说："辞赋类者，风雅之变态也。楚人最工为之，盖非独屈子而已。余尝谓《渔父》及《楚人以弋说襄王》、《宋玉对王问遗行》，皆设辞无事实，皆辞赋类耳。太史公、刘子政不辨，而以事载之，盖非是。辞赋固当有韵，然古人亦有无韵者。以义在托讽，亦谓之赋耳。汉世校书有'辞赋略'，其所列者甚当。昭明太子《文选》分体碎杂，其立名多可笑者，后之编集者或不知其陋而仍之。余今编辞赋，一以汉略为法。古文不取六朝人，恶其靡也，独辞赋则晋宋人犹有古人韵格存焉。惟齐梁以下则辞益俳而气益卑，故不录耳。"这种体裁异名也不少，如辞、骚、七、设论、符命等都是。

(十三) 哀祭

姚氏同书说："哀祭类者，《诗》有《颂》，《风》有《黄鸟》、《二子乘舟》，皆其原也。楚人之辞至工，后世惟退之、介甫而已。"这种体裁也有异名，曾氏同书说："后世曰祭文，曰吊文，曰哀辞，曰诔，曰告祭，曰祝文，曰愿文，曰招魂，皆是。"

(十四) 典志

这个类目《古文辞类纂》没有，是《经史百家杂钞》所增。曾氏说："典志类，所以记政典者，《经》如《周礼》、《仪礼》全书，《礼记》之《王制》、《月令》、《明堂位》，《孟子》之《北宫锜章》，皆是。《史记》之八《书》、《汉书》之十《志》，及《三通》，皆典章之书也。后世古文，如《赵公救灾记》是，然不多见。"

(十五) 叙记

这也是《经史百家杂钞》所增。叙记类与杂记类性质相近，不过杂记类是记杂事，叙记类则记会盟、征伐等国家大事。曾氏《杂钞》重经史，所以特设此类，以容纳经史中如《尚书》、《左传》、《资治通鉴》等书上的文章。

(十六) 诗歌

以上所说的文体，绝大部分是就骈文和散文说的。虽然其中也有比较次要的韵文，如箴、铭、诔、颂之类，但那些不是韵文的大类，也不能算诗歌。文言作品中有大量的诗歌，这里谈谈它的分类。

我国最早的一部诗总集是《诗经》，不过旧时代把它列为经书，而不列入诗总集。《诗经》中的诗，大部分是周朝人作的，形式主要是四个字一句，隔句押韵。这种四言诗，后来虽然也有作者，但为数不多。

汉魏六朝的诗体，以五个字一句者为多，也是隔句押韵，称为古体诗（包括乐府诗）。诗句数多少不定，声韵、对偶也没有严格的限制。通篇为五言者称"五言古诗"，七言者称"七言古诗"。杂言者占极少数。

与古体诗相对者，为"今体诗"或"近体诗"。近体诗萌芽于南北朝；到唐朝，格律逐渐形成。它包括五律、七律、五言或七言排律、五绝、七绝等。每首有一定的句数。句中某字该用平，某字该用仄，某字可平可仄，某些句要对偶，都有一定。近体诗中，每首八句而每句五字者称"五言律诗"（简称"五律"，下同），每首八句而每句七字者称"七言律诗"；每首四句而每句五言者称"五言绝句"，每首四句而每句七言者称"七言绝句"。律诗和绝句都可以称为律诗，字的平仄、押韵，限制都比古体诗严格。

由唐朝中年起，诗歌系统中又兴起一种新文体——词。词早期都是可歌的，所以也称为"曲子词"，还有人称它为"乐府"。词每首句数不定，各句长短不定，所以又称为"长短句"。又因为它是诗之后新兴的文体，所以也有人称它为"诗余"。词都是依曲调写的,声韵的讲究比近体诗更细致。早期的词,篇幅比较短,称为"小令"。五代时期写小令的多。北宋时期,词的篇幅渐长,有所谓"中调"和"长调",也有称字数多的为"慢词"的。

　　诗和词最初都来自民间,所以依照传统的写法,用语可以比散体文章通俗。由诗词再向下演变,到曲,虽然吸收不少文言的表达方法(辞藻、对偶之类),但所用语言,基本格局是白话,这里从略。

第二节 时 尚

内容提要：一、概说：文言的文体、风格等因时代不同而有变化。二、先秦散文：历史散文；诸子散文。三、汉赋：骚体赋；大赋；小赋。四、汉魏五言诗：《古诗十九首》、三曹等。五、骈体文：不押韵的骈文；押韵的骈赋。六、唐诗：诗歌全盛时期；初唐，四杰等；盛唐，政治抒情诗，山水诗，边塞诗；古体近体，律诗绝句；中唐，元白等新乐府；晚唐，皮杜和温李等。七、宋词：婉约派和豪放派。八、唐宋古文：韩柳和欧苏等。九、明清古文：前后七子复古；归唐等唐宋派；公安派和竟陵派；桐城派和阳湖派。

一、概说

清末戊戌变法前后,适应政治上的变法维新,文章的体裁、语言风格发生了显著变化。梁启超倡导的"新文体"逐渐取代了文人长期使用的文言。"五四"以后,结束了文言统治文坛的局面。

在这以前的两千多年里,文人大都使用文言写作。文言作为一种语言工具,其发展变化的情况错综复杂。简单地说,语言有散骈之分,体裁有论文、叙事文、抒情文、诗、词、歌、赋多种。甚至同属一种体裁,都用文言表达,也因时代和作家的不同,存在着明显的差异。每个历史时期,受时代风气和思潮的影响,总有某种受广大作家喜爱的体裁风行文坛,也总有大家惯用的语言表达方式。这就是我们通常说的"时尚"。时尚随时代而异。某种时尚流行一代,因喜爱者多,自然会涌现一批堪称典范的名家、名作。说到中国古典文学,人们每每标举先秦散文、汉赋、唐诗、宋词、元曲等,实际上就是当时时尚的重点所在,它体现了一个时代主要的文学风貌。

这里描述某一历史时期的时尚,丝毫不意味着抹杀或贬低与它同时存在的其他文体的成就,把复杂的文化现象简单化。同时,本节要求分析的重点是"体",而不是文学史,它涉及作家作品,而不是作家作品论。"体"可以指大的,如骈、散、诗、词;也可以指小的,如诗词的不同形式,甚至述及创作的各种流派。本节的范围限于文言,《诗经》是集体创作,元曲、小说用白话写作的居多,这里就不讨论了。

了解文言时尚,有助于阅读和理解古代文言作品,更好地掌握文言的发展和文体的变化规律。下面就各个重要时期的文言时尚分别加以叙述。

二、 先秦散文

春秋(公元前770—前476年)后期至战国时期(公元前475—前211年)约三百年间,是我国古代社会由奴隶制转为封建制的重大变革时期。这一变革最终导致旧思想、旧传统崩溃,由"学在官府"转为私学代替了官学,"士"的阶层壮大。各个阶层的知识分子代表不同政治集团的利益,到处游说、讲学、论辩、著书立说,形成"百家争鸣"的空前繁荣局面。古代散文应这一形势的需要飞速发展起来。

这时期的散文可以概括为两大类。一类是以记述历史事件、人物活动为主的历史散文；一类是以议论、说理为主的诸子散文。不论是叙述历史事件，总结历史经验的散文，还是探讨哲理，阐明政治观、道德观和宇宙观的散文，都十分注意修辞和语言技巧的运用，甚至采用一些形象化手段或寓言故事。

历史散文重要的有《左传》、《国语》、《战国策》。《左传》（全称为《春秋左氏传》）是配合鲁史《春秋》写成的。《春秋》只是个简要的大事记，《左传》却是独具特色的编年史。它史料翔实，内容丰富，并有鲜明的倾向性。《左传》长于战争的描写。对每个战役，都精心安排情节，描述事态发生、发展的全过程；还善于用人物的活动和语言表现其中主要人物性格和精神面貌。《左传》既有史家尊重史实的严肃态度，又有引人入胜的文采。从《齐鲁长勺之战》、《晋公子重耳之亡》等篇，可以清楚地看出这些特点。《战国策》因记录战国时期纵横家的活动、各国策士的游说和策谋而得名。全书三十三篇，每篇是一个完整的历史人物故事。它生动地再现了战国纵横捭阖复杂的斗争形势和策士的智谋、才识。书中经常使用比喻、寓言阐明事理以加强说服力，用曲折的情节和环境气氛的渲染，以及符合人物性格特征的语言，表现策士的性格、心理状态和活动。《鲁仲连义不帝秦》、《冯谖客孟尝君》等为后世传诵的名篇。《苏秦以连横说秦》一文中甚至运用了夸张的语言、排比的句式，更是极尽铺陈之能事。这些方面对后来的辞赋有着一定的影响。《战国策》的史学价值不及《左传》、《国语》，而在语言的运用和写作技巧上，却有不同于《左传》和《国语》的特点。尤应重视的是它显示出历史散文文学化的倾向，大约因其写定的时间较晚，散文写作的水平有了较大的提高。《国语》又称《春秋外传》，是部记言体的历史散文。它详于记言而略于记事。"语"本是语录的意思。书名就反映出它的特点：即记录了当时人说话的内容和语气。它经常用眼前具体事物作比喻，说明重大的道理。如《周语·召公谏弭谤》中说："防民之口，甚于防川。川壅而溃，伤人必多，民亦如之。是故为川者决之使导，为民者宣之使言……"用治水作比喻，说明理政的道理。语言浅显，近似当时的口语。这三部史书的文字特点不同，可以反映出先秦历史散文的风貌。

诸子散文包括《论语》、《墨子》、《孟子》、《庄子》、《荀子》、《韩非子》等诸子百家的著作。当时思想家、学术流派著书的目的均在于阐述各自的学说见解。这些思想家的生活时代有早有晚,先后相差二百年。随着社会的发展变化,语言有变化,人的思维能力也不断提高,又诸子的气质、性格也有差异,因此,他们的散文的写法和语言风格有着不同的面貌。

《论语》由孔丘的门人记录而成,是部语录体的学术著作。它以记孔丘的言论为主兼及一些活动。书中大量的是孔丘与门人的简短对话。每段对话一般数十字,超过百字的不多,"子路、曾皙、冉有、公西华侍坐"就是其中较长的一章。《论语》文字深入浅出,简明扼要,平易近人,带有较浓的生活气息。

《孟子》记载了儒家孟轲的言行,是一部孟轲与人对话的语录集,基本上属语录体。但每章文字较长,从篇章结构和语言文采看,较《论语》的散文有了较大的发展。孟轲以好辩著称,经常与其他学派交锋,因之,他的散文充满了论战色彩。文章中常使用排比句式和形象的比喻,并以步步紧逼的方式进行论辩、说理,气势逼人,令人折服。

孔、孟同属儒家,著作都采用语录体。孟轲比孔丘晚生一百几十年。《孟子》比《论语》的语言更生动,更有气势,也更具有文学的风采。孟文善用浅近的事例进行说理或驳倒对方。笔墨酣畅,爱憎鲜明,虽不作峻刻斩断之言,而其锋不可犯。读《齐桓晋文》章（见《梁惠王上》），能够清楚地看到上述特点。

《墨子》大部分是墨翟弟子对老师的言行记录，小部分是墨派后学的著述。《墨子·非命上》记录了墨子为文的"三表"，即文章立论应注意的三项标准："有本之者，有原之者，有用之者。"大意是写文章应以历史事实为根据，要以人民生活经验为依据，要放在实践中考察，看它是否符合国家人民的利益。《墨子》散文贯彻了这一观点，比较重视用客观事物的分析来丰富论证。因此，其特点是立论严谨，论证充分，文字朴实。因缺少同时代散文的文采，所以《荀子·解蔽篇》说："墨子蔽于用而不知文。"

《墨子》虽属记言的性质，但已不是片段的或短篇的文章，是首尾完整、逻辑性很强的长篇大论，初步具有了论辩散文的规模。我国的论辩文可以说启于孟，成于墨。《墨子》每篇的标题就是这篇文章的中心论点，便于读者掌握其文章主旨。如《非攻》的中心思想是反对当时诸侯间的战伐。它从"入人园圃，窃其桃李"，"攘人犬豕"的小偷写起，由小及大，以此说彼，层层推演，主旨在否定战伐。

《荀子》是战国后期荀况的著作。他的散文逻辑周密，说理深透，善用比喻和排比，文章整齐流畅，长于说理而又不乏文采。代表作有《天论》、《劝学》等。《劝学》的前半篇，几乎全用譬喻，层层铺陈，说明"学"的重要性和"学"的艰巨性。通篇用排比句式，辞采丰富，整齐流畅，把劝学的意思发挥尽致。荀子还创作一些赋，他的说理文中的语言特色和他的赋有相通之处。

《韩非子》是战国末期韩非的著作，是先秦法家集大成的一部书。主要的文章是政论文。如《五蠹》，文风严谨峭刻，内容宏富，推理切中要害，论辩周详犀利，把先秦的政论文推向高潮。散文中还大量地使用历史故事和寓言说明道理，在内外《储说》、上下《说林》中尤为突出。众所周知的《郑人买履》、《自相矛盾》等寓言，就来自这些散文。

《庄子》是庄周及后期庄学的著作。庄周生活的时代与孟子相近，他是个有诗人气质的思想家。庄周继承老子的哲学思想，并受了丰富多彩的荆楚文化的长期熏陶。他是新旧社会转折时期的隐者。他肯定自然，否定社会，肯定人的本性，反对人的社会性，思想与当时社会格格不入。他辛辣地批判当时社会罪恶，蔑视君臣等级关系，彻底否定一切，幻想回到原始时代的生活。实际上，历史不可倒转，社会改革日益深入，自己无力改变它，现实又难以忍受。因此，他只能生活在主观幻想里，以求得内心的谐调和精神上的解脱。庄子散文与其他诸子完全不同，他有阐述自己的理论、观点独有的方式。庄子的文章多用寓言故事来寄托自己的思想。他认为世人"沉浊"，不可以"庄语"，只能说些"谬悠之说，荒唐之言，无端崖之辞"（《天下》篇）。又说他的文章大抵是"寓言"、"重言"、"卮言"。意思是说他的文章全是些编制的寓言故事，一些无根据的、荒诞不经的、不着边际的话。他受古代神话和楚民族祀神风习的启发，在寓言中经常写一些超现实的人物活动，残疾畸形人的才能、品德和拟人化的自然万物来表现某些观点，或作为立论的依据。如《逍遥游》里他写了"藐姑射山神人"的丰姿和能力，这是他幻想的绝对自由的至人。《则阳篇》里的"触蛮之争"，他虚构了蜗牛角上触、蛮两国的战争，来嘲讽战国诸侯间争权夺利的战争全是毫无意义的。此外他还写了受刖刑的兀者及王骀等残疾人的故事，说明"道有所长而形有所忘"的道理。在他的笔下，人与鱼对话，河与海交谈，蝉与学鸠（小鸟）辩论，牧马童子游于六合之外……总之，这些寓言都具有一种神奇的浪漫色彩。庄子散文想象丰富，构思奇幻，又善于对所描写的事物作细致的夸张的描绘，如《齐物论》中一段关于"地籁"的描述,《秋水》中对百川灌河,黄河水面浩荡无垠的开阔景象的描写,都绘声绘形,引人遐想。在战国诸子散文中,《庄子》的散文最有文学特色,鲁迅说:"其文汪洋辟阖,仪态万方,晚周诸子之作,莫能先也。"(《汉文学史纲要》)

先秦诸子的散文为以后的文章和文学创作的发展,打下了坚实的基础。

三、 汉赋

汉赋是继"楚辞"先秦散文之后出现的一种新的文体,滥觞于战国后期,大盛于汉,是两汉四百年间文人创作采用的主要形式。汉赋有"骚体赋"、"大赋"、"小赋"之分。汉武帝以前,流行"骚体赋",它是"楚辞"的余波,语言、形式与"楚辞"相近,是汉赋蓬勃发展的序幕。及枚乘的《七发》问世,体制与写法有了明显的变化,标志了"骚体赋"向"大赋"转变。自汉武帝时起,赋体发展成为以铺采摛文为能事的散体大赋,盛行达二百年之久。我们通常所说的汉赋,主要指的就是这种散体大赋。后世把它视为汉代文学的代表。西汉经"文景之治"奠定汉王朝巩固发展的基础，武帝巩固中央集权，文治武功，超越前代，民富国强，气象宏阔，成为东亚大国，在世界上也属先进。武帝好辞赋，需要反映一代文武之盛的作品，"大赋"在过去的基础上，为"润色鸿业"而飞速发展起来。文臣作赋、献赋，人数日增，风气所及，成为时尚。《汉书·艺文志》著录的辞赋有九百余篇，大都写于武帝后的两百年中。主要作品有司马相如的《子虚》、《上林》，东方朔的《答客难》，扬雄的《甘泉赋》、《羽猎赋》，班固的《两都赋》。

　　大赋的作家为写作的需要，都注意广采风土，搜集群书；重视辞赋的结构，铺陈词采。那些描写田猎、宫苑、都邑、物产的大赋，富有时代色彩，足以令人感到自豪，在当时起了巩固政权的作用。因它重视词采华茂、文章结构、表现手法的运用，使赋有别于"经"、"史"、"子"而成为文学，这对我国文学观念的形成有促进作用，到魏晋就有了"诗缘情而绮靡，赋体物而浏亮"等对文体基本特征的认识。赋家虽然有夸奇炫博、追求辞藻的习气，但赋有知识性，有辞书的作用。它丰富了文学的词汇，也便于后人学习有用的知识，这是文化发展的需要。有了汉代辞赋的繁富，才有魏晋文章的清通简要。

小赋出现在东汉政治衰微之际。原来的大赋失去了写作的物质基础，逐渐被形式灵活、语言平实的小赋取代。作家用它讽刺时政，抒情言志，咏物寄意。如张衡的《归田赋》，抒发了不肯与宦官权贵同流合污而归田的志趣；赵壹的《刺世疾邪赋》，讽刺统治阶级的贪婪丑行；祢衡的《鹦鹉赋》咏鹦鹉而自况，抒发才志之士屡遭迫害的感慨。抒情小赋突破了大赋的格局，自成一体。可惜因汉末政局混乱，党锢之祸为害，它没有得到正常的发展。到汉以后的南北朝时期，演变为新的赋体——骈赋。

四、 汉魏五言诗

东汉末，社会政治危机和战乱长期持续，民不聊生，社会不平等，是非不明，各个阶级都处于动荡不安的局面。当时的知识分子阶层，有些因仕途堵塞，失望消极。另有一些忧国忧时如王符、仲长统，以及以李膺为首的党人则"匹夫抗愤，处士横议"，激烈地抨击时政，兴起社会批判思潮。传统经学没落，思想领域活跃。东汉后期，产生了文人创作的较为成熟的五言诗。现存诗三十余首，都是无名氏的作品。这些诗多是失意的知识分子叹老、伤时、愤世之作。它可以分为两组，一组是托名苏武、李陵的赠答诗，多是送别、留别、游子思归之辞，《晨风鸣北林》是其中优秀作品之一。另一组是《古诗十九首》，有的写游子思妇的离别相思，有的抒发仕途失志的牢落不平。前者如《行行重行行》，后者如《生年不满百》。这两组诗内容相近，风格类似。五言诗在语言、音节的运用方面较四言诗灵活，为抒情、叙事提供了更为有利的条件。《古诗十九首》善于运用比兴手法，衬托烘染，表现抒情主人公的内心活动，着墨不多，而言近旨远。五言诗是在汉乐府民歌和民谣基础上发展起来的，是进入文人创作领域的新体。

　　以"三曹"、"七子"为代表的建安文学，体现了汉魏之际文化思想方面的重大变化。曹氏集团是在战乱中新兴的政治势力，思想比较通达。"三曹"、"七子"都亲身经历战乱，对"千里无人烟"的残破景象和人民的深重灾难有一定的感受，新的形势给他们提供了施展"拯世济民"抱负的可能，他们迫切希望建功立业。曹氏父子雅好诗歌，提倡文学。五言诗是建安诗人反映战乱、歌唱理想、抒发忧世伤时感情的重要形式。《文心雕龙·时序》说："观其时文，雅好慷慨，良由世积乱离，风衰俗怨。"他们的诗形成一种悲凉慷慨、刚健有力的诗风,有着鲜明的时代特点。

曹植创作五言诗,并作出了卓越的贡献,成为五言诗的奠基人。他的五言抒情诗,不仅兼有乐府民歌浓重的生活气息与《古诗十九首》的含蓄深长,又有鲜明的个性特点。如《白马篇》、《七哀》、《吁嗟篇》、《杂诗》等都寄托了自己的理想或政治苦闷,词采华茂,骨气奇高,提高了五言诗的艺术表现力。此后,五言诗成为诗歌中重要的诗体。

五、 骈体文

南朝(公元420—589年)散文的作品不多,骈体文盛行。这种文体具有对偶和句式整炼的特点,是中国独有的一种文体。

南朝继两晋之后,门阀世族垄断一切,他们可以左右文坛。出身寒素的文人,只能居于附庸的地位。名门贵胄文人文化修养很高,养尊处优,生活天地狭窄。适应自己的生活情趣,他们写作中重视形式美。同时,在前人对语言、文学认识的基础上,南朝文人进一步研究总结,发现汉字有四声,认识到文章有"文"、"笔"(有韵者为文,无韵者为笔)之分。南朝文人有重"文"轻"笔"的倾向。"文"的重要标准是："绮縠纷披，宫商靡曼。"（这些理论见于梁元帝的《金楼子》和萧统的《文选序》）这就形成了齐梁间重视形式美、讲究声律的文艺思潮。因之，文风发生了重大变化：在诗歌方面出现了"永明体"，在文章方面促成骈体文空前繁荣。

东汉时，散文受辞赋的影响，开始注意对偶、排比。魏晋的散文骈化日趋明显。到了南朝，连公文、奏章、书信等也多用骈体。《后汉书》是史书，其中也有采用骈体书写的篇章。重视形式美，着意于对偶、排比等修辞手段和各种语言技巧的运用，说明当时人逐渐认识和掌握汉语的特点和文学的某些特殊规律，自觉使用它以增强文字的表现力，为语言和文学的发展开拓了新的天地。

南朝的骈体包括两类作品：一类是不押韵的骈文，如孔稚珪的《北山移文》、吴均的《与宋元思书》；一类是押韵的骈赋，如鲍照的《芜城赋》、庾信的《哀江南赋》。或寓讽刺，或寄感慨，或写景抒情，都是文情并茂，艺术上有创造性的名篇。其他如江淹的《恨赋》、《别赋》，陶弘景的《答谢中书书》，也表现了作家的艺术功力。骈文的主要特点是讲究对偶（多用四言和六言句式），句式整炼并列，声韵注意平仄，力求音调铿锵，善用典故，重视辞藻。到了晚唐，发展为典丽的四六文。

但是，南朝不少文人生活的天地过于狭窄，致使作品缺乏深刻的思想感情。刻意追求文字的排比、对偶等形式和技巧的结果，文风日趋浮艳、柔靡。隋及唐初，虽有人痛感骈文形式的约束和华而不实文风的弊端，要求改变文风，但积重难返，骈文仍然独霸文坛。经义人长期的努力，直到中唐韩愈、柳宗元等大力倡导古文，才起了新的变化。

六、 唐诗

经过南北朝长期分裂和隋末大乱，唐统一天下，调整国内阶级关系和民族关系，使中下层地主阶级登上政治舞台，促进南北各民族和文化融合；并采取有力措施，发展社会经济，巩固国防。经百余年，唐王朝不仅达到中国封建社会繁荣昌盛的顶点，在当时世界上也算数一数二的强国。中华民族的壮大，增强了民族自信心和自豪感。唐王朝是个开放的社会，丝绸之路，文化交流，东通日本，西达中亚。儒、释、道思想相互渗透。文学、艺术批判地继承了古代文化遗产，又广泛地汲取了外来的文化。创造了辉煌灿烂的唐代文明。"九天阊阖开宫殿，万国衣冠拜冕旒"（王维和贾至《早朝大明宫》），这就是盛唐气象。

唐代的文学时尚是诗歌。唐代是古典诗歌全盛的时代。《全唐诗》收录了两千二百余位诗人的诗歌近五万首。题材广泛，形式多样，形成许多流派。不仅有李白、杜甫这样的伟大作家，还有王维、孟浩然、高适、岑参、白居易、李贺、李商隐等一大批著名诗人。文学史一般都把唐诗的发展分为初盛中晚四个时期论述。

初唐是唐诗酝酿变化的时期。诗歌逐渐冲破了齐梁诗风的影响，艺术上初步形成唐诗的风格。因为唐代诗人不再像齐梁宫廷狎客之流，而来自更为广阔的社会，所以诗的内容充实了，题材扩大了，思想感情较为健康。最早体现诗风转变的是初唐四杰。稍晚，沈佺期、宋之问确立了严格格律和固定形式的近体律诗。"声病兴而诗有町畦，然古今体之分，成为沈宋。"（赵执信《谈艺录》）沈宋之后，五言律诗大盛。陈子昂标举"风雅兴寄"，提出恢复汉魏诗的传统，为盛唐诗的发展开拓了道路。

盛唐，唐王朝达于鼎盛时期，涌现了大批有才华的诗人。他们怀着高昂的政治热情，体验社会、人生。创作中，既有时代的豪迈精神，也有时代的苦闷。他们各以自己独有的风格，活跃在诗坛上。他们的诗，宏阔博大，气象万千，内容题材多样化：有政治抒情诗、田园诗、山水诗、边塞诗、闺怨宫怨诗等多种，甚至有描写音乐、舞蹈的作品。其中最能体现时代特点的是政治抒情诗、山水诗和边塞诗。

政治抒情诗是古典诗歌的传统体裁，盛唐诗人继承和发扬《诗》、《骚》及汉魏以来的政治抒情诗传统，以自己独特的风格和艺术特色丰富并发展了它。这些作家大都生活在唐王朝空前繁荣却又潜伏着各种危机的时期，他们面向现实，怀着时代培育出来的高昂政治热情去体验社会和人生。李白以浪漫主义的激情描写社会生活和斗争，抒发自己建功立业的豪情，以及理想与现实尖锐矛盾的时代苦闷。《答王十二寒夜独酌有怀》、《行路难》、《梁园吟》、《梦游天姥吟留别》等，不论叙事、抒情，无不带有强烈的主观感情色彩。他的诗汪洋恣肆，纵横变化，表现了他的桀骜不驯的蔑视权贵的思想、傲岸的性格和摆脱世俗束缚的渴望。杜甫则以对客观现实清醒、细致分析来反映社会，以现实主义的方法进行艺术概括，深刻表现出唐王朝由盛转衰时期的国运的安危、政治的得失，抒发忧世伤时的爱国感情。《白京赴奉先县咏怀五百字》、《北征》、"三吏"、"三别"等，都反映出他"沉郁顿挫"的创作风格。其他如王维、高适、李颀、王昌龄等都是以盛世的眼光和气魄来认识社会现实，进行创作的。

盛唐人重视山水诗。它之所以在盛唐获得重大的发展，和朝野崇信佛、道，推重隐逸，以及时人漫游的风尚有着密切关系。孟浩然、王维一向被视为山水诗的代表作家。他们主要的功绩在于对诗境的开拓和艺术上的创新。孟浩然带有隐者的苦闷和生活情趣观察山水，在创作中构成浑融的意境，表现一种清新恬淡的美，如《秋登万山寄张五》、《夜归鹿门歌》即是。如果说孟浩然还不免有些自南朝山水诗到盛唐的过渡痕迹的话，王维的山水诗则完全是新的，它集中体现了唐代诗、画、音乐多方面的艺术造诣，审美趣味较高，重视神似和风韵。他融会诗情、画意，构成其独到的意境。王维的一些意境开阔、气象非凡的作品，如《终南山》、《汉江临泛》，其特点一是把自己在山水中的感受、体验融化于山水的描写之中，二是把握了描写对象的总体印象，淡淡几笔，勾勒成画面，表现一种意境。"白云回望合，青霭入看无"，"江流天地外，山色有无中"，完全是南宗山水画的笔法和神韵。另外一些精致、洗炼的山水诗，如《山居秋暝》、《新晴野望》则明丽、清新、饶有情致。王维的山水诗，含有盛唐人的气度，开创了一代风气。王、孟之外，如李白的山水描写，常有出人意外的奇思豪想，如《蜀道难》。杜甫纪行诗里的山水，总带有时代动乱的影子，如《寒峡》、《石龛》等，也很有特色。

边塞诗风行于盛唐。边塞生活是盛唐诗人共同注意的创作主题，到边塞去也是他们建功立业的途径之一。王维、高适、岑参、王昌龄、李颀都有边塞生活的经历和体验。他们的边塞诗最充分地反映了盛唐人的昂扬豪放精神和深厚的爱国感情。王维的《少年行》、《陇西行》有气势，有节奏感，笔下人物具有豪壮的英雄气概。《老将行》、《陇头吟》表现了守边老将的愤懑不平。"大漠孤烟直，长河落日圆"（《使至塞上》），以画面的构思、单纯的线条，表现了富有特征的西北边塞景象。高适的边塞诗不算多，而《燕歌行》讽刺守边将帅的骄奢无能，不恤士卒，士卒作战的艰辛与英勇，却是最好的边塞诗之一。《营州歌》是写东北少数民族生活风貌的小诗，质朴而有情趣。重要的边塞诗的作家是岑参。他描写了西北边塞奇丽风光，少数民族的风习，守边将士不畏艰险的报国精神，出征的雄壮场面，战场上激烈的战斗气氛，以及揭露军中苦乐不均的现象……不论哪一方面的描写，字里行间都饱含着深厚的爱国激情和豪迈精神。代表作品有《白雪歌》、《走马川行》、《轮台歌》等，景象宏大，气势磅礴、想象奇特而又有生活实感。

从诗歌体裁说，盛唐诗各体具备。每个诗人往往都使用多种诗体进行创作。

古体，是与近体对举的名称，即汉魏六朝文人常写的五言古诗（又称五言诗）和七言诗。五古魏晋时业已成熟，七古则是唐代得到充分发展的诗体，有着唐诗独有的面目。因其导源于汉乐府的歌行，所以往往称为七言歌行。李白全集有乐府与七古之分，区别只在于是否沿用了乐府旧题，如《行路难》、《蜀道难》是乐府旧题，列入乐府类，《襄阳歌》、《江上吟》则列入七古类。李白集中乐府歌行约占总数的四分之一。杜甫诗中七古（即七言歌行）约占总数的八分之一。七言歌行可以兼用长短句，押韵的方式也不拘一格，较五古更宜于抒发奔放的感情。他们的歌行体诗都写得酣畅饱满，波澜壮阔。李诗飘逸豪放，杜诗雄浑深沉；高适的歌行词浅意深；岑参的歌行急促高亢，变幻莫测；李颀的作品流畅奔放，慷慨悲凉。值得注意的是：盛唐歌行体除了一韵到底的以外，不少诗在一首之中多次换韵。前者如《丽人行》，后者如《走马川行》。唐以前，根本不存在歌行入律的问题，唐人已习惯于律诗的平仄，所以盛唐换韵的歌行体入律的较多（如高适的《燕歌行》，王维的《桃源行》，岑参的《白雪歌》，杜甫的《洗兵马》)，音韵随着诗的内容的变化而转换，更富有节奏感。应该说这种歌行体完全是唐人新体。它下启中唐的长诗如元稹的《连昌宫词》、白居易的《长恨歌》。

律诗（近体诗包括律诗与格律绝句）是中国特有的诗体。它是唐代新兴的诗体。五言律诗成熟早，唐代以诗赋取士，试帖诗用的就是五律，所以它很快畅行。李白、高适律诗较少，其他诸家都有相当数量的五律。五律五言八句，且有对仗、平仄声和押韵的严格要求，不宜于表现很多内容，一般多用来抒情写景。盛唐五律作家很多，诗风大体上可归纳为两类，一类以王维为代表，诗清新闲远；一类以杜甫为代表，诗深沉凝重。王维多用五律写山水；杜甫以五律写风物、社会动乱和个人身世之感，境界扩大。杜甫五律多达六百余首。他精于诗律，诗的意境完整，重视结构缜密、章法变化和字句的锤炼。前人说他能"寓纵横颠倒于缜密之中"，并非夸大之辞。《旅夜书怀》、《登岳阳楼》、《江汉》、《春望》、《春夜喜雨》等，各有风采。在短短八句之中，尽可能容纳最大的容量而又不失格律，可以看出诗人的艺术功力。

七律与五律同时定型，开天之际没有引起诗人足够的重视，作品不多，且多为应制、奉和之作，以秀丽典雅为上乘。七律经杜甫晚年大力创作，才发展成熟。杜甫共有七律一百五十一首，超过盛唐其他诗人七律的总和。七律较五律句长，便于回旋，较容易抒发复杂变化的情绪。杜甫除少数七律外，大都在景物的描写中寄寓忧国忧民感世伤时的郁勃心绪。像《登高》诗的"风急天高猿啸哀，渚清沙白鸟飞回"，写了秋日三峡登高所见风急、天高等物态，饱含着诗人的不安和悲酸。再如《蜀相》、《登楼》、《阁夜》都是沉郁顿挫的七律名篇。除五、七言律诗外，他还写有五言排律和七言排律。

总之，律诗是唐代的新体。五律至杜甫境界扩大，感慨遂深。杜甫对七律有开创之功，艺术造诣极高。杜甫之后，七律成为重要的抒情诗体。

唐人绝句不下万首。它在盛唐最流行，成就也最突出。绝句源于南朝乐府，它与音乐有着天然的关系。唐代教坊选用绝句配乐歌唱，传播很广。《旗亭画壁》的故事（见《集异记》）未必实有，却反映了当时绝句的这一特点和诗人的心理状态。唐人绝句有古体、近体（即格律体）之分。古体只有五绝，如孟浩然的《春晓》、王维的《鹿柴》，近体多是七绝。盛唐诸家都有一些脍炙人口的绝句，如贺知章的《回乡偶书》、《咏柳》，王维的《渭城曲》、《送沈子福归江东》，王之涣的《登鹳雀楼》、《凉州词》，等等。李白与王昌龄的绝句并称，代表了这一诗体的最高成就。李白多写山水、行旅、赠别，王昌龄主要用以写边塞、闺怨和宫怨。他们还有一些近似乐府民歌的小诗，如李白的《横江词》，王昌龄的《采莲曲》。

盛唐绝句去乐府未远，格调高华绵远，婉转抑扬，而意境浑厚，言近意远。

中唐诗歌流派很多，除少数作家外，诗的题材内容和语言风格都有了明显的变化。主要因为这时期王朝虽有一度中兴，但毕竟没有挽回颓势，内忧外祸层出不穷。揭露社会弊端，抒发苦闷的作品增多。适应内容的需要，表现形式也与前不同。中唐诗人中，声势浩大、影响深远的是以白居易、元稹为首的新乐府作家群。它包括李绅、张籍、王建、白居易、元稹等人。新乐府是对汉魏六朝时的古乐府而说的。它是一种用新题写时事、寓讽喻的新型乐府，首创于杜甫。新乐府诗人学习杜甫的《兵车行》、《丽人行》等"即事名篇，无复依傍"（见元稹《乐府古题序》）的精神，沿古乐府的"感于哀乐，缘事而发"的创作思想，写新乐府讽喻时政，揭露社会弊端。他们充分发挥诗歌的社会作用，希望引起统治者励精图治，革除弊政。李绅最早使用新题乐府作为标题写诗,稍晚,有张籍、王建乐府诗创作。张、王乐府善于刻画下层人民的悲惨命运和人物的内心活动。如张籍的《野老歌》、《促促词》,王建的《田家行》、《水夫谣》,语言通俗明晰,诗的结尾往往用重笔突出主题。王安石很欣赏他们的诗,说:"看似寻常最奇崛,成如容易却艰辛。"元稹、白居易总结了诗歌的创作经验,大力倡导新乐府,并以自己的大量创作推动新乐府创作的发展。他们的新乐府反映了大量的社会问题,如元稹的《西凉伎》、《胡旋女》、《法曲》等,白居易的《卖炭翁》、《红线毯》、《新丰折臂翁》等,大都在通俗平易的叙述中,使用警句统摄全篇,取得言浅意深的效果。元白诗风相近,但白诗比元诗抒情更恳切,说理更明晰,叙事更畅达,成就更高。白居易的新乐府大都以叙事为主,兼及抒情、议论。他有意识地采用"首章明其目,卒章显其志"(见《新乐府序》)的写法,目的是使读者容易了解和掌握诗的主旨。他注意诗的音调和谐,使它便于记忆和传播,诗的内容力求符合所描述的事实的本来面目,很像今日的"报告文学"。在《卖炭翁》、《上阳白发人》等成功的作品里,他总是侧重写人物的具体遭遇,突出具有典型性的事态来表现人物的内心变化,以达到感人的效果。刘熙载《艺概》说:"常语易,奇语难,此诗之初关也。奇语易,常语难,此诗之重关也。香山用常得奇,此境良非易到。"这就是白居易诗歌语言的成就。

在新乐府革新诗风的思潮下,非新乐府诗,如歌行、绝句、律诗,程度不同地出现了新的面貌。元稹的《连昌宫词》、白居易的《长恨歌》,属于歌行体,它受了唐人传奇、变文及新乐府叙事的影响,成为长篇叙事诗。《连昌宫词》借宫边老人之口,说出安史之乱前后的国运盛衰;《长恨歌》参入想象和虚构的情节,写出李、杨的爱情故事。它们因语言浅近,音调和谐,叙事委婉,形象鲜明,成为王公、妇女、村童讽诵传抄的名篇。《琵琶行》中对弹琵琶女子的描写,对音乐的描写尤为突出。其他如李绅的《悲善才》、刘禹锡的《泰娘歌》,都是中唐新出现的叙事诗。

晚唐时期,唐王朝颓势已成,各种矛盾日益尖锐突出。诗歌创作已失去盛唐中唐的面貌。皮日休、杜荀鹤继承新乐府的传统,但他们的诗因缺乏艺术上的创造性,影响不大。诗坛上的重要作家要推杜牧、李商隐和温庭筠。时尚逐渐转向新兴起的诗体——词。

七、 宋词

词是曲子词的简称。词起于民间乐语，始于唐中叶，经晚唐五代蕃衍，极盛于两宋。宋代，中国封建文化发展成熟，达于高峰。科学、工艺、文学艺术经前代积累和宋人的创造，获得前所未有的成就。新兴词体进一步文人化并取得了类似抒情诗的地位，蔚为大国。北宋有"诗庄词媚"之说，苏东坡以前，一般把词视为娱宾遣兴之作，多写男女风情、伤春惜别；诗则强调其社会功能，要反映国计民生、个人胸襟抱负这些严肃的内容。欧阳修的诗、词在语言内容上就有明显的区别。北宋后期，苏东坡把诗、文的内容同样写入词里，词的面貌、格调因之发生了变化。

后人就宋词创作的基本风格倾向，分为婉约、豪放两派。两派之间互有渗透，因人而异。婉约派重要的词人有欧阳修、晏殊、柳永、李清照、秦观、周邦彦等；豪放派有苏轼、辛弃疾及辛派诗人。

欧、晏并称，上承南唐冯延巳，创作小令，变"花间词"的香艳词风为清丽闲雅，境界扩大。在他们创作小令的同时，社会上已在竞相创造新声。新声曲调增长，音乐更加婉转动听。按新声填制的词，称之为慢词或长调。因其曲调舒缓曲折，容量较大，更易于抒情状物。柳永终生落魄，长期生活于伶工、歌伎间，依新声创作大量慢词。他是第一个专力写词的作家。城镇的繁华，湖光山色之秀丽，烟花妇女的悲欢，羁旅行役的辛酸，无一不在他的词作中展现。他常把古诗中游子思妇的题材与词里常见的男女情爱、离愁别绪融合一起，独成一格。作品中用层层铺叙和渲染抒情写景，强化了词的抒情色彩。他不避俚语，并充分发挥词的音乐性能。这些使他的词达到文情与声情的统一。《雨霖铃》写清秋时节与情人的离别，凄楚哀怨；《八声甘州》写羁旅行役的心绪，苍凉激越。两者都是声文并茂的佳作。女作家李清照冲破世俗的约束和词家常规，用词书写自己对生活的热爱，对丈夫的深切思念，以及宋室南渡后的故国之思，国破家亡、辗转流离之苦。词的语言明白如话，直抒胸臆。能以寻常语度入音律，用浅近语发清新之思，艺术上多有创新。词的意境、情韵、品格远超过柳永。她的词既有婉约派的委婉含蓄，又有时兼有豪放派之长，使她能在两宋词坛上独树一帜。此外，秦观、周邦彦在北宋词坛上颇有盛名。秦观的《淮海词》善于通过凄迷的景色、婉转的语调表达感伤的情绪，词的艺术成就很高；周邦彦的《清真词》，词句工丽，音律严格，章法变化较多。因其更重视形式美与格律之精，下启南宋的格律派。

苏轼是欧阳修的门生，他的词和诗文一样，最能体现宋代欧阳修倡导的诗文革新精神。但欧词保持唐五代词的婉约风格，苏词则以豪放雄肆开词的豪放一派。时人把婉约视为正宗，苏轼的豪放风格视为别调。苏轼以诗、文为词，把用诗、文所写的内容全部移入词中，有意识地要打破词和诗的传统界限，使词摆脱了作为一定乐曲的歌词而独立存在，同时，改变了词的佐欢、遣兴的性质而成为抒情、写景、叙事、说理的一种诗体。这样，更加扩大了词的题材，开拓了词的意境，提高了词的地位。实际上婉约派词人李清照、贺铸等的一些词也带有豪放派的某些倾向，说明词在文人手里的一种发展倾向。苏轼是继欧阳修之后的文坛领袖人物，以学识渊博、文采风流为文人学士所钦慕。因此，他的词如《念奴娇·赤壁怀古》、《水调歌头》等气势磅礴、感慨深沉之作，给了其他词人以深刻的影响。张元干、张孝祥、辛弃疾等是宋室南渡后，主张抗金救亡的爱国词人。时代的苦难、个人因遭受打击挫折壮志难酬的苦闷，成为他们词的重要内容。张元干的《贺新郎》、张孝祥的《六州歌头》以激昂慷慨的调子抒发其抑郁情怀。贺铸的《青玉案》表面上写与所爱慕的美人无由相会的惆怅，实际是表现政治上失意的幽怨，意在言外，深切感人。"一川烟草，满城风絮，梅子黄时雨"，连用三样景物作比喻，表现"闲愁"无处不在。辛弃疾因坚决主张抗金，与投降派抗争，屡遭谗害，满腔幽愤。他继承了苏轼的豪放词风和贺铸的比兴寄托的方法，来抒发幽愤，表达难言的衷曲。如《摸鱼儿》的"更能消几番风雨"一首，借惜春怨春、长门事，表现其忧国伤时的情绪。辛词和苏词一样，几乎无事不可入词。苏轼以文、诗为词，辛弃疾则融会诗、散文、骈文、辞赋多种艺术形式的表现方法入词，表现开阔的场面，战斗的雄姿，构成雄奇的意境。受辛词影响的有南宋的爱国词人陈亮、刘过、刘克庄等人，都属于豪放派的作家，他们在苏辛词的基础上，使词进一步散文化了。

南宋的姜夔沿着周邦彦讲求词的形式美和重视音律的路子发展，在婉约与豪放两派之外别开蹊径。姜夔通晓音乐，在词调的发展中作出贡献。他的词集中自度曲较多，往往依词谱曲。甚至声律上为避免圆熟，用拗句、拗调。他在艺术上刻意求工，音律辞采力求精美，后人称他与追求形式格律的吴文英等为格律派词人。

八、唐宋古文

古文这个概念是韩愈提出的,是和当时流行的骈文对举的说法,实际上就是古代散文。六朝以来,骈文风行数百年,散文的传统几乎中断。到了隋唐,日益不能适应新的历史形势的要求。中唐时期,藩镇割据削弱了中央集权,佛道的庞大势力直接影响王朝的经济利益。贞元间,经济一度恢复,政局相对稳定,想借儒家思想维护王朝的统治,加强中央集权。所以儒学复古形成一个相当广泛的社会思潮。韩愈是这个思潮的代表人物,他提倡儒家道统,并倡导古文。

韩愈、柳宗元从理论和写作实践上批判了崇尚骈文的浮艳文风,使文章从严格的排比、对偶和华赡辞藻的束缚下解放出来,恢复了秦汉散文的传统。影响一批文人致力于古文写作,在文学史上称之为"古文运动"。古文运动主要是文体革新的运动。它强调文章的社会功能,进行文体、语言及文风的革新。韩、柳等人,以先秦两汉的经、史、百家的文章作为基础,批判地汲取骈文的抒情、状物、遣辞用字的一些手段,并大量地吸收当时的口语、句式，创造出新的散文和散文的语言，用自然流畅的新散文代替流行的骈文。

韩、柳都是思想家、文学家，除了哲学著作外，写了不少说理文、记叙文和其他体裁的文章。韩愈的说理文如《师说》，严密明快，感情充沛。柳宗元的说理文如《封建论》，缜密简洁，分析中肯。韩愈的记叙文，如《张中丞传后叙》，夹叙夹议，波澜起伏，酣畅饱满。柳宗元的记叙文，如《段太尉逸事状》，突出地叙述段太尉生活里的一些重要片段，反映了历史的一个侧面。他们的这种记叙文是司马迁传记文的一个发展。影响至深的、富有创造性的是他们的杂文小品。韩愈的杂文，如《杂说四》，以千里马喻贤才难遇知己，寄寓了自己的不平。文章篇幅短小，而转折变化，见解精辟，感慨深沉。《送李愿归盘谷序》，借隐士李愿之口，揭露了当时官场的丑态。对官场三个不同人物的描绘，穷形尽相，笔锋犀利。柳宗元的寓言小品和山水小品最有特色。寓言如《三戒》、《蝜蝂传》，文章短小警策，寓意深刻。作品中运用了比喻、夸张、人格化多种手法，突出被描写的事物的形象特征，幽默而又辛辣地讽刺种种社会腐朽现象，把先秦诸子文章中的片段寓言发展成为完整的、独立的文学形式。山水小品有《永州八记》

等。这些游记是诗化了的散文,富有诗情画意,语言清莹秀澈,意境深邃。在山水的描写中,渗透着自己被贬的难言隐痛。他笔下的山水,有着和他的性格、心理和谐一致的特征。他的山水小品,较之南北朝的陶弘景的《答谢中书书》,吴均的《与宋元思书》、郦道元的《水经注》的山水描写有了重大的发展,为记游的散文奠定了基础。杂文如《捕蛇者说》带有传记的某些因素(有人把它作传记文看待),通过捕蛇者蒋氏三世捕捉毒蛇的悲惨遭遇,揭露"苛政猛于虎"极端残酷的社会现实。

韩、柳散文体裁多样,墓志铭、碑铭、书启等也写得很好。他们在散文中都化用排比、对偶,句式长短不一,错综变化,造成散文特有的节奏感。但两人散文的风格不同,韩文雄浑奔放,笔锋犀利,以气势取胜;柳文精练、缜密,以神韵见长。他们从古代的书面语言和唐人的口语中提炼成最精粹的语言,创造出宜于说理、议论、抒情、写景的富有表现力的新散文语言。

韩、柳之后,古文家虽多,但他们缺少深刻的思想和足够的文字修养,不能与俗下文字——骈文抗衡,骈文重新泛滥。直到北宋中叶仁宗时,因统治危机渐趋严重,为适应朝野要求进行政治改革要求，进步的作家提出诗文革新。欧阳修以文坛上的领导地位和利用选拔人才的考试官的行政手段，使古文重新振起。大家常说的"唐宋古文八大家"，北宋就占了六家，可见其盛况。六家之中，影响重大的是欧阳修、王安石和苏轼。

宋代的古文家主张文章应有关治乱，要"切于事实"，强调文章的社会职能。每人都写有不少的议论文、抒情文、叙事文和杂文。欧阳修的《五代史伶官传序》是篇情理兼长的议论文，其见解之精辟、感慨之深沉、语气之委婉，最能表现欧文的在委婉中见刚健的文风。王安石的诗文都体现了政治改革家的风度。如《答司马谏议书》、《读孟尝君传》，这些议论文都是数百字的短文，而观点鲜明，议论峭刻，文笔锋利。苏轼的议论文如《教战守策》，明晰透辟，气势磅礴。他们的叙事兼抒情的文章，如欧阳修的《醉翁亭记》，融抒情、叙事、写景为一体，具有简洁、明快、舒展、圆润的特点。王安石的《游褒禅山记》，是写景、抒情、叙事和说理的结合，主要不是记游，而在于说明治学的道理。苏轼的《文与可画筼筜谷偃竹记》是一篇画记，而又不同于一般的题记。它写出画家文与可的画论、画品，写出自己与这位画家的友谊深情，实际上是篇追怀逝者的叙事抒情文章。

这里要特别提及苏轼创作的大量的杂文小品。杂文小品自韩、柳创作开始，后有晚唐罗隐等的讽刺杂文，到北宋苏轼的杂文日益发展，成为时代风气。苏轼的杂文有题跋、札记、随笔多种形式。它或抒情，或写景，或议论，作家似乎是随笔挥写，却又形散神凝，精到深刻。如《夜月寻张怀民》、《黄州访海棠》、《栖贤谷》等，都是用极少的文字，仿佛不经意地写出某种情致或片刻触发的心绪。这类潇洒从容、情趣盎然的杂文小品，对明代的公安派、竟陵派的小品文产生积极的作用。

九、 明清古文

明代古文的发展情况比较复杂，产生各种流派。明中叶，有以李梦阳、何景明为首的"前七子"与以李攀龙、王世贞为首的"后七子"的复古运动，其基本主张是"文必秦汉，诗必盛唐"，用以反对当时上层文人习用的雍容华贵的"台阁体"。他们结社，广为宣传，影响更大，一时拟古之风垄断文坛。但这些古文家因多从形式上摹拟，文章的内容比较空疏，引起当时文人的不满。先有归有光、唐顺之、王慎之、茅坤等，以继承唐宋文传统相标榜，并编了《唐宋八家文钞》，以扩大影响，与"前后七子"对抗。后有公安三袁（袁宗道、宏道、中道），竟陵钟惺、谭元春，主张为文要有真性情，反对摹拟。归有光、袁宏道等的文学主张和创作，受了宋人苏轼的杂文小品的启发，更重要的是接受明中叶资本主义萌芽时期的文艺思潮和当时的市民文学的影响。他们都崇尚写真实性情、有自然风韵的文章，所写的散文为时人所推重。归有光如《项脊轩志》这类的叙事抒情文字，多以平常的笔调，写平时的生活琐事，文字朴实淡雅而含蓄蕴藉，自有韵味。公安派以三袁为首，主张文章不可拘于旧法，墨守成规。提出要有"性灵"，才能表现真性情，一切从自己胸中流出，有风韵，有兴趣，才能算文学作品。他们写了不少抒情、叙事的游记和随笔一类的小品文。三袁中以袁宏道影响较大，成就较高。他的文章不避俚俗，不拘格套，力求在浅近平易的文辞中见"性情"。他的散文如《满井游记》，轻快洒脱，活泼清新。竟陵派推崇袁宏道，只是在文学语言上要求冷峭，有所不同。

归有光、袁宏道的那些精彩的抒情文章，体现了时代的风尚。他们的作品促进了抒情散文的发展。

清代古文家不少。影响最大的古文流派为桐城派。因其主要的作家戴名世、方苞、刘大櫆、姚鼐都是桐城人。戴名世为桐城派的先驱,他主张文取法自然(见《与刘言洁书》),散文风格平易清淡。他年长于方苞,与方苞同居文坛之首,名重一时。康熙年间,死于文字狱,著作遭毁禁。时人畏惧株连,不敢提及戴氏,后遂以方苞、姚鼐为桐城派主将。桐城派宗韩、欧的古文主张,并在文论方面形成一个完整体系。这个体系自乾隆至清末,影响一百多年的散文风气。他们强调为文要讲究"义法",即为文要有个统一的规范。方苞从唐宋八家和明代归有光的古文中归纳提炼出一套法则,创立"义法"。刘大櫆论述古文作法时,着重讨论了神气、音节和字句之间的关系。姚鼐在此基础上提出"义理、考证、辞章"三者兼备的观点,并把文章分为"神"、"理"等八个要素,文章风格分为"阴柔"、"阳刚"两大范畴。姚鼐按桐城派古文的观点编了一部《古文辞类纂》,影响至大。

方苞文章可以《左忠毅公逸事》为代表,是篇蕴涵深厚、意义深刻的古文。刘大櫆的代表作有《游三游洞记》,语言纯净,风格清峻。姚鼐文章可以《登泰山记》为代表,它简洁、朴素,结构谨严。桐城派古文的影响,一直到清末还不衰。桐城派之后,还有恽敬、张惠言等的阳湖派,但影响没有桐城派那样深远。

第四章
文言的辞章

第一节 文笔

内容提要：一、文（有韵文）——（一）诗：1. 二言三言韵语；2. 四言诗；3. 骚体诗；4. 乐府诗：a. 乐府诗，b. 杂曲谣谚，c. 仿乐府诗，d. 新乐府；5. 古诗：a. 古诗，b. 建安到魏晋诗；6. 宫体诗；7. 古体诗；8. 近体诗：五绝，七绝，五律，七律，五排，七排。（二）赋：1. 古赋；2. 骈赋；3. 律赋；4. 文赋。（三）词：1. 单调；2. 双调；3. 三叠。二、笔（无韵文）——（一）散文（古文）。（二）骈文。（三）四六文。

《文心雕龙·总术》称有韵为文，无韵为笔。这里分作这两类：有韵文讲诗、赋、词，曲非纯文言，不谈；无韵文讲散文、骈文及四六文。

一、文（有韵文），分诗、赋、词

人类在未有文字以前，先有歌谣，这就是最早的有韵文。《淮南子·道应训》说："今夫举大木者，前呼'邪许'，后亦应之，此举重劝力之歌也。""邪许"读"耶虎"，前呼后应，即"耶虎，耶虎"，实为二言韵语。

（一）诗

1. 二言三言韵语　《文心雕龙·通变》："黄歌'断竹'，质之至也。"《吴越春秋·勾践阴谋外传》里载有《弹歌》："断竹，续竹。飞土（弹），逐肉（肉食兽）。"即截竹作弓，飞弹打兽，刘勰认为是黄帝时的歌，是二言韵语。《易经·鼎卦》："九四：鼎折足，覆公𫗧，其形渥。凶。"鼎卦（䷱）共六划，称六爻，—为阳爻，称九，--为阴爻，称六。倒数第四爻为—，是阳爻，称九四。九四的爻辞，是三言韵语三句。鼎三足，折断一足，就倒了。鼎中的美味小菜，翻倒了。𫗧，小菜。渥，沾湿，体被沾湿。《易经·同人（䷌）》："九四，乘其墉，弗克攻。吉。"倒数第四爻阳爻称九四，九四爻辞为三言两句的韵语，爬上高墙，不能进攻。墉指高墙。以上是二言到三言的韵语，即二字句、三字句的韵文。

2. 四言诗 《书经·益稷》里有三首《赓歌》，相传是虞舜时代的歌。舜首唱：

> 股肱（比大臣）喜哉！元首（比君）起哉！百工（官）熙哉！

皋陶继续唱：

> 元首明哉！股肱良哉！庶（众）事康（安）哉！
>
> 元首丛脞（烦碎）哉！股肱惰（懈怠）哉！万事堕（废坏）哉！

这三首歌，是从三言转到四言的韵语。第一首"哉"字不算，以喜、起、熙押韵，是三言韵语，后带感叹词"哉"，形似四言。又"元首丛脞哉"，除去感叹词"哉"就成了四言句了。

诗歌从二言发展到四言，说明语言由简单趋向较为复杂，二字句、三字句已经不能表达转为复杂的情意了，因此产生了四言诗。四言诗代表了《诗经》的主要形式。《诗经》产生的时代，从西周初期至春秋中期，共约五百多年。《诗经》的四言诗，如《诗经·周南·关雎》：

>关关雎鸠,在河之洲。窈窕(状美好)淑女,君子好逑(配偶)。
>
>参差(状不齐)荇菜,左右流(顺水流采取)之。窈窕淑女,寤寐(睡眠)求之。
>
>求之不得,寤寐思服(想念)。悠(思)哉悠哉,辗转反侧(翻来覆去)。
>
>参差荇菜,左右采之。窈窕淑女,琴瑟友(亲爱)之。
>
>参差荇菜,左右芼(选择)之。窈窕淑女,钟鼓乐(使她快乐)之。

这是四个字一句的四言诗,它的结构和押韵有它的特点。就结构说,全诗分为五章,每章四句,这是汉儒郑玄的分法;把全诗分为三章,第一章四句,第二、三章各八句,这是汉儒毛亨的分法。前一种是就音节分的,后一种是再考虑到意义来分的。就押韵说,后人研究《诗经》中的韵部,认为"鸠"、"洲"、"逑"、"流"、"求"是一个韵,即第一、二章是一个韵。有两种押法,一是在句末押韵,第一章是;二是在句末上一字押韵,第二章是。"得"、"服"、"侧"一个韵,是转韵,在句末押韵,押法同第一章。"采"、"友"一韵,因古今音变异,所以现在念起来不像一韵。在《诗经》时是一韵,在句末上一字押韵，押法同第二章。"芼"、"乐"一韵，押法同第二章。这样看来，《诗经》中的四言诗，在结构上分章，在押韵上有句末韵和句末上一字韵和转韵。又第一、三章，首句押韵，以下偶句押韵；第二、四、五章首句不押韵，只在偶句押韵。

《诗经》的结构和押韵有各种变化，如《诗经·周南·芣苢》：

采采（状茂盛鲜明）芣苢（车前子），薄言（发语词）采之。采采芣苢，薄言有（取）之。

采采芣苢，薄言掇（拾）之。采采芣苢，薄言捋（成把采）之。

采采芣苢，薄言袺（用衣襟兜着）之。采采芣苢，薄言襭（把衣襟掖在带间兜着）之。

这首诗分成三章，每章中只有一个字不同，三章中都一样，是反复唱叹的写法。偶句押韵，韵押在句末前一字，每章转韵。

《诗经·邶风·静女》：

静女其姝（美），俟我于城隅。爱而不见，搔首踟蹰（状走来走去）。

静女其娈（娇美），贻我彤管（红色的茅草）。彤管有炜（红光），说怿（悦怿，喜欢）女（汝，指茅草）美。

自牧（牧场）归荑（馈荑，送茅草），洵（确实）美且异（不一般）。匪女（非汝）之为美，美人之贻。

这首诗，第二章"娈"、"管"一韵，"炜"、"美"一韵；第三章"荑"、"异"一韵，"美"、"贻"一韵。即两句一韵，两句一转韵，也即第二、三章句句押韵。又"俟我于城隅"、"匪女之为美"，四言中夹杂五字句。《诗经》的结构和押韵还有很多复杂变化。这里再引《诗经·齐风·甫田》：

无田甫田（不种太大的田），维莠桀桀（只长莠草很多）。无思远人，劳心怛怛（忧劳）。

婉兮娈兮（状少好），总角丱兮（把头发扎成两角样）。未几见（未几时再见）兮，突而弁（突然戴帽成人了）兮。

这里引了《甫田》的两章，后一章句末用"兮"字，首句句中用"兮"字。这样在句末或句中用"兮"字，就近于《楚辞》了。不过《楚辞》的句子不限于四言。再看《诗经·魏风·伐檀》：

坎坎伐檀（砍檀树）兮，置之河之干（岸）兮，河水清且涟（状微波）漪（兮）。不稼不穑（收获），胡取禾三百廛（三百夫所收田谷）兮？不狩（打猎）不猎，胡瞻尔庭有县貆（悬挂的獾）兮？彼君子兮，不素餐（白吃，是讽刺）兮。

《伐檀》一共三章，这里引第一章。这首诗的特点，句子的字数不限于四言，有五字、六字、七字句，句末用"兮"字。再联系上一首的句中句末用"兮"字，就跟骚体诗接近了。

3. 骚体诗　战国时代楚大夫屈原作了长篇《离骚》，是《诗经》以后的个人创作的伟大诗篇，打破了《诗经》的四言诗，内容也比《诗经》的四言诗扩大了，创造了一种新的形式，是《离骚》体，因称作骚体诗。这种形式是从民间来的，上引《诗经》中的《甫田》和《伐檀》已经初步具有了这种形式，即在句中和句末用"兮"字，打破了四言诗的限制。屈原这种骚体诗，当是根据楚地民歌来创作的，诗中用楚语，多用"兮"字。像《九歌》的祭神曲，当是根据楚地民歌改写的。如《楚辞·九歌·国殇》：

操（拿）吴戈兮被（披）犀甲（犀牛皮甲），车错毂（车轮交错）兮短兵接。旌蔽日兮敌若云，矢交坠兮士争先。

凌（侵犯）余阵兮躐（践踏）余行（行列），左骖殪兮右刃伤（驾车四马，左边靠外的骖马死，右边靠外的骖马伤）。霾（埋）两轮兮絷（绊住）四马，援（拿）玉枹

(鼓槌)兮击鸣鼓。天时怼(恨)兮威灵怒,严(悲壮)杀尽兮弃原野。

出不辞兮往不反(返),平原忽(渺茫)兮路超(遥)远。带长剑兮挟秦弓,首虽离兮心不惩(悔)。诚既勇兮又以(已)武,终刚强兮不可凌(欺)。身既死兮神以灵,魂魄毅兮为鬼雄。

这首骚体诗是祭为国战死的英雄,用的是七字句,句中用"兮"字。第一段"甲"、"接"一韵,"云"、"先"一韵;第二段"行"、"伤"一韵,"马"、"鼓"、"怒"、"野"一韵。这两段句句押韵,又转韵。第三段"反"、"远"一韵,"弓"、"惩"、"凌"、"雄"一韵,也转韵。其中末一字为"武"、"灵"的两句不押韵,说明骚体诗的押韵也有变化。

屈原最伟大的诗篇是《离骚》,里面多用了借喻手法,用香草比贤人,用恶草比小人。又多引用神话故事,表达他在政治上遭受打击,以及为国殉身的悲愤。全篇太长,这里只能节引几句:

余既滋(栽培)兰之九畹(畹,十二亩)兮,又树(种)蕙之百亩。畦(种五十亩)留夷与揭车(皆香草)兮,杂杜衡与芳芷(皆香草)。冀枝叶之峻茂兮,愿俟时

> 乎吾将刈（收割，比培养人才备用）。虽萎绝其亦何伤兮，哀众芳之芜秽（比贤人洁身而死是好的，同流合污是可哀）。

这里就用香草来比贤人，芜秽来比变坏。骚体诗除了打破四言诗的句式外，多用"兮"字。除"兮"字外，还用"些"字，如《楚辞·招魂》，这里引一段：

> 魂兮归来，东方不可以托些！长人千仞（仞，八尺或七尺），惟魂是索些。十日代出，流金铄石（熔化金属，毁石）些。彼皆习之，魂往必释（熔解）些。归来归来，不可以托些。

以上是巫阳招魂的话，招魂时句末都用"些"字，这也是楚语，是巫术中的专用语，成为骚体诗用楚语的又一特点。骚体诗和《诗经》的不同，还表现在"情采"，参见第三节"情采"。

4. 乐府诗　乐府诗是由乐府搜集、配乐的诗，始于汉武帝设立乐府，搜集赵、代、秦、楚、齐等地的民歌一百三十八篇，配上乐谱，成为乐府诗。汉哀帝罢乐府，采诗配乐工作停止了。东汉时的乐府诗还有许多保存下来。从魏晋到南北朝，又产生了更多的乐府诗。唐代的乐府诗保存在《全唐诗》里的，分量相当多。这许多乐府诗都收集在宋郭茂倩的《乐府诗集》里。按照《乐府诗集》的内容,似可粗略地分为四类:a. 乐府诗,即由乐府机关配乐的诗。b. 杂曲谣谚,即民间的歌曲谣谚,在民间传唱,不是由乐府机关配乐的。c. 拟乐府,文人用乐府诗旧题拟作,不一定配乐的。d. 新乐府,唐诗人不用乐府旧题,即事名篇,仿照乐府诗来写的,称"新乐府"。这四类都收在《乐府诗集》里,所以都可归入乐府诗。

a. 乐府诗　乐府诗在形式上打破四言诗的格局,不像骚体诗的多用"兮"字,内容抒情和叙事都有,叙事诗极有名,如《陌上桑》、《焦仲卿妻》等。这里先引汉乐府《战城南》:

> 战城南,死郭北,野死不葬乌可食。为我谓乌:"且为客豪(号,对新死者招魂的号哭),野死谅不葬,腐肉安能去子逃?"水深激激,蒲苇冥冥。枭骑(骁骑)战斗死,驽马徘徊鸣。〔梁〕(当是表声字,无义)筑室,何以南〔梁〕何北,禾黍不获君何食?愿为忠臣安可得?思子良臣,良臣诚可思,朝行出攻,暮不夜归。

这首诗,有三言、四言、五言、七言句,是诅咒战争的诗。汉乐府诗《陌上桑》,是写女子秦罗敷在采桑时,拒绝使君挑引的叙事诗;《焦仲卿妻》是叙述焦仲卿与妻刘兰芝婚姻悲剧的长篇叙事诗;在第三节"情采"里还要谈到,这里都

不引了。南朝的乐府民歌有《子夜歌》:

> 我念欢的的(明显),子行由(犹)豫情。雾露隐芙蓉(谐音夫容,指荷花),见莲(谐怜,爱)不分明。……怜欢好情怀,移居作乡里。桐树生门前,出入见梧子(吾子,我的他)。

南朝的乐府民歌像《子夜歌》,已是五言诗了。诗里用谐音语,像"莲"指"怜","梧子"指"吾子"。北朝乐府民歌有刚健风格,如《琅琊王歌》:

> 新买五尺刀,悬著中梁柱。一日三摩娑,剧于十五女。
>
> 客行依主人,愿得主人强。猛虎依深山,愿得松柏长。

b. **杂曲谣谚** 《汉书·五行志》里载有汉成帝时童谣:

> 邪径败良田,谗口乱善人。桂树华不实,黄雀巢其颠。昔为人所羡,今为人所怜。

这是西汉的五言诗。又《乐府诗集·杂曲歌辞》十四有《枯鱼过河泣》:

> 枯鱼过河泣,何时悔复及。作书与鲂鲏,相教慎出入。

较早的五言诗,当是从民间来的,为文人所采用。

c. **仿乐府诗** 文人摹仿乐府诗的作品内容可以与原作不同。这里引一首乐府诗和一首仿作对照。

江南可采莲，莲叶何田田。鱼戏莲叶间，鱼戏莲叶东，鱼戏莲叶西，鱼戏莲叶南，鱼戏莲叶北。（乐府诗《江南》）

汀洲采白苹，日落江南春。洞庭有归客，潇湘逢故人。故人何不返？春华复应晚。不道新知乐，只言行路远。（柳恽《江南曲》）

下面这首仿作，把采莲变成采苹，把鱼戏变成思念故人，不过还是讲江南。也有跟乐府旧题完全无关的，像《薤露》，本是送丧的歌，曹操作的《薤露》，却是写董卓专权，焚毁洛阳京城，迁都长安的事，与旧题完全无关了。文人仿作，有的已经不入乐了，只是用乐府旧题写诗罢了。

d. 新乐府　唐代元稹认为杜甫的《悲陈陶》、《哀江头》、《兵车行》、《丽人行》等，"即事名篇，无复依傍"，仿乐府诗的"感于哀乐，缘事而发"，但另立新题，不用乐府旧题，也不请乐师配乐，称为新题乐府。如白居易《官牛》：

官牛官牛驾官车，浐水岸边般（搬）载沙。一石沙，几斤重，朝载暮载将何用？载向五门官道西，绿槐阴下铺沙堤。昨来新拜右丞相，恐怕泥涂污马蹄。右丞相，马蹄踏沙虽净洁，牛领牵车欲流血。右丞相，但能济人治国调阴阳，官牛领穿亦无妨。

5. 古诗　钟嵘《诗品》在论各家诗前有标题《古诗》，认为"陆机所拟十四首"外，有"《去者日以疏》四十五首"，称为"文温以丽，意悲而远，惊心动魄，可谓几乎一字千金。"萧统《文选》里选了《古诗十九首》。这些古诗是东汉末五言诗成熟的标志，又成为建安以下魏晋五言诗的前奏。这里的古诗可分为二：一即《古诗十九首》；二指建安魏晋等五言诗。

a. 古诗　逯钦立《先秦汉魏晋南北朝诗》，把《古诗十九首》及《李陵录别诗》二十一首，"上山采蘼芜"等五首都列入古诗是对的，这些都是东汉末成熟的五言诗。这里录《古诗十九首》与《录别诗》各一：

行行重行行，与君生别离。相去万余里，各在天一涯。道路阻且长，会面安可知。胡马依北风，越鸟巢南枝。相去日已远，衣带日已缓。浮云蔽白日，游子不顾返。思君令人老，岁月忽已晚。弃捐勿复道，努力加餐饭。(《行行重行行》)

良时不再至，离别在须臾（一会儿）。屏营（惶恐）衢路侧，执手野踟蹰（徘徊）。仰视浮云驰，奄忽（状

快）互相逾。风波一失所，各在天一隅。长当从此别，且复立斯须（一会儿）。欲因晨风发，送子以贱躯。(《李陵录别诗》一)

b. **建安到魏晋诗** 建安到魏晋的五言诗，是汉末古诗的发展。《诗品》称曹植诗"骨气奇高，词采华茂"，称陆机诗"才高词赡，举体华美"。大概注意对偶辞藻，是它的特点。

公子（指曹丕）敬爱客，终宴不知疲。清夜游西园，飞盖（车盖，指车）相追随。明月澄清景，列宿正参差。秋兰被长坂，朱华冒绿池。潜鱼跃清波，好鸟鸣高枝。神飚接丹毂（车），轻辇随风移。飘飘放志意，千秋长若斯。(曹植《公宴诗》)

行矣怨路长，怒（状忧）焉伤别促。指途悲有余，临觞欢不足。我若西流水，子为东跱岳。慷慨逝言感，徘徊居情育。安得携手俱，契阔（勤苦）成骓服（四马驾车，中两马称服，旁两马称骓，指奔走劳苦）。(陆机《赠弟士龙》)

从这两首诗看，多用对偶。曹植一首，"明月"、"秋兰"、"潜鱼"三联都对，用"飞盖"、"丹毂"、"轻辇"指车，"神飚"指风，讲究辞藻。陆机一首，除末联外，各联都对，更讲究对偶。又用"西流水"、"东跱岳"来比,讲究辞藻。这些构成这时期诗的形式上的特点。

6. 宫体诗 《梁书·徐摛传》称:"摛文体既别,及为家令,所撰篇什,东宫尽学之,遂有宫体诗之号。"徐摛的宫体诗,是沈约永明体诗的修改。一是改得短了,他的诗有的八句,有的六句、四句;二是多咏物;三是更接近于律化。至于后来的宫体诗写淫荡的内容,是另一问题。这里引咏物和写景的各一首。

> 匡栏生暗藓,覆板没鱼衣(水苔)。岸曲斜梁阻,何时香步归。(徐摛《坏桥诗》)

> 暮江平不动,春花满正开。流波将月去,潮水带星来。(隋炀帝《春江花月夜》)

从这两首宫体诗看,徐摛一首,完全是五绝了,平仄全合,上两句对偶。隋炀帝的一首,除第一句平起不合律外,下三句都合律,又两联都对。宫体诗已给唐代律诗作了准备。

7. 古体诗 指唐代的古诗。就七言韵语说,当推《韩非子·安危》引古语:"奔车之上无仲尼,覆舟之下无伯夷。"那还是从民间来的。汉武帝与群臣在柏梁台联句,成为最早之七言诗,但传世的柏梁诗当为后人拟作。东汉张衡的《四愁诗》,除第一句用"兮"字,如"我所思兮在泰山"外,其他各句都是七言诗。魏曹丕的《燕歌行》是全篇七言诗。唐代的七言古诗在音节上有两种:一种音节流美,有律化句;一种多用三平格(末三字平声),避免律化。各举一例。

> 洛阳城里花如雪,陆浑山中今始发。旦别河桥杨柳风,夕卧伊川桃李月。伊川桃李正芳新,寒食山中酒复春。野老不知尧舜力,酣歌一曲太平人。(宋之问《寒食陆浑别业》)

> 自断此生休问天,杜曲幸有桑麻田,故将移住南山边。短衣匹马随李广,看射猛虎终残年。(杜甫《曲江》)

宋之问的一首,句句合于律诗的平仄,是律化句,只是七律不能押仄韵,不能转韵,句和句的承接不合,所以是古诗。杜甫的一首避免用律化句,如"桑麻田"、"南山边"、"终残年",三句用三平格;再像"杜曲幸有"、"看射猛虎"连用四仄,都是力避律化句。

8. **近体诗** 即唐代的律诗,有五绝、七绝、五律、七律、五排、七排。这里先引五绝、七绝。五绝如:

> 白日依山尽,黄河入海流。欲穷千里目,更上一层楼。(王之涣《登鹳雀楼》)

胡风千里惊,汉月五更明。纵有还家梦,犹闻出塞声。(令狐楚《从军行》)

前一首开头两字"白日"是仄仄,即仄起。诗的起句可押韵也可不押韵,这诗起句末一字"尽"不押韵。后一首是开头两字"胡风"是平平,即平起。起句末一字"惊"即押韵。又绝诗两联都不必对,但也可以对,像前一首两联都是对的,后一首第一联也是对的。这两首都是按照绝诗的平仄写的。也有不按照格律诗要求写的五绝,属于古绝诗。如:

床前明月光,疑是地上霜。举头望明月,低头思故乡。(李白《静夜思》)

玉阶生白露,夜久侵罗袜。却下水晶帘,玲珑望秋月。(李白《玉阶怨》)

前一首第二句当作"平仄仄平平",第四字"上"是仄,不合律。第二句"疑是"是"平仄",属仄音步,第三句相承,也应是仄起,可是第三句作"举头",即"仄平",属平音步,不相承,也不合律。后一首押仄韵"袜"、"月",律诗不能押仄韵。因此这两首诗都不合律诗的要求,是古体的绝诗,称古绝诗。

再看七绝,如:

> 独在异乡为异客，每逢佳节倍思亲。遥知兄弟登高处，遍插茱萸少一人。(王维《九月九日忆山东兄弟》)
>
> 黄河远上白云间，一片孤城万仞山。羌笛何须怨杨柳，春风不度玉门关。(王之涣《凉州词》)

前一首开头两字"独在"，仄仄，是仄起。这句末一字"客"，不押韵。后一首开头两字"黄河"，平平，是平起。这句末一字"间"，押韵。绝诗两联不必对，这两首诗的两联都不对。

> 横江馆前津吏迎，向余东指海云生。郎今欲渡缘何事，如此风波不可行。(李白《横江词》)
>
> 火山五月行人少，看君马去疾如鸟。都护行营太白西，角声一动胡天晓。(岑参《武威送刘判官赴碛西行军》)

前一首第一句"横江馆前"是平平仄平，两个平音步相接，不合律，第一、第二、第三句的开头"横江"、"向余"、"郎今"，为平平、仄平、平平，三句的开头都是平音步，不合律。第一句平起，第二句应仄起，第三句应仄起相承，第四句应平起才合。后一首"少"、"鸟"、"晓"韵，押仄韵，律诗不能押仄韵。因此这两首属于古绝诗。

再看五律，如：

> 城阙辅三秦，风烟望五津。与君离别意，同是宦游

人。海内存知己,天涯若比邻。无为在歧路,儿女共沾巾。(王勃《杜少府之任蜀州》)

空山新雨后,天气晚来秋。明月松间照,清泉石上流。竹喧归浣女,莲动下渔舟。随意春芳歇,王孙自可留。(王维《山居秋暝》)

前一首开头两字"城阙"是平仄,即仄音步,是仄起。这句末一字"秦",押韵。后一首开头两字"空山",是平平,是平起。这句末一字"后",不押韵。律诗首尾两联不必对,但也可对,像前一首首联即对,后一首首联不对。中间两联要对,前后两首中间两联都对。五律还有拗句,中间两联也有一联不对的。

致此自僻远,又非珠玉装。如何有奇怪,每夜吐光芒。虎气必腾上,龙身宁久藏?风尘苦未息,持汝奉明王。(杜甫《蕃剑》)

乱后碧井废,时清瑶殿深。铜瓶未失水,百丈有哀音。侧想美人意,应悲寒鬓沉。蛟龙半缺落,犹得折黄金。(杜甫《铜瓶》)

前一首"致此自僻远",是仄仄仄仄仄,"风尘苦未息",是平平仄仄仄,五仄和后三字皆仄都不合律,是拗句。后一首"乱后碧井废"是仄仄仄仄仄，"铜瓶未失水"和"蛟龙半缺落"都是平平仄仄仄，都是拗句。"铜瓶未失水，百丈有哀音"，不对。这说明大作家作诗，以内容为主，有时为了内容的需要，可以用拗句，也可以不对。用拗句有救的，如前一首首句五仄，第二句"又非珠玉装"，仄平平仄平，第三字用平，来救第一句的五仄。后一首首句五仄，第二句"时清瑶殿深"，平平平仄平，用四个平来救首句的五仄，更为明显。

再看七律，如：

> 丞相祠堂何处寻，锦官城外柏森森。映阶碧草自春色，隔叶黄鹂空好音。三顾频烦天下计，两朝开济老臣心。出师未捷身先死，长使英雄泪满襟。(杜甫《蜀相》)

> 舍南舍北皆春水，但见群鸥日日来。花径不曾缘客扫，蓬门今始为君开。盘飧市远无兼味，樽酒家贫只旧醅。肯与邻翁相对饮，隔篱呼取尽余杯。(杜甫《客至》)

前一首开头"丞相"是平仄，即仄起。起句末一字"寻"押韵。后一首开头"舍南"是仄平，即平起。起句末一字"水"，不押韵。两首中两联皆对，首尾两联皆不对。七律也有拗句，中间两联也有一联不对的。如：

> 昔人已乘黄鹤去，此地空余黄鹤楼。黄鹤一去不复

返,白云千载空悠悠。晴川历历汉阳树,芳草萋萋鹦鹉洲。日暮乡关何处是?烟波江上使人愁。(崔颢《黄鹤楼》)

霜黄碧梧白鹤栖,城上击柝复乌啼。客子入门月皎皎,谁家捣练风凄凄。南渡桂水缺舟楫,北归秦川多鼓鼙。年过半百不称意,明日看云还杖藜。(杜甫《暮归》)

前一首"黄鹤一去不复返,白云千载空悠悠",是平仄仄仄仄仄仄,仄平平仄平平平,连用六仄和末三字连用三平,都不合律,是拗句。这一联又当对不对。后一首"霜黄碧梧"是平平仄平,"北归秦川"是仄平平平,都是连用两个平音步。"城上击柝"和"南渡桂水"都是平仄仄仄,都是连用两个仄音步,都不合律。又第四句开头"谁家"平平,是平起,第五句承第四句也当平起,第六句与第五句相对,当仄起,第七句相承当仄起,第八句当平起。现在第五句"南渡"平仄,仄起;第六句"北归"仄平,平起;第七句"年过"平平,平起;第八句"明日"平仄,仄起;从第五句到第八句的平起仄起的相承相对都不合律。这是杜甫有意要用拗句,来求得音律的变化。

再看五言排律和七言排律,各引一首。

黄鹤西楼月,长江万里情。春风三十度,空忆武昌城。送尔难为别，衔杯惜未倾。湖连张乐地，山逐泛舟行。诺谓楚人重，诗传谢朓清。沧浪吾有曲，实入棹歌声。(李白《送储邕之武昌》)

朝来新火起新烟，湖色春光净客船。绣羽衔花他自得，红颜骑竹我无缘。胡童结束还难有，楚女腰肢亦可怜。不见定王城旧处，长怀贾傅井依然。虚沾周举为寒食，实借君平卖卜钱。钟鼎山林各天性，浊醪粗饭任吾年。(杜甫《清明二首之一》)

以上两首排律，前一首是五排，后一首是七排。排律只是比律诗多几句，如前后两首都是十二句，比五律七律都是多四句。它们的格律跟律诗相同，即首尾两联可以不对，对也行，如这里引的五排首联是对的，尾联不对，七排首联不对，尾联对。中间各联都要对，但五排次联却不对。平仄跟律诗一样。排律句子不限，上举十二句是不长的排律，长的可以到几十句。

(二) 赋

《文心雕龙·诠赋》称赋是"铺采摛文，体物写志"，即铺叙辞藻，描绘物象。又称赋是"拓宇于《楚辞》"，即从骚体诗的描绘物象中发展出来的。赋约可分为四：一、古赋；二、骈赋；三、律赋；四、文赋。

1. 古赋　《荀子·赋篇》中的赋，是描写物象的，像《针赋》：

> 有物于此，生于山阜（指铁矿），处于室堂（指针）。无知无巧，善治衣裳（缝衣）。不盗不窃，穿窬而行（指穿针）。日夜合离（指缝衣），以成文章（指绣）。以能合纵（缝竖线），又善连衡（缝横线）。下覆百姓，上饰帝王（指衣服）。功业甚博，不见贤良。时用则存，不用则亡（藏）。臣愚不识，敢请之王。王曰：此夫始生钜（指铁），其成功小（指针）者邪？长其尾（指线）而锐其剽（指针尖）者邪？头铦达（尖通）而尾赵缭（线掉长）者邪？一往一来，结尾以为事（在线末打结）。无羽无翼，反复（指穿针）甚极。尾生而事起（穿线可缝），尾遭（盘结）而事已（打结，针功毕）。簪以为父（簪似针而大），管以为母（针藏管中）。既以缝表，又以连里，夫是之谓针理。

这篇赋跟诗不同：一是描绘物象，不是抒情；二是用韵而参用散文句法，如"此夫始生钜，其成功小者邪？""小"字押韵，但整句是散文句法。三是两人对话，前一部分是作者提问，后一部分是托为王的回答。后来的赋也沿着这三点发展。

宋玉《风赋》写楚襄王与宋玉两人的对话,犹《针赋》的对话。《风赋》韵散结合,犹《针赋》中有散文句,不过《风赋》的散文句已不押韵了。风赋对风的描写,犹《针赋》对针的描绘。《风赋》结合楚王的生活富裕美好来称美"大王之雄风",结合庶民生活的穷困恶劣,来指出"庶人之雌风",用来讽谏,这是胜过《荀子》赋的地方。

汉大赋以司马相如的《子虚赋》、《上林赋》为代表,也是主客问答,楚使子虚使于齐,齐王与他打猎,问起楚王打猎的情况。子虚夸耀楚国的云梦泽土地广大,物产丰富,夸耀楚王打猎的盛况。再写齐国乌有先生批评子虚,认为"足下不称楚王之德厚,而盛推云梦以为高,奢言淫乐而显侈靡,窃为大王不取也"。这是《子虚赋》。汉大赋的特点在于夸耀地描绘山川、物产、打猎、宴会、歌舞等,不是抒情的。结尾说了些正确的话,是抽象无力的。这些在第三节"情采"里作些说明。

2. 骈赋　骈赋是骈文起来以后,用骈文来写。骈是讲究对偶。古赋中也有对偶句。如《上林赋》:"左苍梧,右西极。丹水更其南,紫渊经其北。"但有很多句子不对。骈赋就注意对偶。骈赋始于魏晋,盛行于南北朝。如曹植的《洛神赋》:

其形也,翩若惊鸿,婉若游龙。荣曜秋菊,华茂春

> 松。仿佛兮若轻云之蔽月,飘飖兮若流风之回雪。远而望之,皎若太阳升朝霞;迫而察之,灼若芙蕖出绿波。浓纤得中,修短合度。肩若削成,腰如约素。延头秀项,皓质呈露。芳泽无加,铅华弗御。

这里除了点明的"其形也"和"延头秀项"二句不对外,句句对;其中"远而望之"是两句和两句对。再像刘宋谢庄《月赋》:

> 若夫气雾地表,云敛天末。洞庭始波,木叶微脱。菊散芳于山椒(山顶),雁流哀于江濑(沙滩)。升清质之悠悠,降澄辉之蔼蔼。列宿掩缛(光彩),长河(天河)韬映。柔祇(地)雪凝,园灵(天)水镜。连观霜缟,周除冰净。

这里也是句句对的。

3. 律赋 唐代律诗形成以后,有了律赋。律赋不仅讲对偶,还要讲平仄。如《洛神赋》:"远而望之,皎若太阳升朝霞;迫而察之,灼若芙蕖出绿波。"这四句两两相对,但平仄不调,四句末一字"之"、"霞"、"之"、"波"都是平声,又"太阳升朝霞",连用四个平声,都不合律。律赋除讲对偶外,还讲平仄。如陆贽《登春台赋》,"以晴眺春野气和感深为韵",

即开始用"晴"字韵,接着用"眺"字韵等。

> 春发生以煦物,台居高而处明。俯而望焉,舒郁郁之和气;登可乐也,畅怡怡之远情。触类斯感,众芳俱荣。风出谷以天霁,云归山而景晴。

这里每句都对。就末一字看,相对的,如"物"与"明","焉"、"气"与"也"、"情","感"与"荣","霁"与"晴",都是仄与平或平与仄相对。

4. **文赋** 文赋是古文运动起来以后的散文赋。它不像古赋那样韵散结合,以韵文为主,是韵散结合,带散文化。它有对偶,不像骈赋的以对偶为主,不像律赋的讲格律。如苏轼的《前赤壁赋》:

> 壬戌之秋,七月既望(阴历十六)。苏子与客泛舟,游于赤壁之下。清风徐来,水波不兴。举酒属客,诵明月之诗,歌窈窕之章。少焉月出于东山之上,徘徊于斗牛之间。白露横江,水光接天。纵一苇之所如(往),凌万顷之茫然。浩浩乎如凭虚御风,而不知其所止,飘飘乎如遗世独立,羽化而登仙。

就这段看,十九句只有"间"、"天"、"然"、"仙"四个韵,即韵散结合,以散文为主。其中"清风"两句、"诵明月"两句,"白露"两句,"纵一苇"两句对,即八句对,即骈散结合,以散文为主。其中有的句子可作对偶的有意不对,如"少焉月出"两句,让"月出"同"徘徊"相应就不对了。"浩浩乎"两句,让"而不知其所止",与"羽化而登仙"相应,就不对了。这是有意把对偶写成散文化。

(三)词

词是唐代配合音乐的新诗。它和古代的乐府诗不同。它是配合唐代燕(宴)乐产生的歌。燕乐是在宴会上演奏的,是北周和隋以来西北各民族的音乐和民间音乐结合成的新乐。词产生于民间,人民按燕乐作歌,称为词,为文人采用。和乐府诗由官方采民歌来配乐的不同。词调有一定,每调从字数到平仄包括上去都有一定。按调作词称填词。乐府诗有题,没有字数等限制的调名。文人拟作乐府诗,从字数到音节都可不受限制。词在形式上一般分为小令、中调、长调。以五十八字以内的为小令,五十九字至九十字的为中调,九十一字以上的为长调。但一字之差就分属另一名称,确也有问题。因此又有另一分法,分为单调、双调、三叠、四叠。一首词不分段的,即在音乐上不分上下阕的,称单调;分两段的为双调,分三段、四段的为三叠、四叠。最早的词,当属发现于敦煌石室里的《云谣曲子词》。按词调的长短举例如下。

1. 单调　不分段的,这里引敦煌曲子词《望江南》两首,在押韵处用句号。

> 天上月,遥望似一团银。夜久更阑风渐紧,为奴吹散月边云。照见负心人。

> 莫攀我,攀我太心偏。我是曲江临池柳,者(这)人折折那人攀。恩爱一时间。

在民间词里,同一词调如《望江南》,句的字数也有不一样的,如这里的第二句。这种情况,在文人的词里也有,词谱里称为又一体。

2. 双调　引相传是李白作的两首和石孝友的一首。

> 平林漠漠烟如织,寒山一带伤心碧。暝色入高楼,有人楼上愁。　玉阶空伫立,宿鸟归飞急。何处是归程,长亭更短亭(在路上设置的休息处,长短指相距的远近说)。(李白《菩萨蛮》)

> 箫声咽,秦娥梦断秦楼月。秦楼月,年年柳色,霸陵(汉文帝陵,在长安东)伤别。　乐游原(在长安南)上清秋节,咸阳(在长安西北)古道音尘绝。音尘绝,西风残照,汉家陵阙(宫门)。(李白《忆秦娥》)

见也如何暮,别也如何遽。别也应难见也难,后会难凭据。 去也如何去。住也如何住。住也应难去也难,此际难分付。(石孝友《卜算子》)

3. 三叠　词以双调为主,三叠、四叠少见,今引柳永一首。

冻云黯淡天气,扁舟一叶,乘兴离江渚。渡万壑千岩,越溪深处。怒涛渐息,樵风乍起。更闻商旅相呼,片帆高举。泛画鹢(指船)、翩翩过南浦。 望中酒旆闪闪,一簇烟村,数行霜树。残日下、渔人鸣榔归去。败荷零落,衰杨掩映,岸边两两三三,浣纱游女。避行客、含羞笑相语。 到此因念,绣阁轻抛,浪萍难驻。叹后约、丁宁何据。惨离怀、空恨岁晚归期阻。凝泪眼、杳杳神京路。 断鸿声远长天暮。(柳永《夜半乐》)

词以双调为主,双调的两段称两片,即前后片或上下片,亦称前后阕或上下阕。片和阕都指乐曲暂时停顿。双调的上下片有的是在音乐上重复的,如《卜算子》,上下片全同。有下片部分与上片相同的,如《菩萨蛮》下片"何处"两句,与上片"暝色"两句音节相同。《忆秦娥》下片"咸阳"以下三句,跟"秦娥"以下三句音节相同。《夜半乐》上片"怒涛渐息"以下五句,同中片"败荷零落"以下五句音节全同。这是双调、三叠上下片在音节上有相同处。

二、笔（无韵文），分散文（亦称古文）、骈文、四六文

（一）散文

也称古文。唐代韩愈反对六朝的骈文，主张学写古代的散文。他在《答刘正夫书》里称"师其意，不师其辞。"即写唐代的散文。《颜氏家训·文章》里说："夫文章者，原出五经：诏命策檄，生于《书》者也；序述论议，生于《易》者也；歌咏赋颂，生于《诗》者也；祭祀哀诔，生于《礼》者也；奏议箴铭，生于《春秋》者也。"即认为除了《诗经》以外，其他的《易经》、《书经》、《周礼》、《仪礼》、《礼记》、《春秋》三传都是散文。后来的诸子、论说、史传等也都是散文，一直到韩愈、柳宗元、欧阳修、王安石、曾巩、苏洵、苏轼、苏辙唐宋八大家，直到清代方苞、姚鼐的桐城派古文都是散文。这里引先秦和唐代的古文作例。

> 子曰："学而时习之，不亦说（悦）乎？有朋自远方来，不亦乐乎？人不知而不愠，不亦君子乎？"（《论语·学而》）

> 人患不知其过，既知之不能改，是无勇也。余生三十有八年，发之短者日益白，齿之摇者日益脱，聪明不及于前时，道德日负于初心，其不至于君子而卒为小人也，昭昭矣。作五箴以讼其恶云。（韩愈《五箴五首序》）

《论语》是先秦时代的语录体，记录语言，顺着语言的自然，用虚字来表达语气。韩愈的这篇小序，用唐代散文来写，也顺着语言的自然，也用虚字来表达语气，显得和骈文不同。

（二）骈文

骈是两马驾一车，因此称讲究对偶的文章为骈文。在散文中偶然也有对偶句。散文顺着语言的自然来写，以散行为主，对偶比较少见。骈文出于修辞上的需要，有意用对偶句，加强文采，加强动人的力量。这里引先秦和六朝的骈文如下：

> 必秦国之所生然后可，则夜光之璧不饰朝廷，犀象之器不为玩好，郑卫之女不充后宫，而骏马駃騠不实外厩，江南金锡不为用，西蜀丹青不为采。所以饰后宫、充下陈、娱心意、说（悦）耳目者，必出于秦然后可，则是宛珠之簪、傅玑之珥、阿缟之衣、锦绣之饰，不进于前，而随俗雅化、佳冶窈窕赵女不立于侧也。（李斯《谏逐客书》）

> 山川之美，古来共谈。高峰入云，清流见底。两岸石

壁，五色交辉；青林翠竹，四时俱备。晓雾将歇，猿鸟乱鸣；夕日欲颓，沉鳞竞跃。实是欲界之仙都，自康乐（谢灵运）以来，未复有能与其奇者。〔陶弘景《答谢中书（微）书》〕

先秦的骈文，这里引了李斯的一段。李斯要强调秦王用的器物和后宫的美女都是从秦国外来的，要是举的例子少了，话就没有力量。要多举些例子，作成对偶，既便于阅读，也有力量。像上引的夜光璧、犀象器、郑卫女、驶騠马相对，像江南金锡、西蜀丹青也相对。除了这些对偶外，还有散句，像"必秦国之所生"句，"所以饰后宫"几句，都不对。其中意对而辞不对，短语对而句不对，如"宛珠之簪……不进于前"，与"……窈窕赵女不立于侧"用意相对，但两句文字不对；"饰后宫"四个三言短语相对，"宛珠之簪"四个四言短语相对，但包含这些短语的句子不对。再看梁代陶弘景的一篇，"高峰"两句对，"晓雾"四句两两相对；"两岸"四句也是两两相对，只是对得不工。此外，"山川"两句，"实是"三句不对。这样看来，骈文以对偶为主，还夹杂散文句，对偶有的还对得不工。

再看季斯的骈文，每句的字数不一，像"夜光之璧不饰朝廷"应是八字句,"江南金锡不为用"七字句。再像"所以饰后宫……者……"成了长句子,"垂明月之珠,服太阿之剑"是五字句。陶弘景这一篇对句都是四字句,两两相对的也都是四字句。还有,李斯的一篇不讲究句和句的音节调配,如"江南金锡不为用,西蜀丹青不为采。"两句末一字都是仄声。陶弘景一篇,"两片石壁,五色交辉,青林翠竹,四时俱备"。第三、四句末一字"竹"、"备"都是仄声,也没有调配好。把句中字数主要限于四字、六字句,再讲究音节的调配,就成了四六文了。

(三)四六文

四六文是骈文的律化。骈文讲究对偶,但每句的字数不限于四字句六字句,句和句不讲究音节调配。四六文的每句字数,以四字句六字句为主,讲究音节调配。骈文讲究对偶,是人为,但还夹杂着散文,是自然,是人为和自然的结合。四六文以四字六字句相对,还要调配音节,更加人为,制造人工的音律。

> 本号娇娥,曾名巧笑。楚王宫内,无不推其细腰;魏国佳人,俱言讶其纤手。阅诗敦礼,非直东邻之自媒;婉约风流,无异西施之被教。弟兄协律,自小学歌;少长河

阳,由来能舞。(徐陵《玉台新咏序》)

虹销雨霁,彩彻云衢。落霞与孤鹜齐飞,秋水共长天一色。渔舟唱晚,响穷彭蠡之滨;雁阵惊寒,声断衡阳之浦。遥吟俯畅,逸兴遄飞,爽籁发而清风生,纤歌凝而白云遏。(王勃《滕王阁序》)

六朝骈文到陈徐陵已成为四六文,像《玉台新咏序》就是。这篇以四字句六字句构成,有四字句成对的,如"本号"两句;有两个四字句两两成对的,如"弟兄"四句;有四字六字句两两成对的,如"楚王宫内"四句;"阅诗敦礼"四句,是四字句、七字句两两相对。相对的两句或四句,平仄协调,如"娥"与"笑",一平一仄;"内"、"腰"与"人"、"手",仄、平对平、仄;"礼"、"媒"与"流"、"教",仄、平对平、仄。一联和一联间也是平仄协调的,如"笑"是仄,承接句"内"也是仄;"腰"是平,承接句"人"也是平。王勃的一段,主要是四字句与六字句,其中也杂有七字句。平仄协调同上篇一致。

第二节 翰 藻

内容提要：一、押韵：（一）押韵及其修辞作用；（二）押韵的各种形式；（三）押韵的宽严和难易。二、对偶：（一）对偶及其修辞作用；（二）早期的对偶；（三）骈体的对偶；（四）律诗的对偶；（五）其他方面。三、用典：（一）文言的典故；（二）明用和暗用；（三）用典的利弊；（四）典故的凝缩。

用语言表达同样的情意，不同的词句可能有高下的分别（假定都表达得明白完整），高的好，下的差些。怎么样写才能好，是文言的"辞章"所着重追求的。求得要靠办法，办法牵涉到若干方面。从词句方面看，一是可以从意义方面下手，如说"一旦山陵崩"（《战国策·赵策四》），比说"有一天你死了"好，因为委婉。也可以从声音方面下手，如说"欲穷千里目，更上一层楼"（王之涣《登鹳雀楼》），比说"想看得远，要再上高点"好，因为悦耳。有时甚至还可以从字形方面下手，如"新帖绣罗襦，双双金鹧鸪"（温庭筠《菩萨蛮》），与"夜半来，天明去"（白居易《花非花》）相比，前者能与人以秾艳的印象，因为字的形体繁。求好，好的内容很杂，旧说法所谓"品"，新说法所谓"风格"，如刚健、柔婉、明快、含蓄、冲淡、绮丽等等都是。实现不同的好有不同的办法，由选词炼句到使用各种格，都是修辞学里要讲的，内容过多，并且不是文言独有的，这里从略。可以谈谈的是只有文言多用而内容繁富的大户，计有三种：押韵、对偶和用典，总称为"翰藻"。

一、 押韵

（一）押韵及其修辞作用

文言作品有许多体裁用押韵的写法，如诗、词、赋、箴、铭、赞等。其中诗、词、赋是主要的（曲属于白话系统，押韵的情况与诗、词、赋有大分别，这里不谈）。

先说什么是押韵。押韵是在语句中适当的地方(一般是停顿的地方),让同韵的字有规律地陆续出现。如:

(1) 故国三千里,深宫二十年。一声何满子,双泪落君前。(张祜《何满子》)

(2) 腕生兰,卷袖纫。款所欢,暖与寒。(龚自珍《金钏铭》)

例(1)是诗,例(2)是铭,语句停顿的地方,加点的字同韵,押韵;例(1)是隔句押,例(2)是句句押。所谓同韵包括三种情况。以现代汉语为例:一是全同,如"妈 mā"和"沙 shā",韵母都是 ā;二是主要元音相同,如"家 jiā"和"花 huā",主要元音都是 ā,三是收音相同,如"京 jīng"、"耕 gēng"和"工 gōng",收音都是 ng。文言押韵,道理相同,就是用的韵字要是同韵。至于押韵的字是否要求声调相同,各体的情况不尽一样。如近体诗是必须相同;古体诗和词,有时候上声和去声可以通融。

再说根据什么样的声音押韵。我们知道,声音容易变,不同的时代,不同的地域,声音都不同。如果照当时当地口语的语音押韵,那表现在作品上就会各各面目不同。由现存的文献资料看,情况不是各各面目不同,而是汇成不多的主流,一流之中大同而小异。这有原因，主要是传世的作品都是文人所写，并且都是照文言的规格所写。这结果是，实际的语音几乎是无限之多，由文献资料总括出来的语音系统却简而有序。早的系统主要以《诗经》为代表，我们称为上古音，因为那时候没有韵书，我们知道得既不多，又不确切。幸而我们读的韵文作品，绝大多数是中古及其后的，因而需要了解的主要是中古音的情况。这比较容易，因为由南北朝末期起，我们有了韵书。最早的韵书是隋陆法言《切韵》，它总汇古今南北，分韵比较细，共有一百九十三部。到唐朝，孙愐修订《切韵》，成为《唐韵》，韵增为一百九十五部。宋朝陈彭年等再增修，成为《广韵》，韵又增加，多到二百零六部。声调都是平、上、去、入四种，与现代汉语大不同的是：一是平声不分阴阳，所以如"风"、"中"和"童"、"红"都属一东韵，算同韵；二是有入声。分韵这样细，有些听起来同韵的字就不能押韵，很不方便，于是由唐朝起就有"同用"的办法，就是虽然分属不同的部，却可以用在一首诗里，算押韵。这样合并，到金元时期剩下一百零六部，就成为一直沿用的"平水韵"（清朝名为《佩文诗韵》，简称《诗韵》）。这一百零六部，包括上平声（平声字多，所以分上下卷）一东、二冬等十五韵，下平声一先、二萧等十五韵,共三十韵;上声一董、二肿等二十九韵;去声一送、二宋等三十韵;入声一屋、二沃等十七韵。中古时代及其后的人作诗词,大致都是参照这个规定;我们读诗词,当然也要参照这个规定。

押韵是文言的一种重要修辞方法,其作用,粗浅地说是好听。细致一些说,作用还可以分作两层。初步的一层是音乐性的,就是于韵律的回环往复之中,在了解意义之外,还能感受浓厚的声音美。例如读杜牧《泊秦淮》:"烟笼寒水月笼沙,夜泊秦淮近酒家。商女不知亡国恨,隔江犹唱后庭花。"同韵字"沙"、"家"、"花"陆续出现,传给人的就不只是景物加心情,而且有声音美(声音美还来自平仄协调,留到下面谈)。更深的一层是意境性的,就是不同的韵还可以唤起不同的情调。如:

(3) 朝进东门营,暮上河阳桥。落日照大旗,马鸣风萧萧。平沙列万幕,部伍各见招。中天悬明月,令严夜寂寥。悲笳数声动,壮士惨不骄。借问大将谁?恐是霍嫖姚。(杜甫《后出塞》之二)

(4) 山中相送罢,日暮掩柴扉。春草年年绿,王孙归不归?(王维《送别》)

例（3）是用下平声二萧韵，我们读它，单就声音说也会感到苍凉豪放；例（4）是用上平声五微韵，我们读它，单就声音说也会感到凄清惆怅。这美的声音和深的意境，用散体表现是比较难的。

（二）押韵的各种形式

在文言作品里，押韵的情况很复杂。先说"范围"。顾名思义，押韵应该只用于韵文，可是少数散体篇章里间或也会见到。如《老子》就是最突出的，"有无相生，难易相成，长短相形，高下相倾"（第二章），"挫其锐，解其纷，和其光，同其尘，湛兮似或存"（第四章），等等，都是这样。大家都熟悉的范仲淹《岳阳楼记》也是好例，其中不少部分用押韵的写法。其次，在韵文里，押韵的范围还有全和偏的不同，如早期的赋就有不通篇押韵的，到后期，这种情况就没有了。因此，关于押韵的范围，我们可以大体上说，在文言典籍里，韵文是必须押韵的。

再说押韵的"格式"，这是指韵字用在什么地方。韵字一般是用在语句的末尾，所以习惯称为"韵脚"。说是一般，因为有少数例外。那是语句末尾是虚字的时候，如：

（1）参差荇菜，左右流之。窈窕淑女，寤寐求之。

(《诗经·周南·关雎》)

(2) 西望夏口,东望武昌,山川相缪,郁乎苍苍,此非曹孟德之困于周郎者乎?(苏轼《赤壁赋》)

但这种情况究竟很少见,所以我们无妨说,韵脚总是出现在语句停顿的地方。

语句末尾停顿的地方是脚,但是哪个脚用韵,情况不尽同。绝大多数是隔句用韵,如《诗经》、汉魏六朝五言古诗、唐及其后的近体诗都是这样。但第一句例外,因为常常用韵,如"锦瑟无端五十弦,一弦一柱思华年"(李商隐《锦瑟》),那就不是隔句了。古诗也有句句用韵的,传说是从汉武帝柏梁台联句开始,所以后代称为"柏梁体"(七言,句句用韵)。其实这是当时的风气,早的如汉高祖《大风歌》,句尾"扬"、"乡"、"方"都用韵;晚的如张衡《四愁诗》,虽然不是一韵到底,也是句句用韵。概括的情况是:魏晋以前,尤其乐府诗,用韵的规格不很严格,可以隔句用,也可以句句用,还可以两种形式交错着用;南北朝及其后,隔句用韵成为通例,除有意仿古以外,其他形式就几乎不见了。

以上是就诗说,韵以隔句用为常格。隔句是为了回环之中有变化。声音美,甚至语言美,"变化"是个非常重要的原则。句句用韵是回环多而变化少,不如上句不用而下句用,尤其平声韵,能使人获得一抑一扬的顿挫感。词与诗不同,是长短句,要谱入管弦,隔句用韵以求兼有回环变化的声音美这个原则就不完全适用。至于韵脚如何安置,情况千变万化。如:

(3) 缺月挂疏桐,漏断人初定。时有幽人独往来,缥缈孤鸿影。 惊起却回头,有恨无人省。拣尽寒枝不肯栖,寂寞沙洲冷。(苏轼《卜算子》)

(4) 汴水流,泗水流,流到瓜洲古渡头。吴山点点愁。 思悠悠,恨悠悠,恨到归时方始休。月明人倚楼。(白居易《长相思》)

(5) 碧云天,红叶地,秋色连波,波上寒烟翠。山映斜阳天接水,芳草无情,更在斜阳外。 黯乡魂,追旅思。夜夜除非,好梦留人睡。明月楼高休独倚,酒入愁肠,化作相思泪。(范仲淹《苏幕遮》)

(6) 明月几时有?把酒问青天。不知天上宫阙,今夕是何年。我欲乘风归去,又恐琼楼玉宇,高处不胜寒。起舞弄清影,何似在人间。 转朱阁,低绮户,照无眠。 不应有恨,何事长向别时圆?人有悲欢离合,月有阴晴圆缺,此事古难全。但

愿人长久，千里共婵娟。（苏轼《水调歌头》）

例（3）是隔句押韵，很少见；例（4）是句句押韵，篇幅短的小令里有一些，数量不多；例（5）是语句的多数押韵，少数不押，在词里占多数；例（6）是语句的少数押韵，多数不押，篇幅长的中调、长调里有一些，数量也不多。总之，词求声音悦耳，押韵，要适应歌唱的要求，格式不能不复杂多变。

押韵还有一韵到底和换韵的区别。近体诗都是一韵到底，不限句数的排律也是这样。古体诗不一定，随作者的意，可以不换，可以换；就数量说，不换占多数，换占少数；换韵，多数是篇幅长的。换的次数也不一定，少的可以只换一次，如李白《月下独酌（其一）》，由"花间一壶酒，独酌无相亲"写起，用上平声十一真韵，中间由"我歌月徘徊，我舞影零乱"起，改为用去声十五翰韵。多的不只换一次，如白居易《长恨歌》，由"国、得"韵字写起，以下换"池、脂"，"摇、宵"，"暇、夜"，"人、身"，"土、户"，"云、闻"，"竹、足"，"生、行"，"止、里"，"收、头"，"索、阁"，"青、情"，"驭、去"，"衣、归"，"旧、柳"，"眉、垂"，"草、扫"，"然、眠"，"重、共"，"客、魄"，"电、遍"，"山、间"，"起、子"，"扃、成"，"徊、开"，"举、舞"，"王、茫"，

"处、雾","扇、钿","词、知",共换三十次,可证完全可以随心所欲。词因为调不同而有换不换的各种情况,一般说是以不换为常;换,以平仄交错为常。如:

(7) 春花秋月何时了,往事知多少。小楼昨夜又东风,故国不堪回首月明中。 雕阑玉砌应犹在,只是朱颜改。问君能有几多愁,恰似一江春水向东流。(李煜《虞美人》)

(8) 而今才说当时错。心绪凄迷,红泪偷垂。满眼春风百事非。 情知此后来无计。强说欢期,一别如斯。落尽梨花月又西。(纳兰成德《采桑子》)

例(7)两句一换韵,仄接平,平换仄,共用四个韵;例(8)仄声脚不入韵,两次换同样的平声韵(上平声四支、五微、八齐同用)。赋篇幅长,都换韵;唐宋以来科举考试作赋,还常常限定怎样换韵,如白居易作《洛川晴望赋》,题下注明以"愿拾青紫"为韵,就是先押去声十四愿的韵,然后依次换用入声十四辑、下平声九青、上声四纸的韵。

押韵,韵脚用平用仄,各体也不尽同。近体诗几乎都押平声韵。古体诗押平声韵、仄声韵的都不少;赋也是这样。词押平声韵、仄声韵,不同的调有不同的规定(有极少数例外,如

《声声慢》既可以用平声韵，又可以用仄声韵）；有的不只规定平仄，还规定用哪一种仄，如《忆秦娥》、《念奴娇》等就必须用入声韵。韵脚用平用仄，大致说还和情调有些关系，如平声的情调大多偏于开朗，仄声（尤其入声）的情调大多偏于沉郁，就常常能够从诗词的吟诵中体察出来。

（三）押韵的宽严和难易

押韵因体的不同而有"宽严"的分别，或说"同用"的范围有大小的分别，大就宽，小就严。由《诗经》到汉魏六朝古体诗，押韵没有韵书的限制，同用的范围都是宽的。中古时期有官修的韵书，考试作诗赋，押韵要按照韵书的规定。所谓规定，包括同用的规定。这样，所谓宽严，可以指合并为一百零六韵之后的宽严。严是把字分为一百零六堆，写韵文，只能用同一堆的字作韵脚；宽是有些堆的字可以越界，或说不同堆的字作韵脚，还算协韵。就体说，近体诗是严的，必须一百零六部互不侵犯。如用的是一东韵，韵脚就不许见"冬"、"宗"、"松"、"恭"等字，因为那是属于二冬韵那一堆的。只有第一句是例外，因为第一句可用韵可不用韵，有的人作诗就灵活一下，用了韵相近的"邻韵"，如杜牧《清明》第二句韵脚是"魂"，第四句韵脚是"村"，都属于十三元韵的那一堆，可是第一句

"清明时节雨纷纷"却用了十二文韵的"纷"字。近体诗以外的各体，用韵都是宽的。如古体诗，东、冬韵，江、阳韵，支、微、齐韵，等等，邻韵的字都可以通用。词没有韵书作标准，用韵的办法近于古体诗，有些地方比古体诗还要宽。

押韵还有难易的分别。上面说的宽严是一种难易：宽，可用的韵字多，容易；反之就难。这里说难易，是指严范围内的难易。因为各韵包含的字，数量和性质不尽同：字数多，常用，容易；反之就难。以平声的三十韵为例，有些韵，如上平声的四支韵和下平声的一先韵，不只包含的字多，而且常用字多，选用容易，称为"宽韵"；有些韵，如上平声的五微韵和十二文韵，包含的字少，选用较难，称为"窄韵"；还有些韵，如上平声的三江韵和下平声的十五咸韵，不只包含的字很少，而且有些不常用（如三江韵的"泷"、"庞"、"舡"，十五咸韵的"芟"、"搀"、"衔"），选用很难，称为"险韵"。作诗词，一般是适应情意的要求，选用可用的"宽韵"或"窄韵"，躲避险韵。可是也有些人，有时候故意用险韵，以显示自己能够难中取巧，或者同时请人和，使别人为难，这就近于文字游戏了。还有，宽韵和窄韵中都有些字，意义生僻，生活中少用，如果故意拿来作韵脚，以自炫、难人，那就同于用险韵。五言排律联句，最后剩下少数难用的字，要煞费苦心才能用上，总是难得妥帖自然，也是这种性质。

二、对偶

对偶，也称为对仗（古代持兵器保卫贵人，都是左右成对，称为仗，后来成为仪仗），是成双出现的意思。语句连用，对偶只是可能形成的多种形式中的一种形式。可是它个性强，色彩重，于是在文言里就成为大户，不只在各体中频繁出现，而且自己建立了独立王国：骈体（或称四六文）。对偶花样繁多，影响深远，是文言藻饰的一种重要方法，所以需要特别注意。

（一）对偶及其修辞作用

语句连用，有同性质（如都是名词或动词）同形式（如都是动宾或主谓）的词语或句子成对出现，我们称这种表达方式为对偶。如："温故而知新，可以为师矣。"（《论语·为政》）"温故"和"知新"在句内对偶；"学而不思则罔，思而不学则殆。"（同上）逗号前后两部分对偶；"譬如为山，未成一篑，止，吾止也；譬如平地，虽覆一篑，进，吾往也。"（《论语·子罕》）分号前后两部分对偶；"鱼，我所欲也，熊掌，亦我所欲也，二者不可得兼，舍鱼而取熊掌者也。生，亦我所欲也，义，亦我所欲也，二者不可得兼，舍生而取义者也。"（《孟子·告子上》）前后两句对偶。先秦时代用对偶，推想是偶合，所以意义和声音方面的要求都不严格。后来用意求精美，情况就大不同。如："耿介之意既伤，壹郁之怀靡诉；临渊有怀沙之志，吟泽有憔悴之容。"（萧统《文选序》）"庄生晓梦迷蝴蝶，望帝春心托杜鹃。"（李商隐《锦瑟》）我们一念就知道是有意拼凑。这样不惮烦而用力拼凑，自然同风气有关；不过风气的形成，却不能不有客观的因素。这客观的因素，刘勰《文心雕龙·丽辞》篇说："造化赋形，支体必双；神理为用，事不孤立。"显然是以偏概全；所以不如从要求方面说，是用这种形式可以取得好的表达效果。说具体一些，还可以分作意义和声音两个方面。意义方面，对偶的两部分互相衬托，互相照应，所表达的意思就会显得更加充沛，更加明朗，更加精确。声音方面，对偶的两部分此开彼合，此收彼放，韵律可以显得抑扬顿挫，节奏鲜明，和谐悦耳。表达方面的这种优点，可以从许多流传的名句中体察出来。举唐朝的两处为例："一坯之土未干，六尺之孤何托（旧为仄声）。"（骆宾王《讨武曌檄》）"落霞与孤鹜齐飞，秋水共长天一色。"（王勃《滕王阁序》）我们可以仔细吟味一下，如果不用对偶，想取得这样的效果是很难的。

（二）早期的对偶

语句形成对偶，要满足一些条件。对偶有粗有精，粗则需要满足的条件少，精则需要满足的条件多。这里先说粗的或低的要求，条件是两个。一个属于意义方面，是对偶的两个字（或说两个词）的意义要是同一类中的不同个体。如"山"和"花"、"飞"和"想"、"贫"和"富"，都可以归入同一类，用语法术语表示，它们分别属于名词、动词和形容词。所谓不同个体，是"山"不能对"山"，"富"不能对"富"；但"之"、"而"、"以"之类的虚字例外，相对的两方可以用同一个（近体诗的对偶又是例外，虚字也不许用同一个）。另一个条件属于声音方面，是对偶的两部分要字数相等，也就是音节的数目相等。如"蟋蟀"可以对"芙蓉"，"美"不能对"清新"。这个要求之所以能够提出来，而且不难满足，是因为汉字有一个字表示一个音节的特点，而且文言词的绝大多数是单音节；如果语句的音节不是匀称如贯珠，满足这个要求就难于做到。意义同类、音节数目相等是低的要求。早期，大致是先秦、两汉，因为这样写一般不是有意为之的，所以形成的对偶多数还不能满足这低的要求。如：

（1）得道者多助，失道者寡助。（《孟子·公孙丑下》）

(2) 君子游道，乐以忘忧；小人全躯，说（悦）以忘罪。(杨恽《报孙会宗书》)

(3) 外无期功强近之亲，内无应门五尺之僮。(李密《陈情表》)

例（1）和（2），对偶的两部分都用了相同的字。例（3）不只用了相同的字，"期功强近"和"应门五尺"也只是总的意义相对，而不是字字的意义相对。有时候还可以更差。如：

(4) 青，取之于蓝，而青于蓝；冰。水为之，而寒于水。(《荀子·劝学》)

(5) 夫皇皇求财利，常恐乏匮者，庶人之意也；皇皇求仁义，常恐不能化民者，大夫之意也。(董仲舒《贤良对策》三)

这是只求总的意义相对，而放弃了字数相等。这个时期，间或有对得比较好的，那也只是偶合。如：

(6) 偃王仁义而徐亡，子贡辩智而鲁削（旧为仄声）。(《韩非子·五蠹》)

(7) 囊括四海之意，并吞八荒之心。(贾谊《过秦论》)

早期的对偶，除粗而不精以外，还有个特点，是夹用在散体中，处于附属地位。如：

(8) 子贡曰:"贫而无谄,富而无骄,何如?"子曰:"未若贫而乐道(依《古逸丛书》本),富而好礼者也。"(《论语·学而》)

(9) 臣闻得全者昌,失全者亡。舜无立锥之地以有天下,禹无十户之聚以王诸侯,汤武之土不过百里,上不绝三光之明,下不伤百姓之心者,有王术也。故父子之道,天性也;功臣不避重诛以直谏,则事无遗策,功流万世。臣乘愿披腹心而效愚忠,惟大王少加意,念恻怛之心于臣乘言。(枚乘《上书谏吴王》)

两段文章都用了不少对偶,可是我们读了总会感到,这些都是随手拈来,让它们为叙说的散体服务,与后来的字斟句酌作骈体是有很大距离的。

(三)骈体的对偶

对偶有高的要求,是需要满足的条件更细致。条件的一个也属于意义方面,是相对的两个字不只可以归入一个大类,而且可以归入一个小类。以事物的名称为例,"花"和"马"可以归入名词的大类;"花"和"草"不只可以归入名词的大类,而且可以归入名词中植物的小类。好的对偶要求相对的两个字最好属于同一小类。条件的另一个也属于声音方面,是对偶的两部分不只要字数相等，而且要相对的字平仄不同。这所谓平仄不同，主要是指节奏上占重要地位的那个字。以律诗为例，是以两个音节为一个单位，重点在后一个音节，所以"烽火"（平仄）可以对"家书"（平平），却不许对"谷水"（仄仄）。文的对偶道理也是这样，只是因为语句的结构不同而有些变化，如"望长安于日下，指吴会于云间"（王勃《滕王阁序》），重点在第三字和第六字，而不是第二、四、六字。声音方面要求的加细，魏晋时期已经有了苗头，如"行则连舆，止则接席（旧为仄声）"（曹丕《与吴质书》），"倚南窗以寄傲，审容膝（旧为仄声）之易安"（陶渊明《归去来辞》），像是都有雕琢的痕迹。但这还是靠感性摸索，也就是如沈约所说："高言妙句，音韵天成，皆暗与理合，匪由思至。"（《宋书·谢灵运传论》）所以难免有时中的，有时不能中的。到南朝齐梁时期，情况就不同了，沈约等受佛教译经中梵语拼音的启发，创四声、八病等说法，其后，平仄协调的要求及其理论根据就越来越明显，对偶就都是精雕细琢了。精雕细琢是尽力求满足意义和声音两方面的条件。可是两方面条件的约束力有分别：意义方面的属于同一小类是"最好"，就是说，没做到也可以；声音方面的平仄不同是"必须"，不能这样就是"失对"，违反了格律。

这里就文说，由魏晋起，对偶渐渐走向"意义的类相近"，"平仄不同"，"骈句比例增加"，"多用四六句"，并且渐渐，这情况在有些篇里就喧宾夺主，于是产生了骈体。散体和骈体有界限问题。关于骈体，昔人的看法偏于宽，如清朝李兆洛编《骈体文钞》，收秦汉的李斯《谏逐客书》和贾谊《过秦论》等，这是其中用了些对偶就算。我的想法，文是否算作骈体，应该以对偶是否占主导地位为决定条件。语句形成对偶，可以是偶合的，但数量不多，而且未必工整；大量出现工整的对偶，总是用意雕琢的结果。骈体应该是出于用意雕琢。雕琢，精益求精，于是从齐梁起，一是对偶的比例越来越增加，二是四字句、六字句的比例越来越增加，到南朝晚期及其后，通篇对偶、基本上四六句的标准骈体就形成了，如大家熟悉的徐陵《玉台新咏序》和王勃《滕王阁序》就是。骈体多用四六句，对偶除要求意义同类、平仄不同以外，还在四六句的连续中求变化，如对偶可以是四对四、六对六，也可以是四六对四六、六四对六四。无论什么形式，"之"、"而"、"以"等虚字还是不避重复。

对偶的表达方式还不只侵入散体的文，成为骈体或四六文，还侵入韵文的赋，成为"骈赋"。骈赋的形式是既对偶又押韵，如有名的江淹《别赋》、《恨赋》就是这样。这种写法到唐宋列入考试的科目，所作名为"律赋"，对偶的要求就更严格了。

（四）律诗的对偶

对偶成为通用的表达方式，精益求精，于是有些人就注意规格的研究。沈约的八病（平头、上尾、蜂腰、鹤膝等）说，探讨的是声音方面的规格，意思是想平仄协调，就必须如此，不许如彼。意义方面，《文心雕龙·丽辞》篇说对偶有四类：言对和事对，反对和正对。到唐朝，有个日本和尚名遍照金刚，来中土留学，回去写了一部《文镜秘府论》，介绍唐朝人作诗的各种讲究，其中把对偶分为"的名对"、"隔句对"、"双拟对"等二十九类（兼声音方面）。以后，供作诗赋参考的类书大多把辞藻分为"天文"、"时令"、"地理"等若干部，要求对偶时最好用同一部的字。实际用对偶，分部还要更细，如颜色对颜色（绿对黄），数目对数目（五对千），人名对人名（李广对冯唐），甚至干支对干支（点卯对抽丁），年号对年号（泰始对元嘉），等等。这些繁琐的讲究，或者说精粹的对偶，最集中、最突出地表现在律诗中。律诗包括五律和七律，一般说，中间两联要对偶。声音方面的要求，是两个音节为一个单位（后一个音节是重点），要变（不许与邻近的单位重复）。如五律：

　　　　仄仄平平仄　　　平平仄仄平

　　　　暗水流花径　　　春星带草堂

再如七律：

　　　　平平仄仄平平仄　　仄仄平平仄仄平

　　　　无边落木萧萧下　　不尽长江滚滚来

就开头一个单位说，向右看变了，向下看也变了。不变就不合规律，是失对。失对的句子称为"拗句"，可以补救，称为"拗救"。两联的格式也不许重复，如第三句是仄起式（第二字是仄声），第五句就要平起，不变是"失粘"。就对偶说，这些都是附属的，可以不多说。

　　与声音方面相比，意义方面的讲究就多多了。先说一般的要求，是相对的两个字最好属于同一小类，如"春"对"夏"，"马"对"牛"，是"工对"。不得已而取其次，如"夏"对"星"（时令对天文），"杜甫"对"萧关"（人名对地名），是"邻对"。再其次就只是属于同类的词相对，如"人"对"布"，"买"对"奔"，是"宽对"。律诗几乎不用"之"、"而"、"以"等虚字，万一用到，上下联也不许同用一个。对偶工整是律诗的本分要求；本分之外还可以玩一些花样，举几种习见的为例。一种是"当句对"，如"风枝惊暗鹊，露草泣寒虫"（戴叔伦《江乡故人偶集客舍》），"风枝"和"暗鹊"，"露草"和"寒虫"，都在句内对偶。这种写法如果是用在律诗的一联里，自然就成为多层次的对偶。另一种是"流水对"，如"可怜无定河边骨，犹是春闺梦里人"（陈陶《陇西行》），是上下联合成一句话，有如流水一贯而下。另一种是"借对"，就是字面用某一字，或者借用此字的另一意义（借义），或者借用与此字同音的另一个字（借音），以形成对偶。如"酒债寻常行处有，人生七十古来稀"（杜甫《曲江二首》），"寻常"在诗里的意义是平常，不稀奇，可是"寻"又有"八尺"的意义，"常"又有"十六尺"的意义，于是借用这数量的意义，与"七十"形成对偶。这是借义。又如"次第寻书札，呼儿检赠诗"（杜甫《哭李常侍峄二首》），"第"在诗里的意义是"次序"，可是它与"弟"同音，于是借用这兄弟的意义，与"儿"形成对偶。这是借音。再有一种是"扇面对"，又名"隔句对"，如"昔年共照松溪影，松折碑荒僧已无；今日还思锦城事，雪消花谢梦何如"（郑谷《寄裴晤员外》），是第一、二句和第三、四句对偶。再有一种是"错综对"，如

"裙拖六幅湘江水,鬓拥巫山一段云"(李群玉《同郑相并歌姬小饮戏赠》),是上联的第三、四字和下联的第五、六字对偶,上联的第五、六字和下联的第三、四字对偶。此外,对偶还可以偶尔违例,成为貌离神合(意对),如"黄鹤一去不复返,白云千载空悠悠"(崔颢《黄鹤楼》),字不完全相对,意思却恰好相反,构成对偶。总之,不管是本分之内还是本分之外,作律诗的人都不只求工整,而且求奇求巧,因而就不能不在对偶方面费大量的心思。

(五)其他方面

对偶的表达方式,以及它的成果,长时期受到多数人的重视。重视,乐于运用,因而它就必致发荣滋长,向各处延伸。延伸都占了哪些地盘,难得详说;这里只说三个方面,算作举例。

一个是"对联",早期是写了或刻了悬在门两旁的柱上,所以又叫"楹联"。推想起初是采用律诗中有吉祥、华丽的辞藻的一联,用作装饰。既然是装饰,它就既可以在室外,又可以在室内,于是渐渐地,请名人写对联的风气就大兴。写,可以自作,可以用成句,用成句,可以采用诗、词的一联,可以从不同的处所(两首诗、两首词,甚至两篇文、两部书)各抽一句,集为一联,总之,形式有多种。由装饰性的对联分出一个旁支,是"春联",现在还在用。还分出另一个旁支,是"挽联",现在也是还在用。对联来自律诗的对偶,可是附庸成为大国,自己编造了许多花样。如字数可以少到三四个,也可以多到几十个甚至上百个;语句的风格可以同于诗,也可以同于文(用虚字);更加用力追求工巧,争奇斗胜。所有这些,旧时代的文人都觉得很有意味,有些人还为此写了专书,如梁章钜《楹联丛话》之类。

另一个是"八股文"。这是元明清几百年来科举考试的主要科目,内容是摘"四书"的成句为题,发挥微言大义,代圣贤立言;形式有严格的规定,由"破题"、"承题"起,中间有散行的八段文章,一和二,三和四,五和六,七和八,都要对偶,所以称为八股或八比。举明钱志骃《不患无位,患所以立;不患莫己知,求为可知也》一篇的第三、四股为例:

> 然则无位何患哉!患所以立焉耳。人国有事而后有官,其欲得者敬事之臣,非居官之臣也。无论宠利难忘,惧失正直立朝之本,凡此时艰所属,得毋优于细务,而重任其将颠覆乎?试为置身负乘之时,君悔授政之轻,臣叹荐贤之误,耻尚可赎耶?早夜以思,或翻幸弓旌之未逮耳。(中比上,即第三股)

> 然则莫己知何患哉！求为可知焉耳。公论有荣而亦有辱，其可畏者荣我之人，即辱我之人也。无论幽独易欺，惧蹈声闻过情之耻，即或细行所饬，得毋悦于凡众，而圣贤其犹摈弃乎？试为设计败名之日，父母陨其家声，朋友伤其同道，身尚安容耶？早夜以思，应转虑游扬之过盛耳。(中比下，即第四股)

这是对偶的极度扩张，由词句的相对放大为整段相对。

还有一个，值得注意，是唐宋以来，古文运动胜利之后，有不少文人，或者由于爱好，或者由于读骈体多了不知不觉，作散体文章也常常夹用一些对偶。如：

（1）盖亭之所见，南北百里，东西一舍，涛澜汹涌，风云开阖，昼则舟楫出没于其前，夜则鱼龙悲啸于其下，变化倏忽，动心骇目，不可久视，今乃得玩之几席之上。(苏辙《黄州快哉亭记》)

（2）然杭人游湖，止午、未、申三时。其实湖光染翠之工，山岚设色之妙，皆在朝日始出，夕舂未下，始极其浓媚。(袁宏道《西湖二》)

这样写，骈散交错，坚守古文壁垒的人或者会看作不成体统；可是事实是，有不少人却偏偏愿意这样写，也可见对偶的势力是如何大了。

三、用典

用典是借古事古语说今意的一种表达方式,文言作品,尤其在有些体裁里(如骈体),几乎句句离不开它;就是散体,如果不夹用一些,旧时代的文人也会觉得不够典雅。所以两千年来,不管写和读因此而如何费力,还是不得不把它看作高妙的表达方式,不只乐于接受,而且争取大量地使用。

(一)文言的典故

典,来自旧有的,所以也称为"典故"。用典,也称为"用事"或"隶事",用定义的形式说是:用较少的词语拈举特指的古事或古语以表达较多的今意。如:

(1)杨意不逢,抚凌云而自惜;钟期既遇,奏流水以何惭?(王勃《滕王阁序》)

(2)比往来南北,颇承友朋推一日之长,问道于盲。(顾炎武《与友人论学书》)

例(1)用的是古事,杨得意推荐司马相如,见《汉书·司马相如传上》;钟子期理解俞伯牙的琴意,见《列子·汤问》。

例（2）用的是古语，"以吾一日长乎尔"，见《论语·先进》；"求道于盲"，见韩愈《答陈生书》。不管是古事还是古语，表达的意思都是今的："杨意不逢"的事表示作者（王勃）有才而未得赏识，"钟期既遇"的事表示作者今日参与盛会受到尊重，将不客气而作诗作序；"推一日之长"的语表示自己因年岁大些而受到尊重，"问道丁盲"的语表示谦逊，说自己毫无所知。从上面的举例可以知道，用典要具备三个条件。一是引古以说今。如孟子说："当尧之时，水逆行，泛滥于中国，蛇龙居之，民无所定。"（《孟子·滕文公下》)，这是引古以说古，不是用典。二是所引古事古语是特指的。特指就是指某"一"个，或说有出处。如上面所引"杨意不逢"、"推一日之长"等都是指某一个，都有出处。反之，如泛泛说"勤学"，古人当然也常说，可是不是指某一人的某一次，就不能算用典。三是语不繁而意丰富。所谓丰富，有时是意思的量多，有时是意思委婉曲折，留到后面再说。

在文言作品里，用典多少同文体有密切关系，概括说是，偏于应酬的多藻饰的文体用典多，偏于经世的求平实的文体用典少。因此，如集部与了部、史部比，前者用典多，后者用典少。用典多少还同时代有密切关系，是早期用得少，越靠后用得越多。原因是古事古语的库存随着时代增加，时代靠后就有更多的典故可用。这情况还会产生另外两种情况：一种是用典成为风气，执笔为文，有意也好，无意也好，总不能不随波逐流；另一种是用典表示熟悉古典，文雅有学，这是很高的荣誉，所以文人总是愿意多用。因为尽力多用，所以我们翻开文言典籍就会处处碰到典故。所谓处处，是不只诗文各体，还泛滥到诗文以外。这包括很多门类，如诗人孟浩然，"浩然"用《孟子·公孙丑上》"我善养吾浩然之气"，史学家胡三省，"三省"用《论语·学而》"吾日三省吾身"，这是人名用典；沧浪亭、知不足斋，前者用《孟子·离娄上》"沧浪之水清兮"，后者用《礼记·学记》"是故学然后知不足"，这是地名用典；《齐东野语》、《扪虱新话》，前者用《孟子·万章上》"齐东野人之语也"，后者用《晋书·王猛传》"扪虱而言"，这是书名用典。其他可以类推。

（二）明用和暗用

用典有明用暗用的分别。先说明用，其中还有等级的分别。有些最明显，不但照录原文，而且指明出处。如：

（1）《诗》云："如切如磋，如琢如磨。"（《论语·学而》）

（2）《书》不云乎？"好问则裕。"（刘开《问说》）

(3) 老子疾伪，故称"美言不信"。(《文心雕龙·情采》)

有些引用原文而略加变化，表示有出处而不具体指出。如：

(4) 传曰："天不为人之恶寒而辍其冬……"(东方朔《答客难》)

(5) 殷因夏，周因殷，继周者之损益，百世可知，圣人盖已预言之矣。(马端临《文献通考序》)

(6) 而曰言之不文，行之不远云者……(王安石《上人书》)

例(4)所谓"传"是指《荀子·天论》；例(5)所谓"圣人"是指孔子，出处是《论语·为政》；例(6)"曰"的处所是《左传》襄公二十五年。有些明显的程度又差一些，只是间接表示有出处。如：

(7) 所谓诗人丽则而约言，辞人丽淫而繁句也。(《文心雕龙·物色》)

(8) 臣闻五音令人耳不聪，五色令人目不明。(陆凯《谏吴主皓疏》)

(9) 如优孟摇头而歌。(黄宗羲《柳敬亭传》)

例(7)的"所谓"表示前人说过，这前人是扬雄，出处是《法言·吾子》；例(8)的"闻"也表示前人说过，这前人是老子，出处是《老子》第十二章；例(9)的"如"表示以前

有过,这以前是《史记·滑稽列传》。还有些明显的程度更差,我们只能由口气推测是有出处。如:

(10) 夫桃李不言而成蹊,有实存也。(《文心雕龙·情采》)

(11) 盖儒者所重,尤在于名实。(王安石《答司马谏议书》)

(12) 人亡弓,人得之,又胡足道?(李清照《金石录后序》)

三个例都有"正如古人所说"的意味,所以同样可以算作明用。例(10)是引用《史记·李将军列传》:"桃李不言,下自成蹊。"例(11)是引用《孟子·告子下》:"先名实者,为人也。"例(12)是引用《孔子家语·好生》:"人遗弓,人得之。"

再说暗用。暗用也有等级的分别。有些虽然不表示是用典,可是照录原文。如:

(13) 鬼之为言归也。(《汉书·杨王孙传》)

(14) 人生几何?离阔如此!(白居易《与微之书》)

(15) 既睹其人,则瞻之在前,忽焉在后。(《后汉书·黄宪传》)

例(13)是引用《尔雅·释训》;例(14)的"人生几何"是引用曹操《短歌行》;例(15)的"瞻之在前,忽焉在后"是引用《论语·子罕》。有些是引用原文而有所增减。如:

(16) 逝者如斯,而未尝往也。(苏轼《赤壁赋》)

（17）伤心桥下春波绿，曾是惊鸿照影来。(陆游《沈园》)

（18）人非生而知之者，孰能无惑？(韩愈《师说》)

例（16），《论语·子罕》作"逝者如斯夫"；例（17），曹植《洛神赋》作"翩若惊鸿"，这都是有所减；例（18），《论语·季氏》作"生而知之者"，这是有所增。有些变化更大，是改动一部分。如：

（19）有二军将……号虎冠。(高启《南宫生传》)

（20）盖尝慨然有江湖之思。(陆游《烟艇记》)

（21）室唯四壁。(孟棨《本事诗·情感》)

例（19），《史记·酷吏列传》作"虎而冠"；例（20），潘岳《秋兴赋》作"有江湖山泽之思"；例（21），《汉书·司马相如传上》作"家徒四壁立"。还有拆散原文，随意组织的。如：

（22）外人颇有公孙布被之讥。(司马光《训俭示康》)

（23）他日趋庭，叨陪鲤对。(王勃《滕王阁序》)

（24）可以其似赋而谓之雕虫乎？(苏轼《答谢民师书》)

例（22），《汉书·公孙弘传》作："弘位在三公，奉（俸）禄甚多，然为布被，此诈也。"例（23），《论语·季氏》作："尝独立，鲤趋而过庭，曰：'学诗乎？'……"例（24），扬雄《法言·吾子》作:"或问:'吾子少而好赋?'曰:'然,童子雕虫篆刻。'俄而曰:'壮夫不为也。'"

典故明用,有好处,是容易理解,而且不必费力找出处。但是可惜,由数量方面看,尤其汉魏以后,明用的并不多。这是因为,暗用,尤其随意组织暗用,像是随手拈来就化入自己的文字,显得自然;而且可以表示自己熟于古典,不把这看作一回事。这严格说是旧时代文人喜欢炫学的坏习气,影响即使不说是很坏,也是很大,因为文言作品难读,这是若干原因中很重大的一个。

(三)用典的利弊

用典,借古说今,文言中常用,当然是因为这样表达有好处。好处大致有以下几个方面。

一是引古,意思的分量可以加重。因为所引古事古语几乎都是名人之事,名人之言,甚至圣贤之事,圣贤之言,其正确性是不容置疑的,文中用了,就会有更大的说服力量。如反对声色的享乐,引用老子"五音令人耳不聪,五色令人目不明"的话,比说自己认为如何如何,似乎力量就大得多。

二是熟于古事古语,引用,常常比用自己的话省力。如形容黄宪人品的高不可及,引用古语"瞻之在前,忽焉在后"

(原是形容孔子的），很好；如果不引用而自编，那就会很费力。周密《浩然斋雅谈》有一段话正好说明这种情况："东坡《赤壁赋》多用《史记》语，如杯盘狼藉，归而谋诸妇，皆《滑稽传》；正襟危坐，《日者传》；举网得鱼，《龟策传》。"

三是用典可以以简驭繁，就是用较少的词语表达较多的意思。如形容文人贫困；引用"室唯四壁"，只用四个字，所表达的除穷以外，还有才学像司马相如，将来必成大名的意思。在用典的一些好处里，这以简驭繁的好处分量最重，力量最大，它常常使为文的人不能不用。这种强制性最明显地表现在作诗方面。尤其律诗，字数有限制，还要对偶，有些意思，不用典就不容易轻松地写出来，如孟浩然《宴梅道士山房》"忽逢青鸟使，邀入赤松家"一联就是这样。

四是用典可以唤起联想，因而意思就显得更深刻或更生动。如引用"惊鸿"以代美丽的妇女，熟悉《洛神赋》的人自然会想到洛神的美，这表达的效果比只说"一个美女"就好多了。

五是用典可以使语言委婉，表难言之意或难写之情，也就是平常话不好说的，可以用典故表示。如《资治通鉴》记淝水之战，苻坚大军南下，谢安故作镇静，桓冲很忧虑，说："天下事已可知，吾其左衽矣！""左衽"是用典（出于《论语·宪问》），等于说我要当亡国奴了，"亡国"的话不好明说，用典就委婉多了。又如李商隐《无题》诗的一联，"贾氏窥帘韩掾少，宓妃留枕魏王才"，写男女越轨的情事，如果不用典，简直就无法下笔。

可是用典也有弊。小弊是古事古语未必完全同于今的情况，引用，意思会不切合，甚至似是而非。如王勃《滕王阁序》中说自己是"冯唐易老，李广难封"，其实那时候他才二十几岁，也不像李广，有抗匈奴的大功。大弊就严重多了，主要是暗用的，近于谜语，先要由谜面猜出谜底，然后才能确切了解是什么意思。使用语言，目的是求人了解，用典的结果常常是难于了解，所以会成为作茧自缚。所谓难于了解，有程度的差别。程度浅的可以望文生义，虽然这字面的意思未必像典故所含的那样深。如：

（1）百姓孰敢不箪食壶浆以迎将军者乎？（《三国志·诸葛亮传》）

（2）莫不闻陇水而掩泣，向关山而长叹。（庾信《哀江南赋》）

（3）酌贪泉而觉爽，处涸辙以犹欢。（王勃《滕王阁序》）

例（1）是引用《孟子·梁惠王上》"箪食壶浆以迎王师"；例（2）是引用古诗《陇头歌》"陇头流水……涕零双堕"；例

（3）是引用《晋书·吴隐之传》饮贪泉而心不变的故事和《庄子·外物》车辙中鲋鱼求救的故事。像这些，不知道出处也大致可以了解。有些就不然。如：

(4) 一登龙门则声价十倍。（李白《与韩荆州书》）

(5) 情在骏奔，自免去职。（陶渊明《归去来辞》）

(6) 凡此类，知者遇之。（王夫之《姜斋诗话卷下》）

例（4）是引用《后汉书·李膺传》"士有被其容接者，名为登龙门"；例（5）是引用《诗经·周颂·清庙》"骏奔走在庙"；例（6）是引用《庄子·齐物论》"一遇大圣知其解者，是旦暮遇之也"。像这些，如果不知道出处就难于确切了解。还有少数，不知道出处就会误解。如：

(7) 愿言之怀，良不可任。（曹丕《与吴质书》）

(8) 不然，臣有赴东海而死耳。（胡铨《戊午上高宗封事》）

例（7）是引用《诗经·邶风·二子乘舟》"愿言思子，中心养养"；例（8）是引用《战国策·赵策三》鲁仲连的话"则连有赴东海而死矣"。文中的"愿言"是歇后语，等于说"思子"，"赴东海而死"等于说不想再活下去，如果不知道是用典，照字面解释，就错了。

暗用有弊病，依理应该尽量避免。实际却不是这样，而是更有甚者。一种是挖空心思用僻典，就是到一般人不看的书里找古事古语，用在诗文中，以显示博学。如苏轼的咏雪诗曾用"玉楼"、"银海"，王安石知道是出自道书，大为赞叹。另一种是尽力避常语，可用今而偏偏用古。如沈义父《乐府指迷》说："如说桃不可直说破桃，须用红雨、刘郎等字；如咏柳不可直说破柳，须用章台、灞岸等字。"可不用而勉强用，这是用典流弊的更进一步。

（四）典故的凝缩

读文言作品，如果没有注解，用典的表达方式常常使人头疼。当然，它也有可喜的一面。至于旧时代的文人，看到的大概都是可喜的一面，因而不只愿意用，而且把其中的有些凝缩为词语（包括成语），放在口头、手边，翻来覆去地用，并向下传递，以致我们觉得这些是日常的词汇，不是用典。如"革命"，出于《易经·革卦》"汤武革命"；"交代"，出于《左传》庄公八年"及瓜而代"；"舆论"，出于《晋书·王沉传》"听舆人之论"；"挑战"，出于《史记·高祖本纪》"若汉挑战"；"东道主"，出于《左传》僖公三十年"舍郑以为东道主"；"莫须有"，出于《宋史·岳飞传》"其事体莫须有"；"明哲保身"，出于《诗经·大雅·烝民》"既明且哲，以保其身";"朝三暮四",出于《庄子·齐物论》"朝三而暮四";"同流合污",出于《孟子·尽心下》"同乎流俗,合乎污世";"乐极生悲",出于《淮南子·道应训》"夫物盛而衰,乐极则悲"。这类词语是我们现在还在用的,这也可以说明用典的根柢之深,势力之大。

第三节 情 采

内容提要：一、情理（即要有好的内容）：诗，赋，词，散文，骈文，四六文。二、文采（有艳丽色彩的文采和无艳丽色彩的文采）：《诗经》，骚体诗，乐府诗，古文，骈文和四六文。三、刚柔（气质的刚柔形成个性的刚柔，造成风格的刚柔）：《诗经》，骚体诗，乐府诗，古诗，唐诗，词，古文。四、变通（世情和时序影响文辞的变化）：《诗经》，骚体诗，乐府诗，古诗，唐诗，词，赋，散文。

《文心雕龙·序志》里讲到有韵文和无韵文的写作，称为"剖情析采"。情采即指"剖情析采"说的。"剖情析采"的范围很广，在这里具体讲什么呢？《文心雕龙·熔裁》说："情理设位，文采行乎其中。刚柔以立本，变通以趋时。"结合有韵文和无韵文，似乎可以谈谈情理、文采、刚柔、变通。情理指内容，文采指文辞，刚柔指风格，变通指文章的因时变化。

一、 情理

《文心雕龙·情采》说："故情者文之经，辞者理之纬，经正而后纬成，理定而后辞畅，此立文之本源也。"情理是主要的。又称："故为情者要约而写真，为义者淫丽而烦滥。而后之作者，采滥忽真，远弃风雅，近师辞赋；故体情之制日疏，逐文之篇愈盛。"讲写作，先有情理要表达出来，要如实地写，写得真实，即"写真"；照实写，不用粉饰，这就是"要约"。就韵文说，《诗经》就是这样。没有要表达的情理，为了炫耀藻采来写作，写出来的文章淫丽而烦滥，有的赋就是这样。这就可以结合诗赋词来看。这里讲的情理，指内容说，所以有时称情志，有时称情义，有时光称情，实际上都是指内容说的。

《毛诗序》说："诗者，志之所之也，在心为志，发言为诗,情动于中而形于言。"诗是情志的结合。情志结合的情,要求"发乎情,止乎礼义",所以称"诗言志"。这是儒家对诗的要求。《论语·为政》里说:"子曰:'诗三百,一言以蔽之,曰:思无邪。'""思无邪"就是"发乎情,止乎礼义。"到了后汉末的《古诗十九首》,作者写诗,不再受"止乎礼义"的束缚,因此晋陆机的《文赋》里提"诗缘情以绮靡",提出"诗缘情"了。不过《文赋》里又提出"心懔懔以怀霜,志眇眇而临云",还要有高洁的志向。不过认为不是"止乎礼义"的情也可以写。《诗经》以后的诗,像屈原的骚体诗,叙述情怨,为国殉身。乐府诗"皆感于哀乐,缘事而发",是情志结合的。到了东晋,产生了玄言诗,不是表达情志,是用诗来写道家思想,既不符合言志的要求,又不是缘事而发,就失败了。晋末宋初,陶渊明写了田园诗,刘宋初,谢灵运写了山水诗。他们通过田园生活和描绘山水来表达情志,扩大了诗所反映的生活,是成功的。梁简文帝用宫体诗来反映宫廷淫靡的生活,受到了批判。唐陈子昂《与东方左史虬修竹篇序》,称"仆尝暇时观齐梁间诗,彩丽竞繁,而兴寄都绝",认为"风雅不作",要提倡风雅兴寄等。到了唐代,在诗歌的园地里百花竞放,盛极一时,进一步扩大了诗所反映的生活面。白居易

《与元九书》强调诗歌的思想性，提倡"风雅比兴"，是继承陈子昂的理论。司空图创作《二十四诗品》，宣扬诗歌的艺术性，提倡"味外之旨"。唐代的诗论不限于这两派，不过就诗来看，"为情者要约而写真，为文者淫丽而烦滥"的说法是对的。诗所反映的生活可以发展，但要"为情"和"写真"，还是贯彻在诗所反映的各种不同的生活里，离开了"为情"和"写真"，诗就缺乏生命。就是写景的诗也一样。《文心雕龙·物色》称："然物有恒姿，而思无定检"，"物色尽而情有余者，晓会通也"。景物有一定，诗人各具的情思无穷，所以不同诗人写同样的景物，可以各擅胜场。那么写景的诗也以反映情思为主。

赋也一样。陆机《文赋》称"赋体物而浏亮"，指赋体察事物，文辞清明。《文心雕龙·诠赋》称赋是"铺采摛文，体物写志"，讲究文采，通过体察事物来抒写情志，这就提得全面了。陆机是否认为赋体物外也写情志呢？看他的《豪士赋》，就体物说，应该用力描写豪士。可是他写豪士凭借时运，掌握大权。"日罔中而弗昃，月何盈而不缺。袭覆车之危轨，笑前乘之坠穴（离开穴居的隐居去做官）。""让浮云（富贵如浮云）以迈志，岂咎咨之能集。侪为山以自陨，叹祸至于何及。"日中则昃,月满则缺,豪士盛极则衰,就有覆车的危险。只有视富贵如浮云,隐退了才没有害,要是像为山那样不止,就要陨灭。那么在这篇赋里,陆机还在写他的情志。那他说的"赋体物"只是说一方面,赋也要写情志的。所以《诠赋》又说到登高作赋:"盖睹物兴情。情以物兴,故义必明雅;物以情观,故词必巧丽。"讲到情和义。像宋玉《风赋》,上文指出他用"大王之雄风"与"庶人之雌风"相对,用来讽谏,这里正显示宋玉所要表达的情志,是"义必明雅"。至于司马相如的《子虚赋》、《上林赋》主要在描绘山水物产,打猎歌舞,是具体生动的;末后才说到"解酒罢猎",讲究德义,是空洞无力的说教。那样的赋,以描绘事物为主,"遂使繁华损枝,膏腴害骨,无贵风轨,莫益劝戒"。这也说明在赋里写情志的重要。

词也是这样,不注意情志的词,像晚唐的《花间集》,欧阳炯序称为"则有绮筵公子,绣幌佳人,递叶叶之花笺,文抽丽锦;举纤纤之玉指,拍按香檀"。"自南朝之宫体,扇北里之倡风,何止言之不文,所谓秀而不实。"到了南唐,李煜亡国以后的词,写亡国之痛。王国维《人间词话》称"词至李后主而眼界始大,感慨遂深,遂变伶工之词而为士大夫之词。周介存（济）置诸温（庭筠）韦（庄）之下，可谓颠倒黑白矣。'自是人生长恨水长东'，'流水落花春去也，天上人间'，《金荃》、《浣花》，能有此气象耶？"李煜的词，正以具有深厚的情志，所以能够超越《花间集》词。到宋代苏轼的词，胡寅《题酒边词》称为："及眉山苏氏，一洗绮罗香泽之态，摆脱绸缪宛转之度，使人登高望远，举首高歌，而逸怀浩气，超然乎尘垢之外，于是《花间》为皂隶，而柳氏（永）为舆台矣。"这里指出苏词的"逸怀浩气"。范开的《稼轩词序》指出辛弃疾词"器大者声必宏，志高者意必远"，是跟远大的志意相结合的。这也因为苏辛词有超越婉约派诗人的情志，所以有那样杰出的成就。

就散文看，李汉《昌黎先生集序》称赞韩愈的古文："日光玉洁，周情孔思。千态万貌，卒泽于道德仁义，炳如也。"当时以周公孔子为圣人，即认为他的文章的情理，具有最高的圣人的情思，符合于当时的道德标准，所以写得好。韩愈《柳子厚墓志铭》称柳宗元的古文："俊杰廉悍，议论证据今古，出入经史百家，踔厉风发。"这是从另一角度来赞美他的古文的杰出成就。即他有极其高深的学问和丰富的见识，融会古今，他把经史百家的书都读破了，能深入进去，又能出来，所以能发出杰出的论证。这说明有了高深的学识,产生卓越的情理,也可写出杰出的古文。

就骈文看,上面引了李斯的《谏逐客书》和陶弘景的《答谢中书书》。这两篇也是传诵的名篇。但李兆洛《骈体文钞》里认为"然语既泛滥,意杂诙嘲",即情理不高,话说得太多,有开玩笑意。陶弘景的信,不过写山川之美有如仙境,也谈不上高超的情理,为什么成为名作呢?原来李斯的信,是能够看到秦王的心思,就是想统一天下,灭掉诸侯,所以提出秦国把客卿赶走,会和他的愿望背道而驰,这话就能打动秦王。中间一段列举许多事物,显耀他的博学和才华,更能打动秦王。这种识见和学识所构成的情理,也是卓越的。陶弘景的信,好处在描绘山川美景,有诗情画意,风格清丽。这样看来,文辞要具有情理,是多方面的,有高度的道德情操的,有高深的学识的,有对当前的情况有深刻的理解,有高度的文艺修养的,发出了卓越的见解,都可以成为美好的情理,写成好文辞。

就四六文看,李商隐在《樊南甲集序》里说:"凭展古集,往往咽噱于任、范、徐、庾之间。有请作文,或时得好对切事,声势物景,哀上浮壮,能感动人。十年京师寒且饿,人或目曰：韩文、杜诗、彭阳（令狐楚）章檄。樊南穷冻，人或知之。"李商隐的四六文，在他研究以前的骈文，能够看到任昉、范云、徐陵、庾信骈文的缺点加以嘲笑，这说明他的识力。因此他写的四六文，"哀上浮壮，能感动人"，说明是富有感情的，声情上扬悲壮，结合他的十年寒且饿，是有情志的。那他的四六文，也因具有识力和情志著称。

二、文采

《文心雕龙·情采》说："圣贤书辞，总称文章，非采而何？夫水性虚而沦漪结，木体实而花萼振，文附质也。"这里讲的文采有两种：一种像开花，有艳丽的色彩。《诗经》中的诗，有音节和押韵，有比喻起兴手法，是文采。像六朝人骈文，讲对偶、声律、辞藻，是文采。一种像水上的微波，没有艳丽的色彩，也是文采。像《五经》中的《春秋》，是极简单的标题式的叙事文，那又有什么文采呢？又《征圣》说："精理为文，秀气成采。"朴实的叙事，只要具有精理秀气，也是文采。《春秋》隐公元午："郑伯克段于鄢。"《左传》解释道："段不弟，故不言弟。如二君，故曰克。称郑伯，讥失教也。谓之郑志，不言出奔，难之也。"杜预注："不早为之所，而养成其（段）恶，故曰'失教'。段实出奔，而以'克'为文，明郑伯志在于杀，难言其奔。"《春秋》里只有"郑伯克段于鄢"一句话，里面有这样多的含义，真可以说"精理为文，秀气成采"了。秀就是警策句。《春秋》这句话，既含精理，又是警句，所以也是文采。《情采》里对这两种文采也做了说明："夫铅黛所以饰容，而盼倩生于淑姿；文采所以饰言，而辩丽本于情性。"一种是浓妆艳抹所造成的文采，像骈文的讲究对偶、声律、辞藻所构成的文采；一种是"巧笑倩兮，美目盼兮"的盼倩所构成的文采。这种文采生于美好的姿质，好比水上的微波，好比文辞的精理秀气。这种文采本于情性，更为可贵。这种文采的造成，要"为情而造文"，"为情者要约而写真"，写真实的感情。"是以联辞结采，将欲明理；采滥辞诡，则心理愈翳。"文采就要用来表达情理，在"郑伯克段于鄢"里，孔子的情理就含蓄在内，这就是明理的文采。反对用浮靡的辞藻来掩饰空虚的内容。

就《诗经》看，它的文采表现在"为情而造文"，有"倩盼生于淑姿"的，有"文采所以饰言"的，也有情景交融的。《诗经》里有赋比兴，像上引的《静女》，第一章写"静女其姝,俟我于城隅。爱而不见,搔首踟蹰",这是赋,是叙述,这里也含有思慕的感情,这是"倩盼生于淑姿"的美,像《关雎》的"关关雎鸠",用雎鸠来起兴,来引出"窈窕淑女";像《曹风·蜉蝣》的"麻衣如雪",是比喻。这样用比兴手法,当是"文采所以饰言"的美。又如《文心雕龙·物色》里说:"写气图貌,既随物以宛转;属采附声,亦与心而徘徊。故灼灼状桃花之鲜,依依尽杨柳之貌。"这里的"写气图貌",即写景物,"与心徘徊"即抒情。如《周南·桃夭》:"桃之夭夭(状美盛),灼灼(状鲜明)其华。""灼灼"是描写桃花的红艳,是属于"图貌",那怎么又是"与心"呢?原来用"灼灼"来形容桃花,也含有写新嫁娘怀有如火的热情的含意,这就是"与心"。又《小雅·采薇》:"昔我往矣,杨柳依依。""依依"描写柳条的柔软,这是"图貌",又怎么"与心"呢?原来在"依依"里还含有依依不舍的感情。所以说"情貌无遗",既抒情,又图貌,即情景交融。这三种是《诗经》的文采。

就骚体诗看,它的文采又有不同。《诗经》的比兴,像上引的"麻衣如雪",用雪来比麻衣的洁白,是把比喻和被比的事物都说清楚的。如"关关雎鸠",用雎鸠来起兴,引起淑女来,也很清楚。《离骚》就不同了。王逸《离骚经章句》说:"《离骚》之文,依诗取兴,引类譬喻。故善鸟香草以配忠贞,恶禽臭物以比谗佞,灵修美人以媲于君,宓妃佚女以譬贤臣,虬龙鸾凤以托君子,飘风云霓以为小人。"如《离骚》:

> 朝搴(采)阰(山名)之木兰兮,夕揽(采)洲之宿莽。日月忽其不淹(久)兮,春与秋其代序。惟草木之零落兮,恐美人之迟暮。

这里的木兰、宿莽指香草,采香草指修养品德。美人指楚怀王。这样用比喻,只说比喻,不说比什么,实是一种借代,与《诗经》的比兴指明比什么和兴什么的都不同了。又如:

> 吾令丰隆(云神)乘云兮,求宓妃(神女)之所在。解佩纕(佩带)以结言兮,吾令蹇修(伏羲臣)以为理(媒)。

这里运用神话来表达屈原为国求贤的心情,宓妃,王逸注:"以喻隐士。"这样运用神话,又是《离骚》中文采的特色。再像《九歌·湘夫人》:

> 帝子(尧女,指湘夫人)降兮北渚,目眇眇(状远视)兮愁予。嫋嫋(柔弱而长)兮秋风,洞庭波兮木叶下。

这里"嫋嫋"两句描写秋景,用来构成气氛,衬托女神的愁思,成为名句。后来谢庄《月赋》:"洞庭始波,木叶微脱。"成为衬托月色的好句,即从这里来的。这样的描写也成为文采。再像《诗经》中的写景物,像"灼灼"、"依依",用的辞极简练,到《楚辞》就用得多了。如宋玉《九辩》写"悲哉秋之为气也",就用草木凋零、远行送别、秋天的气象、人事的失意、作家的羁留,作多方描绘,用了许多形容词。

就乐府诗看,它的文采又有特色。它写妇女,运用细致的描绘,写美好的服饰,来衬托妇女的品貌。这是《诗经·卫风·硕人》的发展。《硕人》:"硕(大)人其颀(长得高),衣锦褧衣(在锦衣上加罩衣)。"只用一句话来描写她的服饰,加罩衣怕锦衣色彩太显耀。乐府诗《陌上桑》写秦罗敷:"头上倭堕(状美好)髻,耳中明月珠。缃绮为下裙,紫绮为上襦。"又《羽林郎》写胡姬:"长裾连理带,广袖合欢襦。头上蓝田玉,耳后大秦珠。两鬟何窈窕,一世良所无。一鬟五百万,两鬟千万余。"运用了过分的夸张。再像《焦仲卿妻》:

> 著我绣夹裙,事事四五通(每事四五遍,写心烦意乱,一遍不妥帖)。足下蹑丝履,头上玳瑁光,腰若流纨素,耳著明月珰。指如削葱根,口如含朱丹。纤纤作细步,精妙世无双。

这里除了描写服饰外，还描写她的手指、口唇、步法。这正如《硕人》的"手如柔荑，肤如凝脂，领如蝤蛴（天牛幼虫，白而长），齿如瓠犀（瓠中子，洁白整齐）"。这里称"削葱根"、"含朱丹"、"作细步"，用的是动宾结构，又有变化。

南朝乐府民歌的另一特点是音节之美。如《西洲曲》：

采莲南塘秋，莲花过人头。低头弄莲子，莲子青如水。

置莲怀袖中，莲心彻底红。忆郎郎不至，仰首望飞鸿。

这里节录八句，看出它的特色：一是前后句用复叠的字来承接，如从"莲"到"莲花"、"莲子"、"莲心"，既有承接，又有变化。二是可能暗用双关来承接。南朝乐府《子夜歌》就用双关语，如把"莲子"双关"怜子"的"子"指"郎"。这里的"莲子"，当亦有"怜子"、"忆郎"之意，所以转到"忆郎"。三是用韵，这里从平韵转为仄韵，从仄韵又转为平韵，显示音韵之美。从乐府诗到五言诗、七言诗，到唐代的近体诗，特出的是对偶声律，这在讲格律节中已讲了。

就古文的文采说，有精理秀气的文采，也有饰言的文采。如韩愈《师说》："是故无贵无贱，无长无少，道之所存，师之所存也。"这是韩愈反对当时贵且长的耻学于师的特出见解，是有精理秀气的话，是文采。再像他的《进学解》：

"《易》奇而法，《诗》正而葩（华）。下逮《庄》、《骚》，太史所录。子云相如，同工异曲。"钱锺书先生《管锥编·张湛注列子》称："举古来文人之雄，庄、屈、马（司马迁）赫然亦在，列（列子）与班（固）皆未挂齿。文章巨眼，来者难诬，以迄今兹，遂成公论。"韩愈论列古代代表作家，有不同于前人的突出卓见，这也属于精理秀气之句。又如柳宗元的《至小丘西小石潭记》：

> 潭中鱼可百许头，皆若空游无所依。日光下澈，影布石上。怡然（呆呆地）不动，俶尔（忽然）远逝，往来翕忽，似与游者相乐。

这里的"若空游"用了个比喻，这个比喻极写潭水的清澄，又写出潭中鱼游的特点。再写石上的鱼影画。再写鱼见人不惊，再用"似与游者相乐"的比喻，反映作者的心情，带有拟人化手法。这里既有精彩动人的描写，又运用贴切的比喻，都构成了文采。

骈文和四六文的文章，具有对偶、声律、辞藻之美。如孔融《荐祢衡表》：

> 忠果正直，志怀霜雪，见善若惊，疾恶若仇。任座（战国魏文侯臣，敢于批评魏文侯）抗行，史鱼（春秋卫

> 灵公臣，敢直谏）厉节，殆无以过也。鸷鸟累百，不如一鹗。使衡立朝，必有可观。

这里用了两个典故。上面讲祢衡的正直和疾恶若仇，比较抽象，这里引任座和史鱼来比，就具体了。这样用典，是有加强上面的话的力量。下面用一鹗胜于百鸷鸟来比，结合使衡立朝，一定胜过朝廷上的臣子。这个比喻跟下文结合，来显示他的不凡。这样用典和比喻，都构成文采。李商隐的四六文《谢河东公和诗启》：

> 商隐启：某前因暇日，出次西溪，既惜斜阳，聊裁短什。盖以徘徊胜境，顾慕佳辰；为芳草以怨王孙，借美人以喻君子。思将玳瑁，为逸少（王羲之）装书；愿把珊瑚，与徐陵架笔。斐然而作，曾无足观。

李商隐在柳仲郢幕府中曾经写了游西溪的诗，柳仲郢作诗和他，他因此写了这篇谢启。这里写他怎样写这首诗，描绘了境界，用了刘安《招隐士》的"王孙游兮不归，春草生兮萋萋"，写出见芳草而思归的怨情。又用《离骚》中借美人以比君子，表达对贤人的称美。又说用玳瑁饰匣，替王羲之装他的法书，用珊瑚作笔架，替徐陵架笔。这是用徐陵的《玉台新咏序》称"珠帘以玳瑁为柙"，"翡翠笔床，无时离手"，谦称自己写的西溪诗不如王羲之、徐陵之作罢了。这里运用典故，讲究对偶音节，都构成了文采。

三、刚柔

《文心雕龙·体性》说："然才有庸俊，气有刚柔，学有浅深，习有雅郑，并情性所铄，陶染所凝。"这里讲风格的形成由于两方面：一方面是性情，一方面是习染。性情中主要是"气有刚柔"，指气质有刚柔之分。又说："才力居中，肇自血气；气以实志，志以实言，吐纳英华，莫非情性。"这里认为才力跟气质有关，气质跟情志有关，说明风格的形成，气质很关重要。又说"因性以练才"，根据各人的性情来锻炼各种才力，来培养各种风格。各人的性情又跟气质有关。气质的刚柔，形成个性的刚柔，造成风格的刚柔。当然，个性是个人的气质、性格、兴趣、能力等方面心理特征的统一体。个性是在人的气质的基础上，在一定的社会生活的和教育的影响下，通过其本身的实践活动形成和发展起来的，不光是由于气质。风格是多种多样的，不光限于刚柔。不过粗略地说来，把风格分为刚柔，由于气质，后来的桐城派就是这样看的。姚鼐《复鲁絜非书》里讲阴阳刚柔，认为得阳刚之美的，"其于人也，如凭高视远，如君而朝万众，如鼓万勇士而战之"。认为得阴柔之美的，"其于人也，漻乎（清貌）其如叹，邈乎其有思，暖乎其如喜，愀乎其如悲"。又称"其得于阳与刚之美者，则其文如霆，如电，如长风之出谷，如崇山峻崖，如决大川，如奔骐骥；其光也，如杲日，如火，如金镠铁"。又称"其得于阴与柔之美者，则其文如升初日，如清风，如云，如霞，如烟，如幽林曲涧，如沦，如漾，如珠玉之辉，如鸿鹄之鸣而入寥廓"。这就用刚柔来论人与文。《体性》里又指出"是以贾生俊发，故文洁而体清"，似偏于刚；"子政简易，故趣昭而事博"，似偏于柔。就有韵文和无韵文看，在风格上也可粗略地分为刚柔。

就《诗经》说，《毛诗序》称"主文而谲谏"，即用隐约的话来谏劝，不直言过失。《礼记·经解》："温柔敦厚，诗教也。"这部分的诗是属于柔婉的。王逸《离骚章句序》："且诗人怨主刺上曰：'呜呼小子，未知臧否（善恶）。匪（非）面命之，言提其耳。'风谏之语，于斯为切。"这里引用《诗·大雅·抑》的话，是卫武公教训周厉王，指斥周厉王为小子，要扯他的耳朵来教训他。这属于刚健的风格。

骚体诗就《九歌》说，像《湘君》："君不行兮夷犹（犹豫不前），蹇（语词）谁留兮中洲（洲中），美要眇（美好貌）兮宜修（合宜的美）。"《湘夫人》："沅有芷兮澧有兰，思公子兮未敢言。"类似这样的情思缠绵，就属于柔婉的风格。《国殇》："天时怼（怨）兮威灵怒，严杀尽兮弃原野。"属于刚健的风格。不过同样是柔婉和刚健，《诗经》和《楚辞》也有不同。像《诗经·邶风·静女》"静女其姝，俟我于城隅"，是柔婉的，写的是一种彬彬有礼的约会，同《湘君》、《湘夫人》的缠绵固结的情思不同。再像《魏风·硕鼠》的"硕鼠硕鼠，无食我黍"，是刚健的，含有一种反抗决绝的感情，同《国殇》的悲壮不同。在同样的刚柔里，还具有种种的不同。

乐府诗像《战城南》的"战城南，死郭北"，是刚健的。但它同《国殇》的悲壮不同，它联系到"枭骑战斗死，驽马徘徊鸣"，显得深沉。像《江南》的"江南可采莲，莲叶何田田"是较柔婉的。但它同《湘夫人》的情思缠绵不同，显出轻快的感情。再像《南朝民歌》的《子夜歌》的"婉伸（曲伸）郎膝上，何处不可怜"，是柔婉的。但跟《静女》的柔婉不同，《子夜歌》更显得热情大胆。北朝民歌《琅琊王歌》的

"客行依主人，愿得主人强"，是刚健的。但它是比较明快的，与《硕鼠》的反抗决绝不同。

《古诗十九首》抒情之作，是较柔婉的，像《行行重行行》，称"弃捐勿复道，努力加餐饭"，表达了思妇深沉含蓄的感情。另一首"青青河畔草"，称"荡子行不归，空床难独守"，就显得大胆而显露，与上一首不同。再像曹丕《燕歌行》"秋风萧瑟天气凉"，是柔婉的，也是写思妇的感情，但认为"念君客游思断肠，慊慊思归恋故乡"，认为丈夫思归而不得，表达夫妇的感情是深厚的，与前两首的一认为被抛弃，一难独守都不同。曹操的诗是偏于刚健的，像《苦寒行》"北上太行山"，写行军的艰苦，"悲彼东山诗"，有悲壮的情怀。鲍照的诗也偏于刚健，他的《代出自蓟北门行》"羽檄起边亭"，诗中也写行军的艰苦，说到"时危见臣节，世乱识忠良"，表达了忠贞的志节，跟曹操的一首不同。

谈到唐诗，同一作者的诗，刚柔兼备，像李白的《长干行》"妾发初覆额，折花门前剧（戏）"，《静夜思》"床前明月光，疑是地上霜"，《春思》"燕草如碧丝，秦桑低绿枝"，都偏于柔婉。又像《古风》"秦王扫六合，虎视何雄哉"！《蜀道难》"噫吁戏，危乎高哉"！《行路难》"君不见黄河之水天上来，奔流到海不复回"，都是偏于刚健的。李白的诗虽有柔婉和刚健的不同，但都具有一种豪迈飘逸的精神。杜甫的诗，像《月夜》"今夜鄜州月，闺中只独看"，《喜达行在所》"西忆岐阳信，无人遂却回"，《春夜喜雨》"好雨知时节，当春乃发生"，偏于柔婉的。像《兵车行》"车辚辚，马萧萧"，《茅屋为秋风所破歌》"八月秋高风怒号"，《古柏行》"孔明庙前有古柏"，都偏于刚健。杜甫的诗，虽有柔婉和刚健的不同，但都具有一种深厚沉郁的感情，与李白的不同。如李白《玉阶怨》："玉阶生白露，夜久侵罗袜。却下水精帘，玲珑望秋月。"写怨是含蓄不露的，是柔婉的，写出来的是望秋月的玲珑，没有沉郁之感，只感到飘逸。杜甫的《绝句》："两个黄鹂鸣翠柳，一行白鹭上青天。窗含西岭千秋雪，门泊东吴万里船。"在千秋雪、万里船里有含意，尤其在万里船里含有他想游东吴的用意，是柔婉的。但这里含有时间的永恒，空间的寥阔的用意，感情是深沉的，与李白的飘逸不同。

就词说，粗略地分为婉约派和豪放派，婉约派近于柔婉，豪放派近于刚健。但大作家之作，也是无施不可。苏轼的《江城子·密州出猎》"老夫聊发少年狂"，《念奴娇·赤壁怀古》"大江东去"，偏于刚健；《醉落魄·离江口作》"轻云微月，二更酒醒船初发",《水龙吟·次韵章质夫杨花词》"似花还似非花",偏于柔婉。辛弃疾的词,《粉蝶儿·和赵晋臣赋落花》"昨日春如十三女儿学绣",《青玉案·元夕》"东风夜放花千树",偏于柔婉;《破阵子·为陈同甫赋壮词以寄》"醉里挑灯看剑",《鹧鸪天·有客慨然谈功名,因追念少年时事,戏作》"壮岁旌旗拥万夫",偏于刚健。

对古文的刚柔作较详的论述的,有苏洵《上欧阳内翰(修)书》:

> 孟子之文,语约而意尽,不为巉刻斩绝之言,而其锋不可犯。韩子(愈)之文,如长江大河,浑浩流转,鱼鼋蛟龙,万怪惶惑,而抑遏蔽掩,不使自露,而人望见其渊然之光,苍然之色,亦自畏避,不敢迫视。执事之文,纡徐委备,往复百折,而条达疏畅,无所间断,气尽语极,急言竭论,而容与闲易,无艰难劳苦之态。此三者,皆断然自为一家之文也。惟李翱之文,其味黯然而长,其光油然而幽,俯仰揖让,有执事之态。陆贽之文,遣言措意,切近的当,有执事之实。而执事之才又自有过人者,盖执事之文,非孟子韩子之文,而欧阳子之文也。

这里讲了古文的风格,孟子、韩愈的古文,都是刚健的;欧阳修的古文,是柔婉的,李翱的古文也是柔婉的;陆贽的四六文也是柔婉的。这里对于同样是刚健或柔婉的古文或四六文,又指出各家的文各有特色,这就较之讲刚柔讲得更细致。就风格说,讲刚柔是概括的说法,这里做了深入细致加上具体描绘的说明,可以供我们借鉴。

四、 变通

《文心雕龙·通变》里讲到文辞的继承和变化,说:"名理有常,体必资于故实;通变无方,数必酌于新声。"这里的体,即指文体,如论说、序跋之类,认为文体的名称和理论有一定,所以要参考过去的文章。变通是没有一定的,它的方法要参酌新的作品。又称"望今制奇,参古定法",变通要望今,处理好新变,所以称奇;继承要参古,确定方法。怎样说明文辞的变通,在《时序》里做了总结:"故知文变染乎世情,兴废系乎时序,原始以要终,虽百世可知也。"文辞的变化和兴废,都缘于世情和时序。具体说来,世治和世乱不同,世治的文辞,"心乐而声泰",世乱之作,不免哀怨。"故知歌谣文理,与世推移,风动于上,而波震于下者也。"受到时代和政治的影响,这是一。屈原宋玉的作品,"故知炜烨之奇意,出乎纵横之诡俗也"。受到纵横家游说的影响,游说要竭力夸张,宣扬一国的东西南北的各种地理物产的优越丰富。《楚辞》的写法也极力夸张,《招魂》也讲到东西南北的怪异情况。作品受时代风气的影响,这是二。汉武帝提倡文辞,曹操父子提倡文学,形成风气,这是三。东汉提倡儒学,东晋崇尚玄言,学术影响创作,这是四。所谓世情和时序影响文辞的变化,大体上跟这四者有关。

文辞的变化,首先表现在《诗经》变为《离骚》。一是四言诗变为骚体诗,时代变了,四言诗已不适用来反映复杂的生活,所以要打破四言的限制。在用形容词上,《诗经》用一字或两字,骚体诗里"物貌难尽,故重沓舒状"(《物色》),形容词用得多了。二是在句中和句尾用楚语"兮"字。这是就形式说的。三是运用神话,像请云神丰隆求神女宓妃,来表达求贤的用意。四是受到纵横家夸张的手法。这是就表达手法说的。五是在言志上,《离骚》里说"愿依彭咸之遗则",要依照殷大夫彭咸,谏君不从,投水而死。这是表达了以身殉国的精神。

从骚体诗到乐府诗又有了变化,骚体诗用"兮"字,乐府诗大都不用"兮"字。骚体诗的句子长短不齐,乐府诗的句子由长短不齐趋向五言，后来多数成为五言诗。骚体诗以抒情为主，有浪漫气息，用了不少神话。乐府诗"皆感于哀乐，缘事而发"，有不少叙事诗，就是抒情诗，也偏向写实，很少用神话。骚体诗的长篇是《离骚》，是屈原感慨遭遇，抒写志事，表示以身殉国的伟大作品，有浪漫精神。乐府诗的长篇是《焦仲卿妻》的叙事诗，主要是写实，两者有很大不同。

《古诗十九首》里写的思妇的情思，游子的感慨，跟乐府诗中写的思妇和游子又有不同。像乐府诗《有所思》："闻君有他心"，就要把"双珠玳瑁簪"来"拉杂摧烧之"，表示决绝，跟"行行重行行"的"弃捐勿复道"的温厚不同。乐府诗《艳歌行》的"兄弟两三人，流宕在他县"的表现"水清石自见"的清白。与《古诗十九首》的"何不策高足，先据要路津"的追求高位不同。跟建安文学的慷慨任气，思立功名的也不同。东晋时又有写道家思想的玄言诗，这是脱离时世之作，是失败的。到晋宋之间的陶渊明写了反映田园生活的诗，谢灵运写了描写山水的诗，扩大了诗所反映的生活。齐梁时代沈约的永明体诗，要使诗趋向格律化。徐摛的咏物诗，更向格律推进一步。梁简文帝的宫体诗，反映宫廷浮靡的生活，是受到批判的。这也说明世情和时序与文辞变化兴废的关系。四言诗为骚体诗和五言诗所代替，这是时代生活趋向复杂所造成的；骚体诗为五言诗所代替，因乐府诗本于汉朝各地的民歌，少用楚声所造成的。这都是时序的关系。田园诗和山水诗的兴起，反映当时士子生活的变化，这是世情造成的。玄言诗的失败，这是背离了生活，以学说写诗，脱离世情的结果。

再看唐诗，它不同于以前各代的诗有几点：一、近体诗的形成，这是继承沈约永明体提倡格律的发展。沈约运用四声来创造格律诗，没有成功，到唐代才制定了格律诗，这是一种新的形式。二、古体诗的发展。古体诗的音节，有用律句的平仄谐调，使音调流美，形成歌行体。有避免用律句，句末用三平，形成三平格，使句调刚健的。三、唐诗的内容丰富多彩，这是继承六朝以来的田园诗、山水诗、游仙诗、边塞诗、宫体诗以及建安以来的乐府诗而更有发展。四、唐诗的风格也极为丰富多彩，在讲刚柔节里已做了点说明。唐朝的词也有它的特点，一是按照燕乐来配乐的。二是词有词调，每一个调规定一定的字数和音节。三是词到宋代，分婉约派和豪放派，成为一代的歌曲。这些都已见前。像这些特点的形成，也是跟世情和时序结合的。

再就赋说，古赋是从骚体诗发展来的，受骚体诗的影响。

到了汉代，要借赋来描绘京都、畋猎、郊祀等盛况，适应封建统治者的需要，就成为汉大赋。后来又转为抒情小赋。到魏晋六朝骈文兴起以后，又成了骈赋，讲究对偶。到律诗成立后，赋也讲究格律，成了律赋。散文兴起后，用散文笔调写赋，韵散结合，带有散文化的色彩，成了文赋。这也是世情和时序造成的。

就无韵文说，经书除《诗经》外，按照语言的自然再加以简练写成，自然成为散文。从战国末期开始，文辞要求整齐，经过两汉到魏晋，发展成为讲究对偶的骈文。到唐代受到律诗的影响，骈文也讲究音节的协调，成了四六文。骈文和四六文不符合语言的自然，于是又有古文的提倡，使散文取得了正统的地位。这种变化，也是跟世情和时序结合的。

第五章
古 典 知 识

第一节 天文历法

内容提要：一、学点天文历法知识是必要的：古籍中常见天文历法词语。二、天文知识：（一）七政：日月和金木水火土五大行星。（二）二十八宿、三垣与四象：东方苍龙七宿、西方白虎七宿、南方朱雀七宿、北方玄武七宿；紫微垣、太微垣、天市垣。（三）十二辰与十二次：划分周天的不同办法及其功用。（四）分野：星宿与州国对应的不同体制。三、历法知识：（一）历法的基本概念：年，月，日，时；阳历，阴历，阴阳合历。（二）我国古代历法述要：夏历或农历是阴阳合历。1.置闰：十九年七闰。2.二十四节气：节和中气与置闰。3.古人记录时间的方法：a.纪日法：天干和地支相配。b.纪时法：起点、分段及名称。c.纪月法：用序数，用地支，用干支；月的别名。d. 纪年法：用君主在位年数，用君主年号，用岁星，用太岁（12和60），用十二生肖。（三）历法中的几个问题：1. 历元与岁首。2. 三正：夏历建寅，殷历建丑，周历建子。3. 民俗节日与杂节。

一、学点天文历法知识是必要的

清初学者顾炎武曾说：

> 三代以上，人人皆知天文。"七月流火"，农夫之辞也；"三星在天"，妇人之语也；"月离于毕"，戍卒之作也；"龙尾伏辰"，儿童之谣也。后世文人学士，有问之而茫然不知者矣。（《日知录》卷三十）

"七月流火"见《诗经·豳风·七月》。"火"是星名，即心宿（xiù）二。全句意思是，夏历六月黄昏时分，心宿在南方，到七月就偏西向下而行。"三星在天"见《诗经·唐风·绸缪》。三星指参宿三星。也有人说，据下文"三星在隅"，"三星在户"，也许应指心宿三星或河鼓（牛郎）三星，那要看作诗在什么季节。"月离于毕"见《诗经·小雅·渐渐之石》。毕指二十八宿的毕宿。"月离于毕"就是月亮走到毕宿的意思。"龙尾伏辰"见《左传》僖公五年。龙尾指二十八宿（东方苍龙）的尾宿。辰是日月交会之意，日月交会为朔日，即每月的初一。伏是隐藏的意思，太阳在尾宿，所以尾宿隐藏不见。总的意思是在初一那一天。可见读文言典籍，不懂得一点天文历法知识，有时是会不能透彻理解的。

在我国浩如烟海的古代文献中，涉及天文历法知识的语句几乎到处都是。下面按经、史、子、集的次序，再举一些例子。

《尚书·尧典》：

乃命羲和，钦若昊天，历象日月星辰，敬授人时。

日中星鸟，以殷仲春。

日永星火，以正仲夏。

宵中星虚，以殷仲秋。

日短星昴，以正仲冬。

朞，三百有六旬有六日，以闰月定四时，成岁。

这些话是表示，我国上古时代，以鸟、火、虚、昴星为标准，来正一岁四时（春分、夏至、秋分、冬至）的仲月。日中、宵中指昼夜平分，即春分、秋分。日永指昼长夜短，即夏至。日短指昼短夜长，即冬至。四中星各指四方的一个星宿：星鸟指南方七宿的中央之星（相当张宿一），星火指东方七宿中央的心宿，星虚指北方七宿中央的虚宿，星昴指西方七宿中央的昴宿。"朞，三百有六旬有六日……"说的是历法置闰的情况。我国历法是"阴阳合历"。太阳一周天共三百六十五日又四分之一，举整数来说，就是三百六十六日。阴历每年只有三百五十四日或三百五十五日，因此要用闰月来解决阴阳历不配合的矛盾，否则春夏秋冬时序就会紊乱。《尔雅·释天》说："夏曰岁，商曰祀，周曰年，唐虞曰载。"《尚书·尧典》记述的是夏代历法，所以说以闰月定四时，成岁。

《诗经·小雅·十月之交》："十月之变，朔日辛卯，日有食之，亦孔之丑。"十月指周正的十月，相当于夏正的八月。周正，夏正，殷正，是春秋战国时期不同地域所使用的不同历日制度。区别主要是岁首的月建安排不同。阅读先秦古籍必须了解三正的差异，因为据以纪时的历日制度并不统一。例如《春秋》和《孟子》多用周历；《楚辞》和《吕氏春秋》用夏历；《诗经》要看具体诗篇，大部分是用夏历，《小雅·十月之交》等则用周历。之交指日月交会，其时为朔，即每月初一日和每月的最后一日"晦"，夜晚都没有月光可见。辛卯，指古代干支纪日某一天的干支。日有食之，是说周历十月辛卯日发生了日食。据推算，在周幽王六年十月初一，即公元前776

年九月六日早晨七时至九时，确有日食发生。

《国语·周语》："辰角见而雨毕，天根见而水涸，本见而草木节解，驷见而陨霜，火见而清风戒寒。"这段话是古人结合天象描绘了从初秋到深秋的自然景象：角宿晨见，进入初秋，雨季过去了；氐宿（天根）晨见，小河开始干涸；亢宿（本）晨见，草木逐渐枯落；房宿（驷）晨见，开始降霜；心宿（火）晨见，天气就凉飕飕了。

《史记·天官书》："北斗七星，所谓璇玑玉衡，以齐七政。"《索隐》引《春秋运斗枢》云："斗第一，天枢；第二，璇；第三，玑；第四，权；第五，衡；第六，开阳；第七，摇光。天枢、天璇、天玑、天权四星称为魁，玉衡、开阳、摇光三星称为斗杓（biāo）。"我国自古重视北斗七星的观察，因为在黄河中下游流域，北斗七星终年不下地平绕北极转动，观北斗的转移，可齐日月五星（七政）和定年、月、日、时诸记；观北斗斗柄所指的不同方位，可知四时，定节气。如"斗柄东指，天下皆春；斗柄南指，天下皆夏；斗柄西指，天下皆秋；斗柄北指，天下皆冬"（《鹖冠子·环流》）。

《吕氏春秋》：

> 孟春之月，日在营室，昏参中，旦尾中。

仲春之月，日在奎，昏弧中，旦建星中。

季春之月，日在胃，昏七星中，旦牵牛中。

孟夏之月，日在毕，昏翼中，旦婺女中。

仲夏之月，日在东井，昏亢中，旦危中。

季夏之月，日在柳，昏心中，旦奎中。

孟秋之月，日在翼，昏斗中，旦毕中。

仲秋之月，日在角，昏牵牛中，旦觜巂中。

季秋之月，日在房，昏虚中，旦柳中。

孟冬之月，日在尾，昏危中，旦七星中。

仲冬之月，日在斗，昏东壁中，旦轸中。

季冬之月，日在婺女，昏娄中，旦氐中。

《吕氏春秋》循古法，以365.25日，即太阳一周天为一岁，把一岁按照"日的所在"（即日躔）分为春、夏、秋、冬四时，一时分为三月，并冠以孟、仲、季，作为时月的名称。孟春，正月；仲春，二月；季春，三月；孟夏，四月；仲夏，五月；季夏，六月；孟秋，七月；仲秋，八月；季秋，九月；孟冬，十月；仲冬，十一月；季冬，十二月。日，太阳。在，指太阳运行到某星宿的所在，亦称"日躔"。昏，黄昏时分；旦，天明之际。中，中天，指某星走到正中最高的位置。营室、参、尾、奎、胃、七星、牵牛、毕、翼、婺女、东井、亢、危、柳、心、斗、角、觜巂、房、虚、东壁、轸、娄、氐，都是二十八宿中的星名。

《论衡·偶会篇》："火星与昴星出入，昴星低时火星出，昴星见时火星伏。"火星，即心宿；昴星，即昴宿。看到昴星时，火星便隐藏不见。这是因为心宿在东方，昴宿在西方，此出彼没，所以各不相见。

李白《蜀道难》："扪参历井仰胁息，以手抚膺坐长叹。问君西游何时还，畏途巉岩不可攀。"参，参宿；井，井宿。参宿是益州的分野，井宿是雍州的分野，蜀道跨益、雍二州，所以这样写。

杜甫《赠卫八处士》："人生不相见，动如参与商。"参，即参宿；商，即心宿。参、商相差一百八十度，此升彼落，所以永无相见之期。《左传》昭公元年记载："昔高辛氏有二子，伯曰阏伯，季曰实沈，居于旷林，不相能也，日寻干戈，以相征讨。后帝不臧，迁阏伯于商丘，主辰，商人是因，故辰为商星；迁实沈于大夏，主参，唐人是因，以服事夏商。"杜甫的诗句就是根据这个传说而作。

二、 天文知识

(一) 七政

古人把日月和金木水火土五颗行星称为七政或七曜。五大行星在古书中也有称为五纬的，名字分别是太白、岁星、辰星、荧惑、填星，也就是通常说的金星、木星、水星、火星、土星。称为金木水火土，是因为根据五行说，岁星为木之精，荧惑为火之精，填星为土之精，太白为金之精，辰星为水之精。我们祖先很早就注意到这五颗星在天空中移动的路线，即总在黄道①附近游动。木星最受人注意，约在公元前两千多年，就认识它是一颗行星，并测得它十二年绕天一周。于是创十二次之法（木星一年在一次），用木星来纪岁。古人称火星为荧惑，是因为它荧荧像火，而且光亮常有变化，顺行逆行的情形错综复杂，使人迷惑。我国秦以前的古书似乎还没有火星的记载，古书所说的"火"多指恒星。古代认为土星二十八年绕一周天，一周天既分为二十八宿，则每年土星镇行一宿，

---

① 即地球围绕太阳公转轨道运动在天空上的投影。

镇星或填星之名就是这样来的。古人称金星为太白，又称为明星，是因为它光色银白，是全天最亮的星。《诗经》"子兴视夜，明星有烂"（《郑风·女曰鸡鸣》），"昏以为期，明星煌煌"（《陈风·东门之杨》），都说的是金星。金星还有启明和长庚的别称，这是因为它黎明见于东方，黄昏见于西方。水星在五大行星中距离太阳最近，不到三十度，也就是不超过 辰，也许就是由于在太阳左右，巡行十二辰而得名。但要注意，先秦古籍中谈到天象时说的"水"并不是指行星中的水星，而是指恒星中的定星（营室），即室宿，如《左传》庄公二十九年"水昏正而栽"就是个例子。

五大行星运行的速度和路线各不相同，但有时遇在一起。古人设想五星在同一度的时候，是天地开辟之始。另外，五星集合在一宿的时候，还含有占星术的意义。如《汉书·高帝纪》载："元年冬十月，五星聚于东井，沛公至霸上。"这是说，正值五星聚于东井之时，汉高祖攻打秦都而秦亡。又如《史记·天官书》谈到岁星，说："其所在，五星皆从而聚于一舍，其下之国，可以义致天下。"古人不仅认为五星联珠有占验的意义，而且认为某一行星运行的情况也是古凶的预兆。如《淮南子·天文训》说："辰星正四时……出二旬而入，晨候之东方，夕候之西方，一时不出，其时不和，四时不出，天下大饥。"再如岁星运行到某某星宿，则地上与之相应的州国就会五谷昌盛。

(二) 二十八宿、三垣与四象

上文会引来一个问题：古人以什么为标志表明日月五星运行的情况呢？那是以恒星为背景，因为恒星相互间的位置不变，所以可用它为标志来说明日月五星运行所到的位置。经过长期观测，古人先后定出黄道和赤道（亦指天赤道，即地球赤道在天球上的投影）附近的二十八个星区作为观测的标志，即所谓二十八宿（亦称二十八舍或二十八星[①]）。"舍"有停留的意思，《史记·律书》："舍者，日月所舍。"二十八宿的名称，自西向东排列是：

东方七宿（苍龙）：角亢氐房心尾箕

北方七宿（玄武）：斗牛女虚危室壁

西方七宿（白虎）：奎娄胃昴毕觜参

南方七宿（朱雀）：井鬼柳星张翼轸

[①] "星"不是指单个的星，而是指相邻若干星的集合。

二十八宿不仅是观测日月五星的"坐标",其中有些星宿还是古人测定岁时季节的观测对象。知道这些,古书中的"荧惑守心"(《论衡·变虚》),"太白食昴"(邹阳《狱中上梁王书》)一类话就不难懂了。"荧惑守心"是说火星运行到心宿(二)了;"太白食昴"是说金星遮蔽住昴宿了。苏东坡《赤壁赋》里的"少焉月出于东山之上,徘徊于斗牛之间"也就容易理解了,斗牛是二十八宿中的两个星宿。再如《诗经》的"维南有箕,不可以簸扬;维北有斗,不可以挹酒浆"(《小雅·大东》),是指箕宿和斗宿(南斗六星)说的。箕斗二宿同时出现于南方夜空,箕宿稍南,斗宿稍北。箕宿四星联起来像簸箕,斗宿六星联起来像舀酒的斗,所以诗人有这样的遐想。

上面介绍的二十八宿名称,是长时期逐步演变来的,古书中有不同的称谓,详情见表一。

人对星空是逐步认识的。二十八星宿只是黄赤道附近周天的星象,还不足以包括广大的星空。于是古人又创"三垣"予以补充。

三垣是紫微垣、太微垣和天市垣。紫微垣的天区在北极周围,包括我国黄河流域一带(地理纬度约三十六度)常见不没的天区部分。在二十八宿和紫微垣天区之间空隙较大的

表一 经典著作中

作品 \ 年代（公元前） \ 二十八宿		角 亢 氐 房 心 尾 箕	斗 牛 女
尧典	2300	火	
洪范	1100	好风	
夏小正	1100	大火	织女
诗经	800	火 箕	牵牛 织女
左传 国语	400	辰角 天根 本农 祥驷 天火 龙	
尔雅	400	角 亢 氐 房 心 尾 箕	斗 牵牛
月令	250	角 亢 氐 房 心 尾	斗建星 牛 婺女
吕氏春秋	240	角 亢 氐 房 心 尾 箕	斗建 牵牛 婺女
淮南子	160	角 亢 氐 房 心 尾 箕	斗 牵牛 须女
史记	100	角 亢 氐 房 心 尾 箕	建星 牵牛 婺女

的二十八宿名称表

虚	危	室	壁	奎	娄	胃	昴	毕	觜	参	井	鬼	柳	星	张	翼	轸
虚							昴							鸟			
							好雨										
							昴			参							
		定					昴	毕		参							
		⌒天庙/营室⌒											⌒咪/鹑火⌒				
虚		定营室	东壁	奎	娄		昴	毕					⌒柳 咪⌒				
虚	危	营室	东壁	奎	娄	胃		毕	觜嶲	参	东井	弧	柳	七星		翼	轸
虚	危	营室	东壁	奎	娄	胃	昴	毕	觜嶲	参	东井	舆鬼	柳	星	张	翼	轸
虚	危	营室	东壁	奎	娄	胃	昴	毕	觜	参	井	舆鬼	柳	星	张	翼	轸
虚	危	室	壁	奎	娄	胃	留	浊		参罚	狼	弧	注	七星	张	翼	轸

区域又划出二垣,即星宿、张宿、翼宿和轸宿以北的天区称为太微垣;房宿、心宿、尾宿、箕宿和斗宿等以北的天区称为天市垣。三垣中每一垣都有若干颗星作为框架,界限出这三个天区的范围。

无论二十八宿体系还是三垣体系,当初都不是为了划分星空区域而创立的,因为那时古人还没有星空分区的概念。二十八宿,如前所述,是作为标志日月五星的运动位置等目的而划定的;三垣的创立可能是出于占星学的需要。至于把它们作为划分星空区域的基础则是到隋丹元子撰《步天歌》以后才确立的。

所谓四象,是前朱雀而后玄武,左青龙而右白虎。四象说起源很早,可能与多民族融合在一起的中华民族祖先图腾信仰有关。至于二十八宿分作四方或四陆,每方七宿与四象相配,即东方苍龙,西方白虎,南方朱雀,北方玄武,一般学者认为是春秋以后的产物。古人把每一方的七宿联系起来想象成动物形象,和外国古代把某些星座想象成动物形象(如大熊、狮子、天马、天蝎等)很相似。以东方苍龙为例,从角宿到箕宿看成一条龙,角作龙角,氐房作龙身,尾作龙尾,确是很生动。详见图一。

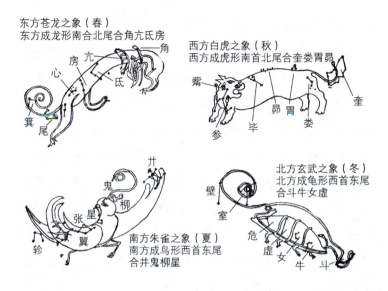

图一 四象图

(三) 十二辰与十二次

十二辰是我国古代对周天的一种区划法。它把周天沿天球赤道从东向西等分为十二个部分,并以十二支名来命名,即:子、丑、寅、卯、辰、巳、午、未、申、酉、戌、亥。《汉书·律历志》说"斗建下为十二辰",说明十二辰来源于对北斗斗柄回转和所指之处的观察。观斗柄所指方位,依次自东向南向西左旋约三十度,叫作一辰。转一周天需十二辰,每辰以十二支的一支命名。十二辰在我国古代天文学中起过一些重要作用，如用以记录一年间恒星周天旋转的方位变化，从而准确地制定天球的十二等分制。还可以定出地平圈的方位，即沿着地平线的大圆，以正北方为子，向东、向南、向西依次为丑、寅、卯、辰、巳、午、未、申、酉、戌、亥。其中正东为卯，正南为午，正西为酉，正北为子，所以称正北到正南经过天顶的一线为子午线，正东到正西经过天顶的一线为卯酉圈。汉代以后，又用十二辰记录一天的十二个时辰（即一昼夜分为十二个时辰），以太阳所在方位命名，如日出为卯时，日中为午时，日没为酉时，等等。此外，十二辰还用于岁星纪年，这在后面介绍岁星纪年法时还要谈到。

十二次是我国古代另一套天空区划系统。古人为了观测日月五星的位置和运动，把黄赤道带自西向东等分为十二个部分，称为十二次。十二次的名称依次是：星纪、玄枵、娵訾、降娄、大梁、实沈、鹑首、鹑火、鹑尾、寿星、大火、析木。

十二次与十二辰同是我国古代十二等分的天空区划，但旋转方向却相反。十二次、十二辰与二十八宿的对应关系，见表二。

表二　十二次、十二辰和二十八宿对应表

十二次 （由西向东）	星纪	玄枵	娵訾	降娄	大梁	实沈	鹑首	鹑火	鹑尾	寿星	大火	析木
二十八宿	斗· 牛· 女·	女· 虚· 危·	危室 室· 壁· 奎	奎· 娄· 胃	胃 昴· 毕	毕 觜· 参· 井	井· 鬼· 柳	柳· 星· 张	张 翼· 轸·	轸 角· 亢· 氐	氐· 房· 心·	尾· 箕· 斗
十二辰 （由东向西）	丑	子	亥	戌	酉	申	未	午	巳	辰	卯	寅

注：加重点的是各次各辰的主要星宿。

由表中可见，星纪应斗、牛两宿，玄枵应女、虚、危三宿，余仿此。但是由于十二次是等分的，而二十八宿广狭不一，所以十二次的起迄界限不能和宿与宿的分界一致，换言之，有些宿是跨相邻的两个次的。

把周天分为十二等分，外国巴比伦—希腊天文学中也有类似的情形。他们按照由西向东的方向把黄道分为白羊、金牛等十二等分，叫作黄道十二宫，用意大致和我国的十二次相同，但方法却不一样。他们始终是沿黄道划分周天的。我国最初是沿天赤道划分周天的，到唐代才沿着黄道划分为十二次。另外起迄界限也有差异。两者的对应关系，大致如表三。

表三　十二次与黄道十二宫对应表

十二次	黄道十二宫
星纪	摩羯宫
玄枵	宝瓶宫
娵訾	双鱼宫
降娄	白羊宫
大梁	金牛宫
实沈	双子宫
鹑首	巨蟹宫
鹑火	狮子宫
鹑尾	室女宫
寿星	天秤宫
大火	天蝎宫
析木	人马宫

十二次的功用，除了说明岁星每年运行的位置以外，并可据以纪年，如"岁在星纪"，次年就"岁在玄枵"（岁星纪年法，下面谈到历法时还要讨论）。更重要的是用来指示一年四季太阳的位置，以说明节气的变换，如说太阳在星纪中交冬至，在玄枵中交大寒，等等。

（四）分野

我国春秋时期，占星术盛行，占星家们创"上天变异，州国受殃"的说法，用天空的星象变化来占人间各地的吉凶祸福。为此，将地上的州、国与星空的区域互相配合对应，称为分野。《周礼·保章氏》"以星土辨九州之地，所封封域皆有分星，以观妖祥"，就是按照分野来预卜各地吉凶的。后代文人著文也常常说到分野，如庾信《哀江南赋》说"以鹑首而赐秦，天何为而此醉"，王勃《滕王阁序》说"星分翼轸"，就都是在分野的意义上提到这些星宿的。星宿的分野，按列国来分配的见表四；按各州来分配的见表五；以十二次为纲，配以列国的，见表六。

表四 按列国分配星宿的分野表

宿	国
角 亢	郑
氐 房 心	宋
尾 箕	燕
斗 牛	越
女	吴
虚 危	齐
室 壁	卫
奎 娄	鲁
胃 昴 毕	魏
觜 参	赵
井 鬼	秦

续表

宿	国
柳星张	周
翼轸	楚

表五 按各州分配星宿的分野表

宿	州
角亢氐	兖州
房心	豫州
尾箕	幽州
斗	江湖
牛女	扬州
虚危	青州
室壁	并州
奎娄胃	徐州
昴毕	冀州
觜参	益州
井鬼	雍州
柳星张	三河
翼轸	荆州

表六 十二次配列国的星宿分野表

次	国
星纪	吴越
玄枵	齐

续表

次	国
娵訾	卫
降娄	鲁
大梁	赵
实沈	晋
鹑首	秦
鹑火	周
鹑尾	楚
寿星	郑
大火	宋
析木	燕

三、历法知识

(一) 历法的基本概念

历是为了配合人类生活的需要,根据天象来连续计数时间的方式。与人类生活最密切的是日、月和年,所以日、月、年是历的基本要素。随着社会的发展,"时"也成为历的要素之一。这些历的要素是古人长期观察天象,以天体的运行周期为基础发展而来的。

所谓法，包括三个方面：一是根据天象变化的规律来计量历的诸要素的时间间隔，确定计算标准；二是为历的诸要素建立一个统一的纪法；三是编排日、月、年，使它既符合天体运行规律，又符合季节时序，从而使人类的各种活动能够有条不紊。其中第三方面是历法的根本任务。

世界的历法可分为阳历、阴历、阴阳合历三种。以太阳运动为主要依据的历法叫阳历，以月亮运动为主要依据的历法叫阴历，兼顾这两种运动的历法叫阴阳合历。

(二) 我国古代历法述要

我国古代历法，自有文字记载以来所用的百余种，都是阴阳合历；只有个别兄弟民族用过纯阴历或纯阳历。据说我们的祖先远在夏代（公元前 17 世纪以前）就用了这种历法，所以人们称它为"夏历"。1970 年以后，我国报刊上都称这种历法为"农历"，这大概是由于我国自古是以农立国，制定历法必须为农业服务。顺便说一下，有人称农历为阴历，这是概念上的错误，因为阴历只与月亮的运动相关，而农历是兼顾了阳历和阴历的基本特点的。农历还有旧历之称，这是因为我国自古以来使用农历，辛亥革命后于 1912 年起改为采用国际公历，公历是新历，农历自然就成为旧历了。

我们的祖先是怎样认识日、月、年这些历的要素的呢？远古时代，人靠采集野生果实、捕捉禽兽之类来充饥，这种活动只能在白天进行，到夜晚只好回营休息，这就是古书中说的"日出而作，日入而息"。久而久之，这种明暗交替的自然现象使人们有了"日"这个时间单位的概念。日落西山之后，人们自然会注意到太空的繁星，尤其明媚皎洁的月亮。月亮的外貌不是始终如一的，它从无到有，从小到大，从大到圆，而后从圆到缺乃至完全消失，这样往复循环，无穷无尽。于是人们就称圆圆的满月到下一次满月（或看不到月亮到下一次看不到月亮）的一段时间为一个"月"。人类进入农牧社会以后，在终年累月的生产实践中发现，寒来暑往的季节变化与播种和收获的时间有密切关系。于是渐渐就产生了更长的时间单位"年"。

随着社会的发展，生产和生活的需要，人们开始寻求较准确的时间周期来安排活动。时间长了，发现十二个月亮圆缺周期（天文学上称朔望周期）可以大致表示一个寒来暑往的周期变化。如果说禾谷成熟的周期意味着寒来暑往的周期，那实际就是地球绕太阳运行一周的时间，现代叫作太阳年（天文学上称回归年）。出于农业生产的需要，开始出现这种月、年的粗略搭配法则,这就产生了简单的历法,并且奠定了使用阴阳合历的基础。

起初,这阴阳合历的制定有优点:一方面,它的历月的日期代表一定的月相,比如初一必在朔,满月必在月中;另一方面它又与春夏秋冬四季协调。可是,这种历法使用不久就出了问题,就是发生了时序与季节相互错乱的现象。后来才逐渐认识到,这历的历年长度标准是太阳年,约为365.25日,而十二个朔望月的长度约为354日,两者一年约差11.25日,三年就差一个多月。怎样解决这个矛盾呢?办法是每过三年加一个月,称为"置闰"。

1. 置闰

古人很重视置闰,《左传》文公六年说:"闰以正时,时以作事,事以厚生,生民之道于是乎在矣。"三年一闰,虽然在解决问题的道路上前进了一大步,但问题并没有彻底解决。后来发展为五年闰两次,所以《说文》有"五年再闰"的记载。可是五年闰两次又多了些。我们的祖先在漫长的岁月里,经过精心观测和周密计算,至迟到春秋战国时期就发现了"十九年七闰"法,即在十九个年中设置七个闰年。闰年每年十三个月,其余十二个年头为平年,十二个月。自从采用了这个办法之后，十九个历年和十九个太阳年的长度就相差无几了。请看：

一个朔望月 = 29.5306（日）

$12 \times 19 + 7 = 235$（朔望月）

235 个朔望月 = $29.5306 \times 235 = 6939.69$（日）

一个太阳年（回归年）= 365.2422（日）

19 个太阳年 = $365.2422 \times 19 = 6939.60$（日）

计算结果表明，十九个太阳年和二百三十五个朔望月的天数仅有 0.09 天之差（合 2 小时 9 分 36 秒）。这一发现在我国历法史上是一次意义重大的飞跃，它使得阴历和阳历比较好地调和起来，同时历的季节时令和实际天时也基本符合了。这个规律首先为我国古代天文学家所发现，到希腊发现这一周期时，我国已经用了一百六十年之久。

从现有的文献看，我国早在殷周时期就已经懂得置闰了。不过当时置闰尚无定制，闰月一般放在年终，称为"十三月"；有时一年再闰，所以曾有"十四月"的记载。春秋战国以后就没有一年再闰的情况。汉初在九月之后置闰，称为"后九月"，这是因为沿袭秦制，以十月为岁首，以九月为年终。上古也有年终置闰的。汉以后基本上固定在年中置闰，有时闰三月，有时闰四月，有时闰五月，有时闰六月，还有时闰八月。为什么在年中置闰呢?这是与二十四节气有关系的。

2. 二十四节气

二十四节气是我国古代劳动人民为适应天时,夺取农业丰收,在长期的生产实践中综合了天文、物候、农业气象的经验总结出来的。它是农历的重要组成部分,是我们祖先在历法上的一个独特的创造。

早在春秋战国时期,我国就利用土圭(就是直立于地面的一根杆子)测量日影长短,确定冬至、夏至和春分、秋分四个节气了:中午土圭影子最短的一天为夏至,最长的一天为冬至;由夏至到冬至和由冬至到夏至的过渡中,土圭影子适中、昼夜平分的两天为秋分和春分。又由《左传》僖公五年"凡分至启闭,必书云物"① 的记载得知,那时也有立春、立夏、立秋、立冬这四个节气了。其他十六个节气,在先秦文献中也有部分记载,如《管子》有清明、大暑、小暑、白露、始寒、大寒等。到秦汉之际,就有了完整的二十四节气,并且一直沿用到现在。二十四节气的顺序名称是:立春、雨水、惊蛰、春分、清明、谷雨、立夏、小满、芒种、夏至、小暑、大暑、立秋、处

---

① 历来注疏家都认为"分至启闭"是指二分、二至、四立这八个节气日。

暑、白露、秋分、寒露、霜降、立冬、小雪、大雪、冬至、小寒、大寒。古人按上述顺序，把单数的称为"节"，如立春、惊蛰、清明、立夏等；把双数的称为中气，简称为"气"，如雨水、春分、谷雨、小满等。"节"与"气"合起来叫"节气"。

因为二十四节气是根据太阳在黄道上不同的视位置定的，所以它是完全属于阳历的。它把黄道等分成二十四段，每段为十五度，太阳每移动十五度（实际上是地球围绕太阳运转了十五度），就表示到了一个节气。太阳走完每段的时间基本上相同，所以二十四节气在公历中的日期是几乎不变的，比如清明节每年都在4月5日左右，冬至节每年都在12月22日左右，等等。可是在农历中的日期就不固定，因为农历的一年比太阳年（回归年）少十一天多，因而同一个节气在某年的日期要比前一年晚十一天多。比如1986年的清明节是2月27日，1987年的清明节却在三月初八了。遇到闰年，农历年长为384天左右，比回归年长十九天左右，因而下一年节气的日期又要提前十九天左右。

现在谈谈汉以后的历法基本固定在年中置闰的问题。自从二十四节气成为农历的重要组成部分以后，为了置闰方便，历法家便以十二个中气分别作为农历十二个月的标志，即各个月都要有一定的中气，比如雨水是正月的中气，春分是二月的中气，等等。中气和十二个月的对应关系如表七所示。

表七　中气和十二月的关系表

节气＼月份	正月	二月	三月	四月	五月	六月	七月	八月	九月	十月	十一月	十二月
节	立春	惊蛰	清明	立夏	芒种	小暑	立秋	白露	寒露	立冬	大雪	小寒
中气	雨水	春分	谷雨	小满	夏至	大暑	处暑	秋分	霜降	小雪	冬至	大寒

于是从汉代开始逐渐形成一个置闰法，把不含中气的月份作为前一个月的闰月。这个规定直到现在仍在沿用。前边说过，每月都有一定的中气相对应，怎么又出现不含中气的月份呢？这是因为一个回归年有二十四个节气，这就意味着中气与中气间平均为（365.2422÷12＝）30.4368日，而一个朔望月长度为29.5306日，两者相差将近一日，所以中气（节气也一样）在农历中每个月向后推迟近一日。这样天长日久，总会出现中气赶到月末的现象，紧接着下个月就必然没有中气，而只剩下一个节气了。这个没有中气的月就作为这一年的闰月。这个置闰法则使得农历没有闰正月、闰十一月和闰十二月，而闰四、五、六月的次数特别多。这是因为地球绕太阳运行的轨道是略

扁的椭圆形，一年中地球离太阳有远近之别，近，运动快，远，运动慢，这就使中气与中气的间隔不等。如从春分到秋分要186天多，其间两个中气的间隔超过它的平均值（30.4368日），尤其是夏至到小暑这段时间，地球在远日点附近，运动最慢，两个中气的间隔最大（31.44日），前后附近的两个中气的间隔也在31天以上，这就使得历月中不含中气的机会较多。这就是闰四、五、六月次数多的原因。从秋分到第二年春分约仅有179天，两个中气的间隔，除秋分到霜降是30.37日以外，都是29天多，所以含一个节气的机会较少。这就是置闰机会少的原因。

3. 古人记录时间的方法

a. 纪日法

古人纪日，最初大概是用在树干上或竹木片上刻画道道的办法。发明了绳子以后可以用结绳纪日。直到解放前，我国独龙族还用结绳纪日，佤族还用刻竹纪日。原始纪日法在历史上起过不可磨灭的作用，但由于有极大的局限性，所以创造了文字以后就改用文字。我国最早的文字殷墟甲骨卜辞是用干支纪日的。

干支是天干和地支的总称。甲、乙、丙、丁、戊、己、庚、辛、壬、癸称十天干；子、丑、寅、卯、辰、巳、午、未、申、酉、戌、亥称十二地支。干支的意思是树干和树枝。我国古代以"天"为主,以"地"为从,天和干相联叫"天干",地和支相联叫"地支",所以合起来称"天干地支",简称"干支"。古人把它们按顺序一对一对地搭配起来,从甲子到癸亥共六十对为一周期,这就是常说的"六十甲子"或"六十花甲子"(见表八)。我国古代历法家用这六十对干支来作年、月、日、时的序号,周而复始,不断循环,叫"干支纪法"。

表八　干支表

1 甲子	2 乙丑	3 丙寅	4 丁卯	5 戊辰	6 己巳	7 庚午	8 辛未	9 壬申	10 癸酉
11 甲戌	12 乙亥	13 丙子	14 丁丑	15 戊寅	16 己卯	17 庚辰	18 辛巳	19 壬午	20 癸未
21 甲申	22 乙酉	23 丙戌	24 丁亥	25 戊子	26 己丑	27 庚寅	28 辛卯	29 壬辰	30 癸巳
31 甲午	32 乙未	33 丙申	34 丁酉	35 戊戌	36 己亥	37 庚子	38 辛丑	39 壬寅	40 癸卯
41 甲辰	42 乙巳	43 丙午	44 丁未	45 戊申	46 己酉	47 庚戌	48 辛亥	49 壬子	50 癸丑
51 甲寅	52 乙卯	53 丙辰	54 丁巳	55 戊午	56 己未	57 庚申	58 辛酉	59 壬戌	60 癸亥

干支纪日法就是用一对对干支来作日的序号,六十日为一周,循环记录。这种纪日法在我国有悠久的历史,殷墟甲骨卜辞中曾发现完整的干支表(见图二)。表共六行,每行十对不同

的干支，规矩整齐。

据现存文献，我国从春秋鲁隐公三年（公元前722年）二月己巳日起，用干支连续纪日，一直到清宣统三年（公元1911年）底为止。在这两千六百多年的漫长岁月中，既没有间断，又没有错乱，这对于历史的考证和研究是非常珍贵的资料。其实就是到今天，干支纪日法也还有它一定的作用，如三伏的计算，江南有些地区入梅、出梅的计算，就仍在用。

干支纪日法虽然有优越性，但也有局限性。因为月的日数不都是三十天，用干支表示日期，如甲子，赶到哪一天就不一定。这样，如果不知道朔日的干支，就不能知道这个月的某个干支日是该月的第几日。因此，阅读用干支纪日的古代典籍，就要用专门的朔闰表来查检。

图二　卜辞干支表图

古人纪日还有只纪天干不纪地支或只纪地支不纪天干的。例如《楚辞·哀郢》"出国门而轸怀兮，甲之鼌吾以行"，"甲"就表示日期。这种情况在甲骨文时代也有。用地支纪日大多限于特定的日子,如"子卯不乐"(《礼记·檀弓》)、三月上巳之类。

有些日子古代有特定的名称。如每月的第一天叫"朔",最后一天叫"晦",所以《庄子》说"朝菌不知晦朔"。初三叫"朏"(fěi)。十五叫"望"。朔晦两天,古书中一般兼指明干支和朔晦,如《左传》僖公五年"冬十二月丙子朔",襄公十八年"十月……丙寅晦",等等。

b. 纪时法

一昼夜为一日。我国很早就有把一昼夜分为若干段来纪时的记载。如殷武丁时候把昼夜分为八段,祖甲时候分为十段,周代分为十二段,每段都有名称。从名称来看,分段是以天色和日常活动为根据的,如日出时叫旦、早、朝、晨,日入时叫夕、暮、昏、晚;太阳正中时叫中日或日中,将近日中时叫隅中,太阳西斜叫昃;等等。古人一日两餐,朝食在日出之后,隅中之前,这段时间叫食时或蚤食,夕食在日昃之后,日入之前,这段时间叫晡(餔)时;日入之后是黄昏,黄昏以后是人定;人定以后是夜半,夜半以后是鸡鸣和昧旦(又称昧爽或平旦或平明)。我们了解了这些,对古书中的"女曰鸡鸣,士曰昧旦"(《诗经·郑风·女曰鸡鸣》),"寂寂人定初"(古诗《孔雀东南飞》)等就会明白了。

表九 昼夜时段、时辰表

时代	昼							夜				
						小采		夕				
						暮			昏	昧(昧)	兮(曦)	
殷(武丁)	明	大采	大食	中日	昃	小食	小采	黄昏	人定	夜半	鸡鸣	平旦
殷(祖甲)	明	朝	大食	中日	昃	小食	暮	戌	亥	子	丑	寅
周	日出	食时	隅中	中日	日昃	晡时	日入	黄昏	人定	夜半	鸡鸣	平旦
汉	卯	辰	巳	午	未	申	酉	戌	亥	子	丑	寅
清 (初)	5	7	9	11	13	15	17	19	21	23	1	3
清 (正)	6	8	10	12	14	16	18	20	22	24	2	4
现代(时)	5—7	7—9	9—11	11—13	13—15	15—17	17—19	19—21	21—23	23—1	1—3	3—5

397

汉太初以后,古人有了等分一昼夜时辰的办法,是用十二辰(子、丑、寅、卯等)作为十二时辰的名称。这种分法一直沿用到清初。清初引用西法,把一昼夜十二时辰分为二十四小时(即一辰等于二小时),并把每一时辰细分为初和正,如二十三点为子初,夜半二十四点为子正,晨一点为丑初,二点为丑正,等等。

有个问题连带说一下,就是日始为何时。最早当以日出为日始,如夏以平旦为日始,殷以鸡鸣为日始。到周代改以夜半为日始。此后就一直以夜半为日始,沿用至今。

下面把我国从古至今昼夜时段、时辰纪法列成表(见表九),以备查对。

我国古代还有把夜晚分为五个时段的方法,叫五夜或五更,情况如下(见表十)。

表十　五更与现今时间比较表

夜间时辰	五夜	五更	时间
黄昏	甲夜	一更	19—21
人定	乙夜	二更	21—23
夜半	丙夜	三更	23—1
鸡鸣	丁夜	四更	1—3
平旦	戊夜	五更	3—5

我国古代纪时，还有更细的分法。最初分一昼夜为100刻。这办法一直沿用到东汉，许慎《说文解字》："漏以铜壶盛水，刻节，昼夜百刻。"后来由于昼夜100刻与分为12时辰不能相配，使用不便，曾改分为120刻、96刻、108刻。但大多使用百刻制，到清代才改为96刻制，和12时辰配合使用。

c. 纪月法

古人纪月一般以序数为记，如一月、二月、三月等。岁首的月份叫正（zhēng）月。但也有不用正月作岁首的，如《诗经·小雅·正月》说"正月繁霜，我心忧伤"，这正月指夏历四月。春秋战国时期开始以十二支纪月，即子、丑、寅、卯等十二支和十二个月份相配，冬至所在的十一月（夏历）配子，称为建子之月，由此顺推，十二月为建丑之月，正月为建寅之月，二月为建卯之月，直到十月为建亥之月，如此周而复始。以十二支纪月叫"月建"，是根据黄昏时斗柄指示方位以配合月份的产物：指正北为子，北偏东为丑，东偏北为寅，正东为卯，等等。

以天干配地支来纪月是较后的事。干支纪月，十二支是固定的，十干是依次排列的，因此，只要记住某年某月的月干，就可算出其他月干。由于十比十二少二，每年正月月干要移前两字，如今年正月月干为庚，明年则为壬，后年则为甲，余可类推。

另外，先秦时期不同的月份还有特殊的名称。《尔雅·释天》说："正月为陬，二月为如，三月为寎，四月为除，五月为皋，六月为且，七月为相，八月为壮，九月为玄，十月为阳，十一月为辜，十二月为涂。"先秦古籍中有这样称谓的，如屈原《离骚》说"摄提贞于孟陬兮，惟庚寅吾以降"，孟陬就指夏正月的建寅之月。此外，有的月还有别称，如十二月名腊月，又名嘉平月（秦始皇所改）。

d. 纪年法

我国最早是用君王在位的年次纪年，如公元前827年为周宣王元年，公元前770年为周平王元年，等等。汉武帝开始用年号纪年，如建元元年、元光三年等。春秋战国时期，各诸侯国都用本国君主的在位年数纪年，如《春秋》就是以鲁国君主（隐公、哀公之类）在位年数纪年的。各国纪年不同，造成交往不便，记事不便，于是占星家想了个新办法，统一以天象为基础纪年。

如前所述，古人把黄赤道附近一周天分为十二等份，由西向东命名为星纪、玄枵第十二次，岁星由西向东十二年线天一周，每年行经一个星次，以此纪岁，就成为岁星纪年法。例如《国语·晋语四》的"岁在大火"，《左传》襄公三十年的"岁在降娄"，就都是以岁星纪年。

随着观测水平的提高，人们发现岁星在星空背景上的移动速度并不均匀，而且有时逆行，所以感到用岁星纪年不理想。又因为岁星自西向东的运行方向和十二辰自东向西的运行方向相反，使用起来很不习惯，所以古代天文占星家就设想一个理想天体，称为"太岁"，让它和岁星背道而驰，并且速度均匀，用它来纪年。太岁和木星大致保持一定的对应关系，如某年岁星在星纪，太岁便在寅，第二年岁星运行到玄枵，太岁则在卯，其余可类推，如图三所示。以太岁所在的辰来纪年，是太岁纪年法。

图三　太岁、十二辰与十二次对应图

用太岁纪年，人们并不用子、丑、寅、卯等十二辰名来作年名，而是另起十二个古怪的名字：摄提格、单阏、执徐、大荒落、敦牂、协洽、涒滩、作噩、淹茂、大渊献、困敦、赤奋若。例如《吕氏春秋·序意》的"岁在涒滩"，贾谊《鵩鸟赋》的"单阏之岁"，意思就是申年和卯年。太岁年名和太岁所在、岁星所在的对应关系，见表十一。

表十一　太岁年名、太岁所在、岁星所在对应关系表

太岁年名	太岁所在	岁星所在
摄提格	寅（析木）	星纪（丑）
单　阏	卯（大火）	玄枵（子）
执　徐	辰（寿星）	娵訾（亥）
大荒落	巳（鹑尾）	降娄（戌）
敦　牂	午（鹑火）	大梁（酉）
协　洽	未（鹑首）	实沈（申）
涒　滩	申（实沈）	鹑首（未）
作　噩	酉（大梁）	鹑火（午）
淹　茂	戌（降娄）	鹑尾（巳）
大渊献	亥（娵訾）	寿星（辰）
困　敦	子（玄枵）	大火（卯）
赤奋若	丑（星纪）	析木（寅）

约在西汉时期，历法家又取阏逢、旃蒙等十个名称，叫作

"岁阳",依次和上述十二个太岁年名相配(配法和六十甲子相同),组合成为太岁纪年法的六十个年名。这办法是以阏逢摄提格(甲寅)为第一年,旃蒙单阏(乙卯)为第二年,其余可类推。古籍有少数用这古怪的名称纪年,如《资治通鉴》就是。十岁阳与十干、十二太岁年名与十二支的对应关系,见表十二、表十三。

表十二 十岁阳与十干对应表①

岁阳	阏逢	旃蒙	柔兆	强圉	著雍	屠维	上章	重光	玄黓	昭阳
十干	甲	乙	丙	丁	戊	己	庚	辛	壬	癸

表十三 十二年名与十二支(辰)对应表

太岁年名	摄提格	单阏	执徐	大荒落	敦牂	协洽	涒滩	作噩	淹茂	大渊献	困敦	赤奋若
十二支(辰)	寅	卯	辰	巳	午	未	申	酉	戌	亥	子	丑

秦汉以后,干支纪年法传到民间,民间曾进行改造,略去天干,只用十二种动物来表示地支,这就是大家熟悉的十二生肖,即:子鼠,丑牛,寅虎,卯兔,辰龙,巳蛇,午马,未

---

① 岁阳名称据《尔雅·释天》,与《淮南子·天文训》基本相同,《史记·历书》的名称和顺序是:焉逢、端蒙、游兆、彊梧、徒维、祝犁、商横、昭阳、横艾、尚章,与《尔雅》有出人。

羊,申猴,酉鸡,戌狗,亥猪。

(三) 历法中的几个问题

1. 历元与岁首

进行历法推算,必须有个起算点,这起算点叫作"历元"。这个问题很复杂,简单说,一般是以冬至为一年的开始,朔旦为一月的开始,夜半为一天的开始,甲子日为干支纪日周期的开始。

所谓岁首是"历年"的第一个月份。这在各朝代不尽一样,如周历以建子仲冬之月为岁首,殷历以建丑季冬之月为岁首,夏历以建寅孟春之月为岁首;秦用颛顼历,以建亥孟冬之月为岁首。这就引来所谓三正问题。

2. 三正

春秋战国时期有所谓夏历、殷历和周历,称为"三正"。三者的主要区别是岁首的月建不同。因为月建不同,所以周历比殷历早一个月,比夏历早两个月。从而季节也就随之而异,就是说,月名虽同,所指季节则有区别。下面以月建为纲,说明三正的月份和季节的对应关系,见表十四。

夏殷周三正是春秋战国时期不同地区用的不同历日制度,我们阅读先秦古籍必须了解三正的差异,否则有时候就会误

表十四　三正的月份和季节对应表

月建	子	丑	寅	卯	辰	巳	午	未	申	酉	戌	亥
周历	正月	二月	三月 春	四月	五月	六月 夏	七月	八月	九月 秋	十月	十一月	十二月 冬
殷历	十二月 冬	正月	二月	三月 春	四月	五月	六月 夏	七月	八月	九月 秋	十月	十一月 冬
夏历	十一月	十二月 冬	正月	二月 春	三月	四月	五月 夏	六月	七月	八月 秋	九月	十月 冬

解。例如《春秋》成公八年说"二月无冰",史官作为罕见现象载入史册,是因为周历二月即夏历十二月,正是最冷的时候。同理,《孟子·梁惠王上》说"七八月之间旱,则苗槁矣",用的也是周历,周历七八月相当于夏历五六月,正是禾苗需要雨水的时候。还有时候,记同一历史事实,不同的地方却用不同的历日制度。如《春秋》隐公六年说"冬,宋人取长葛",《左传》则说"秋,宋人取长葛",可见《左传》记事有时是用夏历的。

秦始皇统一中国以后,曾用颛顼历,以建亥之月(夏历孟冬之月,十月)为岁首。但因夏正比较适合农事季节,所以并不称十月为正月(秦人避秦始皇嫌名,叫端月),也不改正月为四月,春夏秋冬和月份的搭配完全和夏正相同。汉初沿袭秦制,到武帝元封七年(公元前104年)改用太初历,以建寅之月为岁首(即夏历)。此后大约两千年,除王莽和魏明帝时一度改用殷正,唐武后和肃宗时一度改用周正以外,都是用夏正。

3. 民俗节日与杂节

社日 农家祭社(土神)祈年的日子,有春秋两个。春社在立春后第五个戊日(春分前后)。王驾《社日歌》所说"桑柘影斜春社散,家家扶得醉人归",是说春社的欢乐。秋社在立秋后第五个戊日(秋分前后)。

端午 端午又称端阳,重午,在农历五月初五。端午节吃粽子,传说是为了纪念楚国伟大诗人屈原。

伏日 伏日俗称三伏:夏至后第三个庚日起叫初伏(如果庚日到来早,中伏就成为二十天),第四个庚日起叫中伏,立秋后第一个庚日起叫末伏。由于末伏必须在秋后,所以有秋后一伏的说法。据《史记·秦本纪》"二年初伏"张守节正义,伏是隐伏避盛暑的意思。

七夕 七夕又称乞巧节,在农历七月初七日的晚上。传说这是牛郎和织女一年一度的聚会之夜,所以杜牧《七夕》诗说:"银烛秋光冷画屏,轻罗小扇扑流萤。天街夜色凉如水,卧看牵牛织女星。"

中秋　中秋节在农历八月十五日。农历的秋季为七、八、九月，八月十五日正好是秋季的中间，所以名中秋节。人们以为这时的月亮最亮，所以是赏月的佳节。

冬至　冬至前一日称为小至。古人把冬至看作节气的起点，叫作冬至一阳生。

九九　这是我国北方，尤其黄河中下游一带人民熟悉的杂节。它从冬至这一天算起，每九天为一九，合计九九八十一天。九九和气候变化密切相关：入九大冷，出九变暖。

入梅、出梅　入梅、出梅又叫入霉、出霉，是我国江淮地区流行的一个杂节。入梅、出梅的日期在不同的地区不尽相同，如华南一带以芒种后的丙日为入梅，华中地区以芒种后的壬日为入梅，等等。入梅到出梅期间称为"黄梅天"，经常是阴雨连绵天气。

第二节　政区及地理沿革

内容提要：一、先秦时期的分封制。二、秦隋之间的郡县制。三、唐宋时期的道路制。四、元代以后的行省制。五、地名的别称及其他。

我国幅员辽阔，文化悠久，在漫长的历史中，疆域变化与政区沿革都非常复杂，不仅区域名称常有变更，并且所辖范围也往往不同，甚至同一名称，政区辖境与治所也不尽一致。古人在地理沿革方面做了不少工作。建国以后，随着历史地理学的发展，在政区沿革的研究方面也取得许多丰硕成果。现综合各方面意见，对我国历代政区的变化作简要介绍如下。

一、先秦时期的分封制

古代原始人群的活动长时期是以氏族为主体。他们以血缘为纽带,穴居野处,很少固定住所;后来养畜业与农业出现,才逐步转化为定居生活。据史书记载,黄帝曾"邑于涿鹿(在今河北)之阿",但还是"迁徙往来无常处"。(《史记·五帝本纪》)那是部落与部落联盟阶段,黄帝是权力最大威望最高的部落联盟领袖,那时还没有形成阶级社会的国家。目前我国学术界都认为,国家是在原始公有财产制解体和私有制确立以后才出现的。我国奴隶制国家的奠基人是夏王朝的创建者帝禹。他改过去所谓"禅让制"为"世袭制",形成了家天下的局面。以后商代夏,周代商,这就是我国历史上的"三代"。夏、商两代的都城都有过多次迁移。西周都城在今西安附近,东周迁到今天的洛阳。夏、商和西周都是我国历史上的强大国家。"禹会诸侯之君于涂山(今安徽蚌埠西),执玉帛者万国。"(《左传》哀公七年)"及汤之世,诸侯三千。"(《战国策·齐策四》)这些诸侯实即大大小小的奴隶主,通过强凌弱的兼并,数量不断减少。到西周,封建领主制社会仍然维持原样,不过制度更加完备,除王室直接控制的王畿以外,并裂土分封。诸侯国大体有三种类型:一种是周王的同姓,如周公旦的儿子封在鲁国;一种是异姓功臣,如吕尚封在齐国;再一种是一些古帝王的后代,如宋国是殷商之后。周代还实行爵位等级制(公、侯、伯、子、男),按爵位尊卑定封国地位的高低。诸侯在自己的封土内也实行分封制度,将一部分土地封给卿大夫作为采邑。卿大夫也可以将自己的采邑再分给士。可见古代各王朝并没有全国统一的地方行政区划。

周室东迁以后,王室衰微,领主经济逐步让位于土地私有制,生产发展促进了政区的变化。据古籍记载,秦、齐、晋、楚等国,春秋时期已经有了县的建置。有的县是由采邑转化而成,有的县是由一些小国被灭而改建。北方的晋与南方的楚,灭国都多达三四十个,所以战国时齐人颜斶慨叹:"当今之世,南面称寡者乃二十四。"(《战国策·齐策四》)二十四国后来又有兼并,形成所谓战国七雄(齐、楚、燕、秦、韩、赵、魏),最后由秦统一。春秋时期开始有了郡的建置,起初设在边境地区,带有军事性质。一般说来郡大而县小,但郡荒而县富,所以郡的地位还不如县。战国时期郡数增多,由于边地转为内地,有的郡干脆设在内地,逐渐形成以郡统县的政区体系。这就为由分封制转化为郡县制准备了条件。

先秦政区还有"九州"的说法。古人认为九州是夏禹治水后所划分的行政区划,见于《尚书·禹贡》,即冀(今晋冀二省北部)、兖(今冀东南与鲁西北)、青(今鲁东南及胶东)、徐(今苏皖北部与鲁南一部分)、扬(今淮河以南的苏皖沪等地)、荆(今江汉平原与洞庭湖南一带)、豫(今河南大部与鄂北一部分)、雍(今陕西秦岭以北及甘肃部分地区)、梁(今秦岭以南四川大部分与陕甘一部分)九个。也有人认为,《周礼·职方》的九州是周代政区,其中无梁州、徐州而有幽州(今渤海西、北、东三岸)和并州(即《禹贡》冀州的北部)。还有人认为,《尔雅·释地》的九州是商代的政区,其中有幽州、营州(今山东半岛)而无青州和梁州。这样,夏、商、周三代的地方区划一脉相承,有条不紊,似乎很有道理。事实上,夏、商、西周直接控制的地区很小,即使加上大小诸侯所统治的区域,也没有九州这样大的规模。

除九州以外,《禹贡》还提到"五服"制度,即甸服、侯服、绥服、要服和荒服,与《国语·周语》所记相同,仅绥服称为宾服。这是以王都为中心,向四方扩散而分别的称谓。据说各服的距离都是五百里。《周语》还说:"甸服者祭,侯服者祀,宾服者享,要服者贡,荒服者王。"意思是甸、侯、宾各服应每日、每月或每季向周王奉献祭物,要服内的各族每年进贡一次,荒服内的各族一生来朝一次。这是周王朝为所属远近各邦国规定的服事天子的义务,看来是确有其事。但各服都这样等距离地划分,则不免虚构,和九州的山川形势、物产、交通也不能协调。后来,五服制不大有人注意,九州制则汉代以后却成为现实。所以有人认为:"五服制似假而实真,由真而化幻,九州制似真而实假,由假而化真。"(《中国古代地理名著选读》第三页)

二、 秦隋之间的郡县制

秦始皇兼并六国,以咸阳为都城,建立起我国第一个统一的中央集权国家,废除了旧有的分封制,全面推行郡县两级制的地方区划。起初分全国为三十六郡,后来续有建置,除了首都所在的内史以外,郡数达到四十八个(也有人说是五十多个)。秦亡以后,刘邦建立汉王朝,都于长安,历史上称为西汉。汉承秦制,陆续建立了一些新郡、新县;与秦不同的是将一部分土地封给同姓亲属和异姓功臣(后皆取消),称为王国

（相当于郡）、侯国（相当于县），皇后和公主们所封的县则称邑。到西汉末期，郡国有一百零三个，略称为"百三郡国"，远较秦代的郡数为多。王侯等国的设置看来是复古，不过王侯们仅享有封地的赋税收入，而大权则掌握在由中央派遣的相及内史手中。他们对王侯有监督作用，所以并没有改变中央集权制的性质。汉代县级区划中还有"道"的名称，如今四川境内有严道（今荥经）、僰道（今宜宾），甘肃境内有狄道（今临洮）、豲道（今武山北）、氐道（今礼县附近）等。据《汉书·百官公卿表》解释，县内有少数民族的称道，这也是秦代所无的。汉政区的更大不同处是，从汉武帝开始，郡上设立了十三州的刺史部，就是《汉志》所说："南置交阯，北置朔方之州，兼徐、梁、幽、并，复周之制，改雍曰凉，改梁曰益，凡十三部，置刺史。"这是将先秦的九州说法变为现实，加上首都所在的"司隶校尉部"，都是郡上一级的单位名称。不过这些都是监察区域而非行政区域；刺史和司隶校尉都由中央派遣，并无固定驻所，职责是向中央汇报情况而无处理事务的权力。因而这一级是虚的，政区体系实质还是郡县二级制。

西汉派遣张骞出使西域，在河西建立武威、张掖、酒泉、敦煌四郡；随后在今新疆及以西地区设立"西域都护府"。这是带有军事性质的一级政区。都护治所乌垒在今轮台东北,下辖城郭诸国。这些小国大体和县地位相当。这是汉代地方区划的一项新政,它使"丝绸之路"得以畅通,东西方文化交流开始了新的纪元。西汉末年,王莽篡夺政权,改国号为新,曾经大改郡县名称。不过为时短暂,不久汉室复兴,迁都洛阳,历史上称为东汉,郡县多复旧称。受战乱影响,东汉曾经裁减不少郡县,后来又逐渐增加。西域都护府无大变化,仅都护驻地西移到它乾城(今拜城东南)。东汉还在一些边远的少数民族地区设立张掖、辽东、犍为等六个属国,其地位和郡相等。又省去朔方刺史部,将司隶的地位降为与各州相等,仍维持十三州的数目。不过东汉后期往往用地位较高的"牧"代替刺史,州牧利用其地位与威望,逐步取得统率郡守的权力。所以东汉末期虚三级的体制在逐步向实三级转化,终于形成州、郡、县的三级政区体系。

东汉末年,曹操当政,为了扩充势力,利用其冀州牧的地位,一度恢复所谓九州制度,将幽、并二州并入冀州,省司隶校尉及凉州,合为雍州,省交州,入荆、益二州。实际很多地方并不在他控制之下,他不过巧立名目,借机兼并而已。他死后,曹丕建魏国,又恢复了旧制。

魏、蜀、吴鼎立时期，各国多设郡县以示统治之广。曹魏政权从冀州分出幽、并二州，改司隶为司州，还增设雍州，维持十二州之数；西域都护府改称西域长史府。南方吴国幅员也较辽阔，领有荆、扬、交及后置之广州。蜀国僻处西南，仅领益州，但也设过凉、交两州。值得注意的是，旧时一州，此时有的分属两国，所以每有同名州郡，例如魏、吴都有扬州、荆州，都有江夏、庐江、襄阳等郡，蜀国也设过凉州、交州。由于名同地异，容易混淆，所以读史时应该搞清它们的辖境与治所，否则便会张冠李戴。

三国时另一特殊现象为各国封爵授衔，往往采用别国的州郡名称，如蜀国曾有冀州、兖州、并州等刺史与弘农太守等，吴国曾有青州、豫州等刺史与河间太守等，魏国曾有益州刺史、丹阳太守等。实际这些都是徒有空名，并无实土，所以有人称之为"遥领"或"虚封"。

后来司马氏灭蜀代魏，并吞吴国，实现了短期的统一局面，历史上称为西晋。西晋王朝"凡增置郡国二十有三，省司隶置司州，别立梁、秦、宁、平四州，仍吴之广州，凡十九州，郡国一百七十三。"（《晋书·地理志》）其中司州，据前人记载实置于魏时。魏晋时期，王、侯国外另有公国。晋时还议行过公、侯、伯、子、男五等国的制度，但所行者仅有公国、侯国，其地位与县相等。如蜀后主刘禅亡国后封为安乐公，《晋书·地理志》所载幽州燕国所属安乐（或误作安国）或云即其封地。

西晋统一局面仅维持四十多年，即为内迁匈奴族所建的汉（后改赵）政权所灭，司马睿（即晋元帝）南渡，在建康（今南京，原称建业）建立偏安的东晋王朝。广大北方与西南地区成为以少数民族统治为主的各族纷争场所，先后建立起一成（成汉）、二赵（前、后）、三秦（前、后、西）、四燕（前、后、南、北）、五凉（前、后、南、北、西）、一夏的所谓"十六国"，实际还有代、魏和西燕等政权。各国虽大体沿袭西晋旧制，但地方制度很混乱。最后由崛起于代北的魏统一北方，史称北魏（后又称元魏）。南方的东晋较为安定，延续达百年之久。到刘裕废晋自立，改称宋，经历宋、齐、梁、陈四朝，称为南朝。这四个王朝和原先的吴与东晋都建都于今南京，历史上称为六朝。和南朝对峙的是北方的北魏，后来分为东、西魏，东魏为北齐所取代，西魏为北周所取代。这几个王朝史称北朝。它们和南朝并存，历史上称为南北朝时期。

南北朝和东晋十六国时期一样，都是处于对立纷争的混战时代；地方行政制度虽然沿袭旧有的州、郡、县三级制，但战争频繁，疆境屡变，并且"南北相高，互增州郡，继以五方淆乱，建置滋多"（《读史方舆纪要》卷四）。以南朝为例，宋时设置二十二州，较东晋时增加一倍以上；齐疆域小于宋，却增加一州；梁初仍为二十三州，后来猛增到百数以上；陈时淮南尽失，以江为界，西南大片领土亦沦入北周，可是仍有州六十四。北朝州之滥设不亚于南朝，北魏多到一百一十一，东西魏及北齐、北周续有增置，北周灭齐后有州二百一十一，比西汉时的百三郡国竟多一倍以上。

南北朝新设政区的突出特点是所谓"侨置"制度。这是由于晋室南迁，大批北方世家大族也越淮渡江，为了安置这些流寓人员，往往用他们原籍的名称，在客土上设立州、郡和县。有些政区属于寄治性质，并无实土。这两种新增机构，都称为侨置，以南朝都城建康的沿江上下最为集中。例如今安徽芜湖一带，西晋时属丹阳郡的于湖、芜湖和宣城郡的春谷等县，东晋时在春谷侨置襄城郡和繁昌（原郡县分别在今河南襄城和临颍以西）等县，后又在今当涂县南侨置淮南郡及当涂（原郡县分别在今安徽寿县及蚌埠市西）等县，后襄城郡撤销，但繁昌却代替了春谷，一直沿袭至今。东晋也曾在今芜湖侨置上党郡和襄垣（原郡县均在今山西东南部）等四县，上党郡后省为县，又并入襄垣。芜湖在晋时还一度成为侨置豫州的驻地。到刘宋时期，淮南侨郡管辖于湖、当涂、繁昌、襄垣、定陵（在今南陵县西，原县在今河南郾城西）、逡遒（在今芜湖东南，原县在安徽肥东县东）六县，其中仅于湖一处不是侨县。此外，宋时一度在今当涂设立南豫州。以今天数县之地，在当时却侨置如此多的州、郡，确是难以想象。同样情况也见于今江苏镇江、常州一带，这里原是西晋毗陵郡及所辖数县地方，东晋时即陆续侨置许多郡县，到刘宋时京口（今镇江）一跃成为统领十七郡六十八县的南徐州治所。南齐时郡数少一个，但县数却增到七十以上。北朝也有类似情况，如东魏在今北京地区侨置安州、东燕州以及密云、昌平等郡及其属县。西魏、北齐、北周也不例外。东晋南北朝时还有一种特殊制度，即所谓"双头州郡"，如梁在汝阴郡又侨置弋阳郡（在今河南汝南）。双头州的例子也很多，如刘宋的青、冀二州同治东阳城（今山东益都）。《魏书·地形志》所载新蔡、南陈留二郡的双头郡所辖仅一县，更是怪事。这些都反映当时政区体系异常混乱，不仅南方"一郡一县分为四五，四五之中，亟有离合，千回百改……未易精悉"（《宋书·州郡志》）。北方州郡

有的也是:"旧多浮伪,百室之邑,便立州名,三户之民,空张郡目。"(《北齐书》卷四)

杨坚取代北周,渡江灭陈,统一南北,建立了隋王朝,对紊乱已久的地方区划作了重要改革。北周时期,北方共有州二百一十一个,平陈得州六十四个,所以隋初有州二百七十五个,较西汉郡国数字增加一倍半还多。杨坚废郡存州,变三级制为二级制。炀帝时又改州称郡,成为郡县二级制。以今北京及附近地区为例,初为幽州,后改称涿郡,下辖蓟、良乡(今属房山县)、安次(今属廊坊市)、涿、固安、雍奴(今武清)、昌平、怀戎(今涿鹿)、潞(今通县)九县。对江南侨置州郡也进行合理调整,使全国地方区划整齐划一,面貌为之一新。隋代的政区调整仍为旧时郡县制的延续,但其改革精神对后代有启发作用,可以看作唐代政区改革的前奏。

三、 唐宋时期的道路制

唐代在结束隋末群雄纷扰的局面之后,建立起强大的统一政权。政区改郡为州(后来又一度改州为郡,不过仅十多年又废郡为州),以后郡的名称虽然仍为后人沿用,但作为正式政区已告终止。新旧《唐书》一按郡一按州叙述，反映了这种变化。《宋史·地理志》虽州郡并提，实则郡是虚名。唐代最大的改革是创立了"道"制。史载唐初太宗因山川形势之便，在诸州上设立十道（即关内、河南、河北、河东、山南、陇右、淮南、江南、剑南、岭南），由朝廷派员巡视。所设之官有存抚、巡察、按察等使，性质是监察官而非行政官，因而道是监察区而非行政区。到玄宗时设置十道采访处置使，道才成为常制。以后十道又增加为十五道，即由关内分置京畿，由河南分置都畿，江南分为东西并分置黔中道，但十道名称仍为唐人所乐用。后来除了设置观察处置使以外，在军事要地则设置节度使，以掌握兵权，兼理民事，形成了类似州上一级的行政机构，地方行政系统可看成由二级转化为三级制。

节度使原是设置于边防重地的军事长官，他们兵权在握，据地自大，终于酿成"安史之乱"，使唐王朝由盛而衰。乱事平后，朝廷为了奖励战功，安抚武将，并在内地滥设节度使区域。开元天宝时期仅有十节度使，到宪宗时期，包括观察使、经略使在内，则增到四十七个。他们的辖区实际也是政区，而十道则像古代九州一样，成为不具权力机构的地理区了。

唐代政区的另一特点为"府"制的确立。府有三种。一种是沿袭过去的设于边疆地区的都护府，是带有浓厚军事性质的特殊政区。由于唐代疆域有新的扩展，所设置的都护府较汉代为多，共有安西（镇西）、北庭、单于（云中）、安北（燕然，瀚海）、安东、安南六个。一种是都督所在地的府，长官是总督，总揽军民大事，辖区往往包括数州。后来又按辖区大小，都督府分为上、中、下三级。至于设在边远地区带有羁縻性质的都督府，数目多，性质与内地者有别。还有一种是民政性质的府，就是京都与行在府，始建于玄宗开元年间。起初是为了显示京都所在州的特殊地位，因而改州为府。先后共建十处。其中重要的如京兆府为京城所在，原称雍州，即今西安；河南府为东都或称神都，原称洛州，即今洛阳；太原府原称并州，因是唐室兴起之地，称为北都，即今太原；河中府原为蒲州，一度称为中都，因而也改为府。此外，《新唐书·地理志》叙述辖县数下还列举一些府数与府名，这些府指府兵制的折冲府，与政区的府不能混为一谈。政区的府地位较州为高，但一般与州同级，除京畿附近各府外，都隶属于各节度使辖区。

五代是唐王朝以后的梁、唐、晋、汉、周五个小朝廷，十国是环绕在它们周围的十个更小的王国，即吴、南唐、前蜀、后蜀、吴越、楚、闽、南汉、南平和北汉。实际当时割据政权还有燕、岐以及定难等。当时行政区划大体仍依唐制,以府、州统县,并设有节度使。军、监的名称也从五代时开始,如楚国有桂阳监,或云唐末为铸钱而设,楚则扩大其范围,成为州级单位;周有汉阳(今武汉市)、定远(今东光)等军;南唐、吴越、北汉也有一些军。军在唐代本为边戍中的较大驻兵处,属军事性质,到五代时已和监一样被纳入政区系统,到宋代就成为定制。

赵匡胤(宋太祖)代周称帝,建立宋王朝以后,鉴于前代的藩镇之乱,采取强干弱支办法,厉行中央集权。虽然保留节度使的称号,但为虚衔,赏给一些武官,以示荣宠。宋初曾依唐制划全国为十三道,后又改为十道,不久即废。

太宗初年分全国为二十一路,后来有分有合,到至道三年(公元997年)定为十五路,即京东、京西、河北、河东、淮南、江南、两浙、福建等路。后来几经并分,到政和五年(公元1155年)定为二十四路。路设转运使,为最高长官,掌握财赋行政大权,财赋上交中央,改变以前藩镇时纳入私囊的积弊。路下辖府、州、县,为三级地方政区体系。为了分散地方权力,路还设安抚使以管军事,设提点刑狱以管司法监察。宋还承袭五代的军、监制度,并加以推广,前者侧重军事意义,后者则设于坑冶、铸钱、牧马、产盐地区。皆分为两级，大者辖县，上隶于路，小者则与县同级，属于州、府。县则隶于府、州、军、监，仅三泉一县（在今陕西宁强县北）直隶京师。联金灭辽时，宋还一度在后晋割给契丹的十六州地区设立燕山府与云中府两路（即习称的燕云十六州），但立足未稳又被金人攫去。

金王朝兴起于今黑龙江省南部，灭辽以后大举南侵，终于使宋王朝两帝（徽宗、钦宗）被俘，四京（东、西、南、北，分别为今开封、洛阳、商丘、大名）沦陷。赵构（宋高宗）南逃，以临安府（今杭州市）为临时首都，维持着偏安的南宋王朝。行政区划仍依北宋旧制，到宁宗嘉定元年（公元1208年）定为十七路。安抚使取代转运使，成为一路的最高长官。军数有较多的增加，监数减少。

在北方与北宋对峙的辽王朝，建国比宋还早，其政区体系模仿唐代，全国分为五道，其中心则为五京，皆有府名。在今山海关内者为南京道，南京析津府旧址在今北京市城区的西南隅，即唐代幽州旧址。国都称为皇都，又称上京临潢府，在今内蒙古巴林左旗，领上京道。此外，中京大定府在今内蒙古宁城附近，东京辽阳府即今辽阳，西京大同府即今大同，皆各领同名的道。道下设府、州及其属县。辽代特有的政区则为"头下军州",是指王公、大臣以及外戚们在战争后以俘户私自设立的军县城堡等,那是他们的"食邑"。

与南宋对峙的金王朝,政区体系模仿北宋。金的疆域较辽代为大。以会宁府(今黑龙江阿城)为上京,后来迁都辽的南京,改称中都,而以北宋国都的开封府为南京,以辽的中京为北京,其他东京、西京与辽相同。除中都和各京所领六路外,尚有咸平、临潢府、京兆府、凤翔、鄜延、庆原、临洮、大名府以及河北东、西,河东南、北与山东东、西等十四路,合为二十路。此外,东京路下有曷苏馆路,上京路下有蒲与、速频、胡里改等路,大概都是因袭原有部族的旧称,其地位大约与州相等。路下辖路,则是宋代所无的。

地处西北的夏国,又称西夏,其根据地本在夏州,即原来定难军节度使驻地,在今陕西横山县西北陕蒙交界处的白城子。后为宋军所毁,中心移灵州,在今灵武西南,改称西平府。后来迁到今银川,当时为灵州的怀远镇,升为兴州。到夏主元昊时又升为兴庆府。后又改兴庆为中兴。这里和西平府为夏的"二京"。西夏政区也是府、州辖县,州名大都因袭唐宋旧名,一部分则由城堡提升。在一些军事要地则设有十多个监军司以掌防务。

四、元代以后的行省制

蒙古兴起于漠北，用武力统一中国，建立了幅员辽阔的元王朝。开始实行行省制，以省为最高一级地方政区。省的名称出现很早，原为中央官署名，并非地方机构。隋伐陈时，曾置淮南行台省于寿春（今安徽寿县），虽有行省名称，只是临时因事而设，事后即废。金代为了攻宋侵夏，也曾设立这类机构。蒙古采用以后，又因侵宋灭金历时很久，暂设转为长驻，因而行省也就转化为地方区划。先后共有十处，即岭北、辽阳、河南江北、陕西、四川、甘肃、云南、江浙、江西和湖广。一度还设立征东和占城，但不久即废。这是我国以省为地方区划的开始。

宋金时期的路在元代成为省下一级的单位。与路平行的有府、州，但有的府、州却在路之下。路、府、州有的辖县，有的不辖县。特别是州的地位高低不一，反映出政区体系较为紊乱。直属于省的州为直隶州，其他为散州，可见后来明清时期的直隶州与散州，在元代已有端绪。少数民族地区则设有宣慰司、长官司、军民府、宣抚司、安抚司、招讨司以及军民总管府与蛮夷万户所、千户所等，大都与路同级，视军事形势而有不同名称。省、县等级政区的负责人按例皆由蒙古人担任，称达鲁花赤，即汉语长官之意，其他族则仅能担任副职。元代的路按户口多寡分为上、下二等，州县分为上、中、下三等。府则一概设于冲要地区，不分等。

明王朝兴起于南方，在元末农民大起义中取得政权，建都于今南京，即元代的集庆路治所，称为南京应天府。明太祖逝世，传位给孙子建文帝，燕王棣以清君侧为名，起兵攻破南京，夺得帝位（明成祖），将政治中心移到今北京，称为顺天府。但他又未便轻改父制，于是仍保留南京的地位。终明一代是实行两京制度。两京所辖地区皆称直隶，南直隶后称南京，北直隶后称京师。元代的行中书省则改为承宣布政使司，共十三个。但这是官方名称，民间则往往按旧有习惯，把两京和十三布政使司合称为十五省。

十五省的名称很多和以后的清代与民国时期相同。北直隶（京师）包括今京、津、河北与内蒙古的部分地区。南直隶（南京）相当于今苏、皖与上海市范围。湖广包括今湖南、湖北。陕西包括今陕、甘与宁夏，其西界止于嘉峪关。山东包括今山东与辽宁大部。四川兼有今黔、滇部分地区，但西部不若今之辽阔。贵州设置较晚，面积较今为小。云南仅东北部较今为小，西部、南部则超过今天范围。其他山西、河南、江西、浙江、福建、广东和广西，与现在大致相同。

明代地方区划还有都司和行都司。属于军事性质的机构，也曾遍设于各地，全名是都指挥使司和行都指挥使司，隶京城五军都督府。都司驻所一般同于承宣布政使司驻地（即省会）；行都司则分驻省内他处，以辅助都司。都司下辖有卫及千户，百户等所，军士平时屯田自给，不属行政部门管辖；但有的卫所置于未设州、县的地区，或者辖区内兵多民少，卫所就兼管地方民事，这样就出现了拥有实土的卫所。如北直隶有怀来、龙门、怀安等卫，其名称与今县名相同，也都兼有政区性质。

与元代相比，明代地方政区系统较为简单，大体是布政使司（省）统辖府、州，再下辖县。府设于冲要地区。州有直隶州和散州两种：直隶州是直隶于南、北二直隶或布政使司（即行省）的州，散州则分属各府，有的不辖县。所以明代政区基本上属于三级制形式。此外在少数民族地区还有宣慰司、宣抚司、长官司与守御千户所等名称，与元代大体相似。

明代北方边防任务极重，所以又有所谓九边的设置，即将北部边疆划为九个部分，任命要员统兵守御。初设辽东、宣府、大同、延绥（榆林）四镇，继设蓟州、宁夏、甘肃三镇，后又加上太原、固原的近边二镇，合为九边。九边为防御性质的军事区划，但和政区也有一些关系。

清王朝兴起于东北，利用农民起义军推翻明朝的机会，建立了统一全国的新政权，仍然建都北京。清代疆域大于明代，其地方行政区划大体因袭明制，不过废掉两京制度与布政使司名称，径称为省。北直隶改为直隶，南直隶改称江南，以后江南分为江苏、安徽两省，又由陕西分出甘肃，湖广析为湖南、湖北，这就是旧时习称的内地十八省。

边疆政区与内地不同。东北为清王朝的发祥地，所以尊沈阳为盛京奉天府。以镇守奉天（原称辽东）等处将军、镇守吉林（原称宁古塔）等处将军与镇守黑龙江等处将军为统辖东北三处的最高长官，其副职称副都统，分驻境内要地。蒙古地区仍按原有各部落与盟、旗组织，由旗长（扎萨克）等下达政令。内蒙古划为东四盟（卓索图、昭乌达、哲里木、锡林郭勒）、西二盟（乌兰察布与伊克昭），另有西套二旗（阿拉善厄鲁特、额济纳土尔扈特）以及察哈尔八旗。外蒙古则属于驻乌里雅苏台将军辖区。另一将军驻伊犁（今伊宁市），其辖区为今新疆一带。西藏与青海则分别由西藏和西宁两办事大臣统辖。

清代末年，新疆、台湾和东三省（奉天、吉林、黑龙江）先后设省，十八省增为二十三省。不过台湾设省不久即割与日本，所以到清政权结束时，包括内蒙古在内，共有二十六个一级政区。省下区划与明代差别不大，仍为府、州，县三级。不过省与州、府之间有道一级的建置，名目是分守、分巡、督粮以及盐法等道。这个制度在清代前已经出现，到清代则普遍设立，成为定制。不过就其性质而言，仍是虚级，属于省的差遣机构，还不能作为省下一级政区。清代新创的则是"厅"制。厅一般设在偏僻的新开发地区，有直隶厅与散厅的区别：前者直属于省，如冀北及内蒙古南部设立的张家口、独石口和多伦诺尔三厅，合称"口北三厅"，属于直隶；后者如设于云南的中甸厅、维西厅以及景东厅等，今皆为县级单位，而专名未变。

五、 地名的别称及其他

综上所述，可见我国历史悠久，政区的变化非常复杂，无怪古人慨叹："言地理者难于言天，日月星辰之度终古而不易，郡国山川之名屡变而无穷。"(王应麟《通鉴地理通释》序)历史上的地名,不仅有些通名随时代演替而有很大差异,就是专名也因时因地而不同。前者如隋代以前的州是一级地方政区,下辖郡、县,到封建社会后期,散州的州则地位与县相似;唐代的道是州、县之上的单位,到明清就成为省县之间的单位。后者如扬州作为区域名称曾为九州之一,范围大到包括淮水中下游以南直到东南沿海各地,到南朝陈时,所辖仅限于今南京附近十几个县;扬州治所的变化也很复杂,以今地言之,主要有和县、寿县、南京、合肥等处,最后到隋代才移到今扬州。作为国家政治中心的京城,变化也非常复杂,如西晋时江南人曾称洛阳为北京(《晋书·张翰传》),刘宋时称京口(今镇江)为北京(《宋书·文帝纪》),这还不能算正式名称。北京作为正式名称,曾指北魏的平城(今大同)、唐代的太原、宋代的大名、金代的临潢(前期)和大定(后期)等地。明初拟建开封为北京,后成祖即位,首都北移,改北平为北京,北京一名才指现在的北京。可见历史上同一地名,所指未必是一地,我们阅读古籍时必须注意这种情况。

还有一种情况,也应该注意,是古人著述提到地名,往往用旧名或别称,以示古雅。如宋代范成大为他家乡编写地方志，不名《苏州志》而名《吴郡志》，实际宋代政区已不用郡名；和他同时代的芜湖人张孝祥，自称于湖居士，文集称《于湖居士集》，也是用的古名。又如元人熊自得编的有关大都的志书称《析津志》，析津是辽代旧名，后来已改称大兴。还有采用更古的名称的，如清人刘献廷自称"广阳子"，作品名《广阳杂记》，广阳是秦汉时期的旧名。文人还喜欢用别称、雅号，如明清人写北京的作品，有《帝京景物略》、《长安客话》、《春明梦余录》、《天府广记》、《日下旧闻考》、《宸垣识略》、《天咫偶闻》等，都不直说北京，就是为了表示博雅。同样，写南京，有人就宁愿用金陵、秣陵、建业、建康、白下、江宁、上元、应天、留都、南畿、石头城等旧名或别称。

与地名有关的还有古人的籍贯，也相当复杂。大体说来，先秦时期介绍籍贯，一般用国名，如孔子鲁人，孟子邹人，屈原楚人，邹衍齐人。秦汉时期，或用郡名，或用县名，以后则多用县名。可是有些人写籍贯，也愿意用旧名或雅号。如《晋书·陆云传》记载："云与荀隐素未相识，尝会张华坐。华曰：'今日相遇，可勿为常谈。'云因抗手曰：'云间陆士龙。'隐曰：'日下荀鸣鹤。'"日下是洛阳的代称，云间则指今松江县。这种崇尚古雅的风气在旧社会相当流行，不仅在诗文中屡见不鲜，甚至表现在名片上，如开封人自称大梁，武昌人自称沙羡，泰安人自称岱岳，遵义人自称播州。因此，如果遇到一名多地，就更要细加推敲，如中都，既可用于山西榆次和河北大兴，又可用于山东汶上和河北良乡；古虞，既可指浙江上虞，又可指山西平陆或河南虞城。这种情况给阅读古籍增加不少麻烦。

写籍贯不用今名，用古名或雅称，是一种情况。还有一种情况是用郡望，以表示出自名门望族。如南齐著名学者祖冲之，史称范阳人，实际范阳在西晋灭亡时已非晋室领土，这用的是晋代祖约、祖逖的原有郡望。又如北宋的祖无择是上蔡人，但在嵩山题碑时却自署范阳人（见《徐霞客游记》卷一），范阳早属辽国，这用的也是祖氏的旧望。和他同游的寇武仲署上谷人，宋代无上谷政区，估计用的是东汉寇恂的郡望。这样，无怪有人说："言王必琅玡，言李必陇西，言张必清河，言刘必彭城，言周必汝南，言顾必武陵，言朱必沛国，其所祖何人，迁徙何自，概置弗问，此习俗之甚可笑者也。"（钱大昕《十驾斋养新录》卷十二）

古人著述中还常见泛称性质的方位分区名称，有的依山、河等自然实体而划分，有的以关隘等古代建筑物而命名。如称黄河晋陕豫一段的北岸为河内，南岸为河南，东岸为河东，合称为三河地区。又如河西原指今陕西部分地区，后来汉代领土西拓，改称今甘肃走廊一带。古人还以函谷关（原在今灵宝附近，后移今新安附近）为界，称其西侧为关中或关内，东侧为关东或关外。以后其分界处移到华山附近的潼关。还有，山西、山东是以崤山（在今河南）或华山（在今陕西）为界而命名的，所谓"山东出相，山西出将"（《汉书·赵充国辛庆忌传赞》），即据这一分区而言。古人又曾称太行山东侧为山东，不可与今天的山东、山西省名混为一谈。以长江为依据的方位分区是，长江中下游以南为江南，或江表、江外，其下游一段还有江东的名称。古人以东为左，以西为右，所以这一段江之左岸称为江右，右岸则称为江左。与此类似的，古人也称五岭（南岭）以南为岭南，或岭表、岭外。到明代，因修筑长城，又出现了口外和口北名称，都是泛指长城以北地区。也由于修筑长城，山海关和嘉峪关出了名，还出现了关外的名称，指两关以北地区。山海关以外的东北又称关东，更是流行很广的名称。像这样的区域名称还有不少，限于篇幅，不再赘叙。

第三节 政体及职官

内容提要：一、先秦官制概况。二、秦代官制概况。三、两汉官制概况。四、魏晋南北朝官制概况。五、隋代官制概况。六、唐、五代官制概况。七、宋代官制概况。八、辽、金、元官制概况。九、明代官制概况。十、清代官制概况。十一、实职外的各种称号。十二、附说"科举"。

职官制度是国家政权机构的重要组成部分。有了国家，有了政权，就有了职官制度。

我国进入奴隶社会以后，出现了国家，也就产生了当时的职官制度。秦始皇建立了统一的封建帝国之后，我国的官制才有了比较严密的制度。此后，随着国家职能的逐步完善，官制也不断地日趋严密。

由于历代建置不同，其间因革损益，情况很复杂。这里，我们只能简要地介绍各代的官制概况，并附带说说有关科举制度的一些事项。

一、先秦官制概况

据历史学家的研究，我国殷商时代还是奴隶社会。由出土的甲骨文和金文看来，那时的官员可分为技术性的和事务性的两类。前者如史、卜之类，职掌主要是沟通人与神的联系，也就是借神来治人；后者有臣、仆、宰之属，他们是替奴隶主分管具体事务的奴隶头头。不管哪一类，都是为奴隶主统治奴隶服务的。

从《诗经》、《尚书》与金文的有关资料看，西周除沿用商代已有的官称之外，后世常见的司徒、司马、司空、司寇、宗伯等官称也已出现。这些新官称的出现，说明当时"人事"日繁，政务也渐渐加重。

春秋是由统一的西周王朝进入分裂的时代，原来周王室的外服诸侯成为独立的国家。由于列国互相吞并，战争频仍，征兵征赋，政务、事务日见繁剧，这就要求有一套比较细密的官制以保证国家机器有效地运转。于是新的官称纷呈杂出，特别是中下级官员增添了许多。

按照职能的不同，春秋时各国职官可以分为掌管朝政的官员、国君近侍官员和地方政权官员三类。

第一类主要有治理民众的"司徒"，治理军务的"司马"，管理土地的"司空"，掌管刑狱的"司寇"。由于交往频繁，各国都设有专通讯问的外交官"行人"。

在政务诸官之上，各国都有一个总领全国大政的官员，泛称为"执政"，周王室称为"太宰"，晋称为"中军帅"，郑称为"当国"，楚称为"令尹"，齐有时称为"相"。

第二类主要有称为"三公"的师、傅、保，地位尊显，但不掌政事，近似"元老院"的首脑。此外还有掌管祭祀的祝、宗、卜，掌管文籍典册的史官，教授、演奏乐曲的乐师等。这些都是具有高级文化知识的官员。另外就是为国君衣食住行服务的一些官员，如膳夫、司宫、工正等。这些都是宫廷内供职的官员。

第三类主要是县、邑的长官，晋称为"县大夫"，楚称为"县公"，鲁称为"邑宰"。附属边地的长官称为"封人"。

战国时期只剩下七个大国。各国地盘更大，人口更多，中央官职当然要求增加，地方分级也得更加细密。秦国中央一级开始确立了丞相制度，同时还有掌管军事的长官"国尉"。后世中央军、政分职就是起源于此。另外，秦、魏等国还确立了郡、县两级地方制度。这些都为后来秦始皇齐整官制铺平了道路。

二、秦代官制概况

秦灭六国以后，我国出现了第一个中央集权的封建大帝国。随着国家领域空前扩大，政务、事务更加繁复，对于前代官制，不能不有因有革，更多新创，于是秦代就形成了一套严密的新官制。

皇帝之下，分设丞相府、太尉府和御史大夫寺，组成中枢机构。丞相承皇帝意旨，佐理国政；太尉掌管全国军政；御史大夫是皇帝的秘书处长，兼领监察。

中央行政机构重要的有下列九个。

奉常：掌管宗庙礼仪，是古代祝、宗、巫、卜的集合体。

郎中令：掌管宫掖门户，统辖侍卫皇帝的诸郎，是皇帝的侍从武官长。

卫尉：掌管宫门卫屯兵，是禁卫军司令。

太仆：掌管舆马，是皇帝车马的总管。

廷尉：掌管刑辟，近似后世的最高法院院长。

典客：接待少数民族来朝的官员。

宗正：管理皇族（包括公主）事务的官员。

治粟内史：租税赋役的总管。

少府：宫廷的总务处。

以上就是后世所称的"九卿"。

九卿之中，除廷尉、典客和治粟内史以外，所掌管都是皇帝私人事务，很少涉及国政。

九卿之外，还有掌管京师治安的中尉，掌管营建宫室的将作少府等。

地方机构有郡县两级。郡的行政长官称"守"，主军事的称"尉"，掌管监察的是"监御史"，简称为"监"。不难看出，郡的守、尉、监就是王朝中枢丞相、太尉、御史大夫的投影。

一郡辖若干县，大县的长官称"令"，小县的长官称"长"。各县均设"尉"，管理治安。

郡、县长官之下设有"丞"，类似办公室主任。郡丞低于郡尉，县丞略高于县尉。

上面就是秦代中枢机构、中央行政部门和地方机构三方面的概况。此后两千多年间历代设官分职，就是在这基础上发展演变的。

三、两汉官制概况

西汉初年，中枢机构仍是丞相府、太尉府和御史大夫寺。文帝之后，太尉已不常置。武帝时起，丞相权力缩小，皇帝常常通过内廷保管文书的尚书署亲自裁决庶政。西汉末年，丞相改称大司徒，太尉改称大司马，御史大夫改称大司空，号称三公，都是宰相。

东汉光武帝时，名义上的宰相虽是三公，但真正发号施令的却是尚书台。尚书台的长官称尚书令，副长官称尚书仆射（yè）。尚书原是少府属官，尚书台成立以后，事务增多，于是分曹治事，每曹设尚书一人。尚书台的各曹，就是后世中央各部的前身。

汉代中央行政部门仍沿秦制。只是名称多有更改。如奉常改为太常，郎中令改为光禄勋，典客改为大鸿胪，治粟内史改为大司农，中尉改为执金吾，将作少府改为将作大匠。东汉时，尚书台组织发展以后，诸卿职务被夺许多，地位也就一天不如一天了。

汉代中央监察工作由御史大夫的副手御史中丞掌管。后来专门监察机构御史台成立以后，御史中丞就成为正式的长官。

汉代地方机构仍因秦制，以郡统县，只是后来郡守改为太守，郡尉改为都尉。东汉初，各郡都尉裁撤，军政、民政统归太守。汉代县制仍有两级，一级县设县令，次级县设县长，其下有丞有尉，丞掌文书，尉管治安。

汉代地方官制，以刺史的变迁最为显著。西汉的刺史本是中央派出的外巡官员，地位虽远较郡守为低，却有纠劾郡守的权力。刺史巡察的范围以所部为限。当时全国分为十三部，部即相当于州。到东汉末期，为了加强军政、民政的集中，改刺史为州牧，于是州和郡县一变而为正式的三级，州牧也就成为地方高级军政长官。

汉代地方官制的一个特点是，分封的王国与郡并存。直属汉王朝的是"郡"，封王的辖地叫"国"。自景帝削平七国之后，王国的行政渐改由中央派遣的"国相"治理。这以后，王国与郡，侯国与县，也就无大区别了。

四、魏晋南北朝官制概况

魏、晋王朝都是由掌握军权的重臣建立，他们原有一批部属，组成一套机构，在正规官制之外行使职权。王朝建立之后，这些幕僚组成的机构就一变而成为王朝的中枢机构。

曹丕即帝位之后，鉴于东汉尚书台权势太大，于是把他的幕僚长改为中书监、令，公署改称中书省，参掌中枢机密。随后，尚书台也渐渐改称尚书省。

就中央行政部门看，汉代的尚书已粗具分曹办事的规模。到了魏晋，某部尚书就管理某部政事，其中吏部尚书掌用人之权，最为重要。这以后，尚书渐渐变为部长的名称，中央政务分部的体制也渐渐趋于成熟。

由于尚书职务日渐重要，九卿就渐渐变为闲散的职位。尚书省成为中央各机构的总汇，它的首长尚书令与左右仆射，和中书省的首长中书监、令，共同掌管国家最高政务。

到南北朝，鉴于中书省权势日大，于是皇帝又设置以侍中为首长的门下省来牵制中书省。

侍中一官，秦代就有，但地位很低。西汉中叶以后，侍中地位渐渐升高。东汉时已有侍中寺，到晋则称门下省。南北朝时，侍中成为门下省的长官。凡属重要政令，皇帝常征取侍中的意见以牵制中书省。从东汉以来，中枢官制演变至此，尚书、中书、门下三省制已粗具规模，只是等待进一步调整而已。这时的三省长官，只要是皇帝所倚重的，就是实际的宰相。

魏晋至南北朝末年，地方行政的郡县制，大体上无甚变动，只是县的长官一概称令。由于南北分治，新开发地区增多，州的数目日见增加，而所辖境域却日见缩小。这样，重要的地方军政长官往往兼督几州，刺史权位极重。他们往往带上将军称号，加上"使持节都督某州诸军事"的头衔。这些都督刺史，都开幕府，置僚属（官号称"开府仪同三司"），形成了地方政权。

五、 隋代官制概况

隋文帝代周称帝以后，南北分治的局面结束了，国家又实现了统一，这就需要制定一套保证国家长治久安的体制。因此，隋代官制显得比较齐整，这也为唐宋两代的官制奠定了基础。

下面是隋代中央职官的情况。

三师：太师、太傅、太保。

三公：太尉、司徒、司空。

以上为尊贵官称，既无职事，也无官属。

尚书省：这是隋代政务总汇，长官是尚书令及左右仆射各一人，连同吏部、礼部、兵部、都官、度支、工部六曹，称为八座。尚书令及左右仆射直辖左右丞各一人，都事八人。吏部尚书统吏部侍郎二人，主爵侍郎一人，司勋侍郎一人，考功侍郎一人。礼部尚书统礼部、祠部侍郎各一人，主客、膳部侍郎各二人。兵部尚书统兵部、职方侍郎各二人，驾部、库部侍郎各二人。都官尚书统都官侍郎二人，刑部、比部侍郎各一人，司门侍郎二人。度支尚书统户部、度支侍郎各二人，金部、仓部侍郎各一人。工部尚书统工部、屯田侍郎各二人，虞部、水部侍郎各一人。

门下省：这是侍从官的总汇，主官纳言（即侍中）二人。其下有给事黄门侍郎、散骑常侍、通直散骑常侍、谏议大夫、散骑侍郎、员外散骑常侍、通直散骑侍郎、给事、奉朝请等。统城门、尚食、尚药，符玺、御府、殿内六局。

内史省：这是中书省的改称，置内史令二人，侍郎四人，舍人八人，通事舍人十六人及主书录事等官。

秘书省：置监、丞各一人，郎四人，校书郎十二人，正字四人，录事二人。领著作、太史二曹。著作曹置郎二人，佐郎八人，校书郎、正字各二人。太史曹置令、丞各二人，司历二人，监候四人。

内侍省：这是宦官机构，置内侍、内常侍等官，领内尚食、掖庭、宫闱、奚官、内仆、内府等局。

御史台：置官有御史大夫一人，治书侍御史（即御史中丞）二人，侍御史八人，殿内侍御史、监察御史各十二人。

都水台：置官有使者及丞各二人，参军三十人，河堤谒者六十人。领船局都水尉及诸津尉。

太常寺：置官有博士、协律郎、奉礼郎等。统郊社、太庙、诸陵、太祝、衣冠、太乐、清商、鼓吹、太医、太卜、廪牺等署。

光禄寺：统大官、肴藏、良酝、掌醢等署。

卫尉寺：统公车、武库、守宫等署。

大理寺：官有正、监、评、司直、律博士、明法、狱掾等。

鸿胪寺：统典客、司仪、崇玄三署。

司农寺：统太仓、典农、平准、廪市、钩盾、华林、上林、导官等署。

太府寺：统左藏、左尚方、内尚方、右尚方、司染、右藏、黄藏、掌冶、甄官等署。

以上九寺，每寺置卿、少卿、丞及主簿等官。

国子寺：主官为祭酒，统国子、太学、四门、书、算学，各置博士。

将作寺：主官为大匠，统左右校署。

以上二寺均不置卿。

隋初就确立了内史省取旨、门下省审核、尚书省执行的三省分权制度，以三省长官内史令、纳言和尚书令为宰相，掌管全国最高政务。

三省之中，尚书省仍是中央行政总汇，六部曹分司其事。御史台为中央监察机构，都水台则管理全国河道与水运。九卿之中，大理寺、鸿胪寺与司农寺还是政务机构，其他成为事务机构。

隋初，取消郡，地方只有州、县两级。州的长官除雍州称牧以外，其余都称刺史。又聚若干州为一军区，长官称总管。炀帝时，以郡代州，长官又称太守。隋时县的长官一律称令，令下增主簿一官。

六、唐、五代官制概况

唐代官制,大体沿袭隋制。政务中枢,名义上仍是中书、门下、尚书三省长官,但因皇帝不愿把重权交给他们,所以常常差委其他官员参与朝政。久而久之,参与的官员成为实际的宰相,而三省长官却只存空名。因此,唐代常以"同中书门下平章事"作为宰相的头衔。宰相办公的政事堂,初设于门下省,后移至中书省,故称"中书门下"。这以后,中枢机构就由三省而变为混合体的中书门下了。

隋代尚书省的六曹,到唐代正式定为吏、户、礼、兵、刑、工六部。各部以尚书和侍郎为正副长官。每部下设四司,各置郎中和员外郎为司的正副长官。唐代尚书省有一个总机构名叫都省。都省之中以左右丞和左右司郎中、员外郎分管吏、户、礼左三部及兵、刑、工右三部。原来左右仆射代表尚书令作为尚书省的实际长官,但唐代左右仆射位高而不任事,所以左右丞倒成了尚书省的实际负责人。难怪到了宋代,左右丞也跻身于执政官之列了。

唐代六部分为三行,吏部、兵部是前行,户部、刑部是中行，礼部、工部是后行。这是各部官员迁转的次序，即由后而中而前。这样，某部官员并不一定熟悉某部业务，不过表明其身份资格而已。到了宋代，六部形同虚设，其源即出于此。

唐代中央监察机构是御史台，长官为御史大夫，御史中丞为副。御史台下设台院、殿院和察院。

唐初设有翰林院，本是文士卜医待诏的地方，并非中央机构。玄宗时，以翰林待诏草拟诏令，应和文章。后来另建学士院，入院者称翰林学士，专掌皇帝机密诏令。这样翰林学士院实际上变成了皇帝的机要秘书处。

唐代还设有詹事府，作为太子东宫事务官的总汇，又置左春坊以比门下省，右春坊以比中书省。

唐代地方机构仍为州、县两级。州的长官称刺史，县的长官称令。首都或陪都所在的州称府，长官称尹。隋时军区长官称总管，唐则改称都督。

唐代恢复了对地方的监察制度。高宗以后，将全国划分为十道，每道派高级京官一人，有时称巡察使，有时称按察使，有时称采访处置使，最后才定为观察使。

唐代节度使本也是临时差遣，后来，一些地方的节度使权力扩大，集地方军政、民政、财政和监察诸权于一身，成为占据一方的军阀。节度使的幕僚有行军司马、参谋、掌书记、判官等。这些幕僚都兼带检校京官衔。如杜甫，曾以检校工部员外郎衔而为剑南道节度使严武幕下的参谋。

五代时期，除沿袭唐制以外，值得一提的是，枢密院长官枢密使开始参与大政。担任此官者，唐时多为宦官，五代时改用士人，多为皇帝亲信。后周时，枢密院渐渐不预民政，这已开宋代中书、枢密分掌文武二柄的先河。

七、宋代官制概况

宋代中枢机构定为中书、枢密二府制。宰相原为同中书门下平章事，副相为参知政事。神宗改制后，首相称尚书左仆射兼门下侍郎，次相称尚书右仆射兼中书侍郎。参知政事有四人，分别为门下侍郎、中书侍郎、尚书左丞、尚书右丞。

宋代枢密院，很有点像秦代的太尉府。枢密院除枢密使和副使以外，还置签署和同签署枢密院事。

除宰相以外，参知政事与枢密院的长官都是执政官。

其次，宋代的三司使，权位几乎与执政相同。三司指盐铁、度支、户部，内部职务分别如下。盐铁七案：兵案、胄案、商税案、都盐案、茶案、铁案、设案。度支八案：赏给案、铁帛案、粮料案、常平案、发运案、骑案、斛斗案、百官案。户部五案：户税案、上供案、修造案、曲案、衣粮案。附属机构有都磨勘司、都主辖收支司、拘收司、都理欠司、都凭由司、开折司、发放司、催驱司、受事司等。

宋沿唐制，设翰林学士院。学士中资格最老的称承旨，翰林学士知制诰则专为皇帝草拟诏旨。至于不入学士院的翰林侍读学士、侍讲学士等，则以为皇帝进讲书史为专职。

宋代龙图、天章等阁学士为文学侍从之臣。但朝官外任，往往带上这名衔，实际并没有什么意义。

宋代中央监察机构仍为御史台。因为御史大夫向不除授，所以御史中丞就成为台长。

宋代地方行政也是两级，基层是县。唯有时派京官担任县长，称知某某县事，简称知县，这比一般县令要高贵一点。县之上是州，州政都派京官带原衔去管理，称知某州军州事，简称知州。

地方两级行政机构之外，宋代还设有监察区，叫作路。每路有转运使，是转运司的长官。他们一方面监察史治，一方面收纳地方赋税转送中央，所以转运司又叫漕司。与转运司平行的机构还有提点刑狱司,长官为提点刑狱,专管一路司法案件;提举常平司,长官为提举某路常平公事,专管常平仓或兼茶盐专卖之事。这两司又分别称为宪司和仓司。漕、宪、仓三司,加上一路军政长官安抚使(帅司),就构成宋代大行政区的组织机构。

元丰改制以后,全国定为二十三路。路之下是各政区,如:

京畿路:开封府。

京东东路:济南府(兴德军节度)、青州(镇海军节度)、密州、沂州、登州、莱州、潍州、淄州、淮阳军。

京东西路:应天府(归德军节度)、袭庆府(泰宁军节度)、兴仁府(彰信军节度)、东平府(天平军节度)、徐州(武宁军节度)、济州、单州、拱州(保庆军节度)、广济军。

成都府路:成都府(剑南西川节度)、崇庆府(崇庆军节度)、嘉定府(嘉庆军节度)、眉州、彭州、绵州、汉州、邛州、简州、黎州、雅州、茂州、威州、永康军、仙井监、石泉军。

潼川府路:潼川府(剑南东川节度)、遂宁府(武信军节度)、顺庆府、资州、普州、昌州、叙州、泸州(泸川军节度)、合州、荣州、渠州怀安军、宁西军、长宁军、富顺监。

由此可见，大州多升称为府，州，凡带某某军节度的称节度州，单称某某军的，多为由县升格，至于称某某监者，多称矿区或盐区。严格说来，府、州、军、监均等于州，不过辖区有大有小，有矿无矿而已。

八、辽、金、元官制概况

辽代中央官制分为北面官与南面官两系。南面官多仿唐宋而用来安置汉人，自然不会有什么实权。重要的是北面官系统，需要介绍的也自然是北面官系统。

辽的中枢机构是北、南宰相府（这儿的"南"属北面官系统）。做宰相的，不出皇族耶律氏和后族萧氏。

辽虽也有北、南枢密院，但和宋不同，颇类宋之兵部和户部，因为北枢密院掌管契丹军政，南枢密院则掌管民政。

此外还有北、南大王院，宣徽北院与南院。掌管刑狱的叫夷离毕院，掌管文翰的叫大林牙院，掌管礼仪的叫敌烈麻都司。

辽的地方行政基层单位是县，一如前代。京都所在州称府，有尹、同知、少尹等官。

金代以尚书省总揽大政，尚书令为最高长官。其下左右丞相与平章政事为宰相，左右丞与参知政事为执政官。

至于中央六部官职，大抵如前。

元代大政总汇于中书省，中书令为最高长官，次为左右丞相，次为平章政事，还有左右丞与参知政事。这些都和金制相似。

元代和宋代一样，以枢密院与中书省分掌军、政，不同的是，元代在多用兵处设行枢密院。

元代中央六部多设附属机关，如户部有宝钞提举司、酒课提举司、都转运盐使司等；礼部有侍仪司、拱卫直都指挥使司、会同馆、铸印局等；兵部有陆运提举司、打捕鹰房民匠总管府；刑部有司狱司、司籍所；工部有诸色人匠总管府、提举右八作司等。

元代地方区划大致分为省（行中书省）、道、路、府（州）、县五级。路一般设总管府，府设府尹，州设州尹，县设县尹。

九、明代官制概况

明初仿元制，设中书省左右丞相，掌管中枢政务。洪武十三年废中书省，永不立相，由六部尚书分任国务，共同执政。

但是皇帝毕竟不能事必躬亲，于是由文翰机关中选调几名官员，帮助草拟诏令，冠以殿阁大学士的头衔，这就是明代内阁之始。后来，六阁权位渐渐高于六部，大学士们成为辅臣，首席大学士称为元辅或首辅。

明代六部尚书、侍郎都是堂官，其中吏部掌用人之权，更为重要。六部所属各司均设郎中、员外郎等官。

明代中央设有都察院，与六部平行。都御史为台长，与六部长官合称七卿。

另外，中央还设有通政使司，掌受内外章疏敷奏封驳之事。大理寺掌刑名；詹事府为太子官属。

翰林院沿前代之制，设承旨，后虽革去，但内阁学士乃至六部长官几乎都由翰林而来，所以到了清代，只有翰林出身者方能入阁。

其他如太常、光禄、太仆、鸿胪等寺，仍如前代。

明代曾沿用元代行中书省制，洪武九年改为承宣布政使司，长官为左右布政使，下有左右参政、左右参议。布政使实际就是一省的最高行政长官。一省之中除掌管民政的布政使司外，还有掌管军政的都指挥使司，管理刑狱的提刑按察使司。中期以后，中央以部院大臣出任总督、巡抚，前往各地稽查。

这本是临时差委，但日久天长，渐成定制。而督抚到清代就成为一省的最高长官。

明代的府、州、县长官一律改称知府、知州、知县，只有京都所在的府，长官仍称府尹。知府之下有同知、通判、推官，知州之下有同知、判官，知县之下有县丞、主簿。

十、 清代官制概况

清初官制十分简单，由旗总管大臣负责军务；负责政务的是议政五大臣与理事十大臣。太宗时设内三院（内秘书院、内弘文院，内国史院）及六部、都察院。后来仿照明制，把内三院改为内阁，位在各官署之首。内阁大学士虽是文臣的最高荣称，但并无实权。真正发号施令的是军机处。军机大臣三四人至五六人不等，多由各部、院长官兼任。

清代六部尚书、侍郎也负责国务，其中有的已身兼军机大臣，更不待言。六部以户部最重，因为是财政总枢。

六部之外，都察院也是中央高级机构之一，情形和明代相似。此外，翰林院、詹事府及各卿寺都沿袭明代。

清代地方机构层次大致是，总督治一省或几省，巡抚治一省，总督、巡抚为省级最高长官，布政使、按察使（简称藩、臬）是督抚的高级属员，大致相当于今天的省厅厅长。道员本是布政司、按察司长官的佐贰，后来与司脱离关系，成为司与府之间的一级。府下则为州县。清代州县的公文，要先申府，府申道，道呈司，司送呈督抚。层层送呈，层层批转，其效率也就可想而知了。

十一、实职外的各种称号

历代官名，除实职以外，还有不同门类的各种表等级的称号，下面分类说明。

（一）品

古代把职官分为若干等级，通称为品，以区别官位的高低。

汉代以禄石（shí）多寡为官位高低的标志，如中央行政长官九卿为中二千石（月俸一百八十斛），地方长官刺史、太守为二千石（月俸一百二十斛）。故后世常用二千石代称刺史、太守。

曹魏时把职官分为九品，一品最高，九品最低。隋唐时九品又分为正从，自正四品起，每品又分上下二阶，共三十阶。

九品以内的职官称为流内，九品以外的职官称为流外。流外官经过考铨得转授流内官，称为入流。此后，官品大致均沿唐制。

文武百僚皆以官品高下排列班序。如宋明道初年，张士逊为宰臣，杨崇勋任枢密使，张班位在前。后二人同日外放，张士逊以右仆射判河南府，杨崇勋以节度使、平章事判许州。次日入谢，杨崇勋班反居上。仁宗问之，士逊奏答："崇勋系使相，臣官只仆射，当在下。"可见官职一变，品位即变，班序亦变。（亲王、枢密使、留守、节度使兼侍中、中书令，同平章事者，谓之使相。）

（二）阶

《隋书》卷二十八："居曹有职务者为执事官，无职务者为散官。"唐代把前代散官官号加以整理补充，规定品级，作为标志官员身份级别的称号，叫阶，通称为阶官。

宋代文散官二十九阶如下：开府仪同三司（从一）、特进（正二）、光禄大夫（从二）、金紫光禄大夫（正三）、银青光禄大夫（从三）、正奉大夫（正四上阶）、中奉大夫（正四）、太中大夫（从四上阶）、中大夫（从四）、中散大夫（正五上）、朝奉大夫（正五）、朝散大夫（从五上）、朝请大夫（从五)、朝奉郎(正六上)、承直郎(正六)、奉直郎(从六上)、通直郎(从六)、朝请郎(正七上)、宣德郎(正七)、朝散郎(从七上)、宣奉郎(从七)、给事郎(正八上)、承事郎(正八)、承奉郎(从八上)、承务郎(从八)、儒林郎(正九上)、将仕郎(从九)。六品以下文散官皆称郎。

武散官自骠骑大将军至陪戎校尉共三十一阶,从略。

《旧唐书》卷四十二:"凡九品以上职事,皆带散位,谓之本品。职事则随才录用,或从闲入剧,或去高就卑,迁徙出入,参差不定。散位则……劳考进叙。"可见官职可高下升降、内外迁徙,而官阶未转则不变。

由于阶官品级和职官品位不一定相应,所以职官称号上就得有所标志。凡阶官高于职事官,就在职事官上加"行"字,阶官低于职事官一品,就在职事官上加"守"字,阶官比职事官低二品以下则加"试"字,品相同则不加。

(三)服色

隋代开始有"品色衣",服色成为区别官阶的一项标志。唐代皇帝服色为柘黄,官员自一品至九品以紫、绯、绿、青为差。宋代则三品以上服紫,五品以上服绯,九品以上服绿。文言中常见的"服绯"表示官阶已至五品,"服紫"就是三品或三品以上的高官了。

白居易曾任中书舍人、知制诰，时元简为京兆亚尹，官阶都是六品，不得著绯，所以白居易在《重和元少尹》中写道："凤阁舍人京亚尹，白头俱未著绯衫。"

唐宋时，官员外除刺史，阶官虽未至五品，例可"借绯"，即借服绯袍。不任刺史，则仍服原色。

如果皇帝特别恩赐，未至三品也可服紫，未至五品也可服绯。这称为"赐紫"或"赐绯"。

《旧唐书·舆服志》记有"文武之官皆执笏，五品以上，用象牙为之，六品以下，用竹木"，知道这点，读沈佺期《回波乐》"回波尔时佺期，流向岭外生归。身名已蒙齿录，袍笏未复牙绯"，就知道说的是尚未得服绯袍、捧牙笏，即官复五品。

（四）勋

唐代曾取前代一些散官官号略加补充，作为酬赏军功的勋号，通称勋官，共十二级。宋沿唐制，勋官亦为十二级，名称是：上柱国、柱国、上护军、护军、上轻车都尉、轻车都尉、上骑都尉、骑都尉、骁骑尉、飞骑尉、云骑尉、武骑尉。

勋官也是一种计资的方法，并不是实职。如宋李端愿自署为"镇潼军节度观察留后、金紫光禄大夫、检校刑部尚书、使持节华州诸军事、华州刺史、兼御史大夫、上柱国",其中"上柱国"就是勋官。

(五) 爵

旧说,周代封爵有公、侯、伯、子、男五等。后来,"王"称"帝","王"也渐渐成为封爵的一等。汉代封爵只有王、侯二等:皇子封王,相当先秦的诸侯,故通称诸侯王;异姓受封,通称列侯。三国以后,历代封爵制度虽不尽相同,但同姓封王、异姓封侯这个原则大致一样。晋宋以后,爵号前加"开国",以示尊显。

据《宋史》,宋代爵位共十二等,是:王、嗣王、郡王、国公、郡公、开国公、开国郡公、开国县公、开国侯、开国伯、开国子、开国男。大致说,"王"至"郡公"封皇子、兄弟、近亲、宗室,"开国公"以下封文武臣僚。

前代,爵封连带食邑。食邑,就是食其封邑之租税。唐代以来,食邑渐成虚设。到了宋代,已是"空有食采之称,真同画饼之妄"了。

食邑与爵称的对应关系大致是,食邑二千户以上封公,一千户以上封侯,七百户以上封伯,五百户以上封子,三百户以上封男。

（六）赐

皇帝为优礼大臣，特加恩赐种种待遇，计有：剑履上殿、诏书不名、赞拜不名、入朝不趋、紫金鱼袋、绯鱼袋。其中与官号相连的是后两种。这里说说什么是"鱼袋"。古时符作虎形。唐时官符作鱼形，用来盛鱼形官符的袋叫"鱼袋"。鱼袋本分玉、金、银饰三等，宋代仅以金、银为饰，袋里不再有符。《宋史·舆服志》说："鱼袋以金、银饰为鱼形，公服则系于带而垂后，以形贵贱。"自然，"赐紫金鱼袋"即可"服紫"，"赐绯鱼袋"即可"服绯"。

（七）检校官

汉代即有"加官"之制，如果正规官在本官之外加上侍中、左右曹、诸吏、散骑、中常侍、给事中等名号，就有出入宫内的权利。

唐宋时的检校官是加官，只是虚衔而无实职。检校官共十九级：太师、太尉、太傅、太保、司徒、司空、左仆射、右仆射、吏部尚书、兵部尚书、户部尚书、刑部尚书、礼部尚书、工部尚书、左散骑常侍、右散骑常侍、太子宾客、国子祭酒、水部员外郎。

一般说来，皇子初授官加太尉，初授枢密使、使相及前任宰相、枢密使除节度使加太傅，初授宣徽、节度加太保。宗室初除使相加尚书左仆射，特除并换授诸司使以上加工部尚书，诸司副使加右散骑常侍。除通事舍人、内殿崇班以上，初授加太子宾客，等等。如唐李德裕以前任宰相除荆南节度使，曾加太尉，其时官称全名为"检校太尉、同平章事、江陵尹，荆南节度使"；杜甫曾经严武奏请而为"节度参谋、检校尚书工部员外郎、赐绯鱼袋"。

（八）兼官

兼官名目很多，官号中常见的是"兼御史大夫"与"兼某州刺史"两种。所谓"兼御史大夫"之类，即指兼有纠察官吏之权，并不在御史台任事。这一类兼官除御史大夫外，还有侍御史、殿中侍御史、监察御史，当时称这种兼官为带"宪衔"。唐代"兼某州刺史"常指节度使兼任所在州州刺史。如元稹为"检校户部尚书、兼鄂州刺史、御史大夫、武昌军节度使"，其中"兼鄂州刺史"即由"武昌军节度使"而来。宋代只有亲王外戚及前任宰执大臣有特殊资望者，方授节度使虚衔，实际并不履任。宋代后期，"直秘阁"也成为其他官员的兼衔，称为"贴职"。

（九）祠禄官

宋代设祠禄之官以佚老优贤。所谓祠禄，是以道教宫观为名给予一定待遇，以示优礼。在京宫观，多以宰相、执政充使，或丞、郎、学士以上充副使。后来，前任宰执留京师，多除宫观以示优礼。除使、副之外，又有提举、提点、主管等名。如元丰八年（公元1085年），资政殿大学士吕公著兼侍读，提举中太乙宫兼集禧观公事。

（十）封赠

包括"赠官"和"叙封"两项。所谓赠官，是给官员已故父、祖等封赠官号。赠官高下，视本官阶爵的高下。所谓叙封，是给官员祖母、母亲与妻子等一定封号。封号高下也视本官阶爵的高下，封号有国太夫人、郡太夫人、郡太君、国夫人、郡夫人、郡君、县太君、县君等。

十二、附说"科举"

为了选拔人才，笼络知识分子，以巩固政权，我国历代统治者逐步建立和完善了一套科举制度。所谓"科"，就是考试的科目、门类，所谓"举"，就是由地方政权选拔推荐人才。

成书于战国时代的《周礼》就讲到三年举行一次"大比",以考查乡人的德行道艺,选拔贤能的人才。《礼记》记有各级选中的人员名称"秀士"、"俊士"、"造士"、"进士"。这些记载当然还不能证明先秦确有贡举制度,但是后世科举制度的一些做法和用语确是从这里来的。

西汉初年,全国统一,政务、事务日繁,人才的需求自然更加迫切。汉高祖下过求贤诏,汉文帝也曾下诏察举贤良方正直言极谏之士,武帝又诏令天下察举孝廉和茂材(即秀才)。凡经荐举到朝廷的吏民,通过名为"对策"和"射策"的考试,优异者即可除授官职。所谓"对策",就是将政事或经义方面的问题写在简策上,使应举者作答。"射策"类似选题考试,由应举者选择简策上的疑难问题作答。

东汉大体沿袭西汉,只是西汉以举贤良为重,东汉则以察孝廉为重。到东汉末期,这套察举制度流弊日甚,终至有"举秀才,不知书;察孝廉,父别居"之讥。

魏晋以后,地方察举孝廉、秀才的制度未废,所以李密《陈情表》说:"前太守臣逵察臣孝廉,后刺史臣荣举臣秀才。"但曹魏所立"九品官人"之法却渐渐占了上风。九品官人法,是由州郡设中正官负责品评地方人物高下,向朝廷推荐。按照一定标准，把人物分为上上、上中、上下、中上、中中、中下、下上、下中、下下九品。由于由中正官品评，所以九品官人法又称九品中正制。担任中正官的都是"著姓士族"，人物品评自然全被豪门贵族把持，于是出现了"上品无寒门，下品无士族"的明显分野，而九品实际上只不过是门第高低的标志罢了。

隋代废止九品中正制，改设进士、明经二科取士，把选官权力收归中央。

唐承隋制，并增设明法、明字、明算诸科，仍以进士、明经二科为主。进士科重文辞，明经科重经术。高宗以后，进士科最为世人所重。

唐代中央主持考试的机关先是吏部，后为礼部；考官先为吏部考功员外郎，后改为礼部侍郎。考生及第以后称考官为座主，为恩门，自称门生。同科及第者互称同年。

唐代新科进士及第以后，除向皇帝谢恩以外，还要集体拜谢主司，然后在京师举行多次宴会，其中以曲江亭宴与关宴最为隆重。宴会后，即群赴慈恩寺雁塔题名。

唐代进士、明经等科，一般每年都举行考试。有时为了特殊需要，皇帝可特诏举行考试，这叫"制举"。

附带说一下，唐人进士及第后尚未授官，称为前进士，还要参加吏部"博学宏词"或"拔萃"的考选，取中后才授予官职。

五代、宋、元开科取士的情况，大致相类。

明、清两代，科举考试的规定更加完备，更加严密。因为两代科举制度大致相同，下面简要介绍清代的。

清人为了取得参加正式科举考试的资格，先要参加童试，这些人称为童生。童生录取入学后称生员，俗称秀才。学分府、州、县学。

生员分三种，成绩最好的是廪生，有一定名额，由公家发给粮食，其次是增生，新入学的称为附生。

正式的科举考试分为三级：乡试、会试、殿试。

乡试通常每三年举行一次，在南京、北京和各省城进行，由皇帝任命的主考主持，考期在秋天，故称秋闱。乡试考中者为举人，前五名叫五魁，第一名叫解元。

会试也每三年举行一次，地点在京城，由礼部主持，考期在乡试次年的春天，故又称春闱。因为在礼部会试，所以也称礼闱。应试者为各省举人，考中者称为贡士，第一名叫会元。

以上诸种考试主要是考八股文和试帖诗等。八股文题目出自四书五经。

殿试名义上是由皇帝在殿廷上对会试合格的贡士进行考试。殿试分三甲（三等）录取。第一甲赐进士及第，第二甲赐进士出身，第三甲赐同进士出身。第一甲录取三名，第一名俗称状元，第二名榜眼，第三名探花。殿试揭晓时，在太和殿唱名，同时在长安街张挂榜文，榜用黄表纸制成，称为"金榜"。"金榜题名"就是中了进士。

一甲三名殿试后即授官，状元授翰林院修撰，榜眼、探花授翰林院编修。二、三甲进士得再经过一次朝考才授官。朝考最优者授翰林院庶吉士，其余分别授予京官或州、县地方官。

清代还有所谓贡生，每一年或两三年由地方选送年资长久的廪生入国子监肄业的，称为"岁贡"。逢国家庆典进贡的生员，称为"恩贡"。每三年由各省学政保送国子监的生员，称为"优贡"。每十二年由各省学政考选生员保送参加朝考合格的，称为"拔贡"。乡试取入副榜直接送入国子监的称为"副贡"。

很长时期，科举制为封建统治者收罗人才，巩固政权，确实起了不小的作用。这种制度，随着中国封建制濒临崩溃，于清末光绪三十一年废止了。

第四节　生活用物

内容提要：一、衣饰：(一) 头衣；(二) 体衣；(三) 胫衣；(四) 足衣；(五) 寝衣；(六) 丧服。二、饮食：(一) 粮食；(二) 肉食；(三) 蔬菜；(四) 酒；(五) 饮食器。三、宫室。四、舟车：(一) 车马；(二) 舟楫。五、什物。

古代的生活用物，品种繁多，代有变迁，名称各异，难以详述。现就文言中常出现的一些衣饰、饮食，宫室、舟车和什物方面的，分述如下。

一、衣饰

古代衣饰有头衣、体衣、胫衣，足衣、寝衣等。

（一）头衣

古代头衣有冕、弁（biàn）、冠、巾、帻（zé）、幞（fú）、凤冠、花冠等。

冕 古代最贵重的黑色礼帽，是天子、诸侯、卿大夫等祭祀时戴的。上面有长方形的板叫延（綖，yán），延的前后沿挂着一串串小圆玉珠，叫旒（liú）。《淮南子·主术训》："古之王者，冕而前旒。"旒的多少标志着等级身份的不同，《礼记·礼器》："天子之冕朱绿藻，十有二旒，诸侯九，上大夫七，下大夫五，士三。"冕上有很多装饰，《左传·桓公二年》："衡、纮（dǎn）、纮（hóng）、綖，昭其度也。"衡、纮、纮、綖都是冕上部件的名称。衡是使冠冕固着于发髻上的横簪；纮是冕上挂瑱（tiàn）的绳子；纮是颔下的冠缨，由颔下挽上而系在笄（簪子）的两端。冕最初由麻、葛制成，《论语·子罕》："麻冕，礼也。"南北朝以后只有皇帝用冕，所以有的用"冕旒"指代帝王。王维《和贾至舍人早朝大明宫之作》："万国衣冠拜冕旒。"

冕

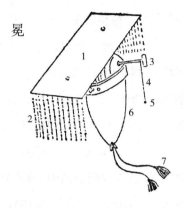

1. 綖　2. 旒　3. 衡
4. 紞　5. 瑱　6. 紘
7. 纓

弁　古代比较尊贵的礼帽。有爵弁、皮弁之分。王先谦《释名疏证补》："以爵韦为之，谓之爵弁；以鹿皮为之，谓之皮弁。"爵弁是文冠，没有板旒，比冕低一级。皮弁是武冠，用白色鹿皮制成，小顶。鹿皮缝合处缀有一行行闪闪发光的小玉石，像星星。《诗经·卫风·淇奥》："会弁如星。"

冠　上层男子的帽子。《说文》："冠，絭（juàn，约束）也，所以絭发。"古人不剪发，用笄绾发髻，然后用冠束住。冠圈两旁有两根小丝带，叫缨，可以在颔下打结，结下面垂着的部分叫緌（ruí）。古代男子年二十举行加冠礼，表示成年。《礼记·冠义》："已冠而字之，成人之道也。"《论语·先进》：

"冠者五六人，童子六七人。"成年人用冠，童子只能束发。冠又是帽子的总称，冕和弁也是冠。冠种类很多，质料和样式不尽同。《论语·先进》中的"章甫"，即章甫冠，是贵族的礼帽，方而高。秦汉以后，冠的名称和形制日益复杂。《后汉书·舆服志》记载一种"进贤冠"的样式："前高七寸，后高三寸，长八寸。"古代冠梁根数多少标志着官阶的高低。例如唐代品官服制，一至三品戴三梁冠，四至五品戴二梁冠，六至九品戴一梁冠。清代的帽饰也标志着官阶的高低。帽子的顶，一品用红宝石，二品用珊瑚，三品用蓝宝石，四品用青金石，五品用水晶，六品用玉石……复杂多样。

巾　冠的一种，用葛或缣制成，横著额上。《释名》："士，冠；庶人，巾。"可见庶人只能戴巾。到汉代，盛行以幅巾裹发。男子用绢一幅束发，是一种表示儒雅的装束。汉末农民起义军裹黄巾。后来王公臣僚也有以裹巾为雅的，以三尺幅巾包头，两端在脑后打结；或裁成四脚，两脚在前，两脚在后。两脚又有往上翘（帝王）和往下垂（人臣）的区别。巾，又称帩（或绡）头，即包髻巾。古诗《陌上桑》："脱帽著帩头。"

帻　包发的巾。蔡邕《独断》："帻者，古之卑贱执事不冠者之所服也。"可知巾帻原为平民所戴。后因帻有压发定冠的作用，统治阶级有的也用它包髻，或用它包额发，再加冠。汉元帝额有壮发，不欲使人见，始戴帻。王莽秃顶，戴冠不方便，只好先戴帻，帻上再加冠。从此，帻上加冠的戴帽方法就相沿下来。但统治阶级的帻和平民的帻不同，平民的帻是黑色或青色的，故秦称百姓为"黔（黑色）首"，汉称仆隶为"苍（青色）头"。

幞头 亦作襆头，一种包头巾。有四带，两带系脑后，下垂，两带反系头上，令曲折附顶。也称四脚巾或折上巾。一般用黑色纱、罗制成，后面的下垂部分是软的，所以叫"软脚幞头"。后因纱软不挺，用铜、铁丝将软脚撑起来，成为"硬脚幞头"。后又将硬脚做成不同形状，成为"翘脚幞头"、"展脚幞头"。帝王臣僚戴两脚向两侧平直伸长的"展脚幞头"，身份低的公差、仆役则戴无脚幞头。

凤冠、花冠 统治阶级妇女戴的礼冠。凤冠上有一个展翅凤凰，缀以珠玉金钗。唐宋时代有一种用罗帛仿真花做的花冠。宋代妇女喜欢梳高髻，花冠有的高三尺。

（二）体衣

古代体衣有衣、裳、裙、袍、襦、袿、褐、布衣、衮、裘、襌、袷、绅带等。

衣裳 王先谦《释名疏证补》："凡服上曰衣。衣，依也，人所依以芘（bì，遮蔽）寒暑也。下曰裳。裳，障也，所以自障蔽也。"可知上衣、下裳，各有作用。《诗经·齐风·东方未明》："颠倒衣裳。"先秦时衣长而裳短，裳的上半藏衣内。古代男女服装差别不大，男女都穿裳。上士元（黑色）裳，中士黄裳，下士杂裳。《诗经·邶风·绿衣》："绿衣黄裳。"与衣裳相类的还有裙。《释名》："裙，群也，连接群幅也。"可知裙是集众幅而成的。唐宋以后，女以裙为常服，男以袍为常服。后来，衣裳泛指衣服。白居易《卖炭翁》："卖炭得钱何所营？身上衣裳口中食。"

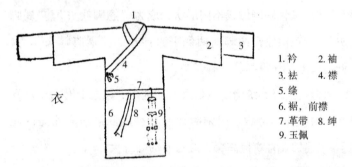

1. 衿　2. 袖
3. 袪　4. 襟
5. 缘
6. 裾，前襟
7. 革带　8. 绅
9. 玉佩

衿　衣领。《诗经·郑风·子衿》："青青子衿，悠悠我心。"子衿，青绿色衣领，为学子所服。衿，亦作襟。衣前也称襟，即衣下两旁掩裳处。中原一带衣襟右掩。《论语·宪问》："子曰：微管仲，吾其被（披）发左衽（襟）矣。"可见左衽不是中原的习俗。

袍　长衣,下无裳,包住全身。南朝梁陈之间顾野王《玉篇》:"袍,长襦也。"西汉史游《急就篇》颜师古注:"长衣曰袍,下至足跗;短衣曰襦,自膝以上。"古者袍必有表,后代为外衣之称。《论语·子罕》:"衣敝缊(旧絮)袍,与衣狐貉者立,而不耻者,其由也与?"缊袍敝衣,是贫贱者穿的。汉以后,有绛纱袍、蟒袍、龙袍等,这种袍已成为朝服。

襦　短衣。段玉裁《说文解字注》:"按襦若今袄之短者。"古诗《陌上桑》:"紫绮为上襦。"古诗《孔雀东南飞》:"妾有绣腰襦。"上襦,即较短的上衣。绣腰襦,是绣花的齐腰短袄。

袿(guī)　长衣。《广雅》:"袿,长襦也。"《释名》:"妇人上服曰袿。其下垂者上广下狭,如刀圭也。"曹植《洛神赋》:"扬轻袿之猗靡兮。"

褐　粗衣。用粗毛或粗麻织的灰色短衣,也泛指贫苦人穿的衣服。因贫苦人穿褐衣,后以"褐夫"作为贫苦人的代称,开始入官场称"释褐"(脱掉褐衣)。

布衣　用麻、葛织品做的衣。上古的布不是棉布(棉花自汉代从西域传入),而是麻、葛织品。帛是丝织品总名。贫苦人穿不起丝织品，只能穿由麻、葛织成的布，因而"布衣"就成为平民的代称。诸葛亮《出师表》："臣本布衣，躬耕于南阳。"

衮　古代天子和王公大臣的礼服，上绣有盘龙图案。后世的龙袍是其遗制。衮有九种，黼黻是其中的两种，上绣斧和钺。

裘　御寒的反毛皮衣。朱骏声《说文通训定声》："裘上必有衣，谓之裼（xī）衣。"裼是在裘的外面加一件袖口较裘略短的罩衣。裼和裘颜色要配。《论语·乡党》："缁衣，羔裘；素衣，麑（ní）裘；黄衣，狐裘。"裘有高低，贵族穿狐、貉裘，百姓穿犬、羊裘。

禅　单衣。《释名》："有里曰复，无里曰禅。"

绅带　古代服装没有纽扣，用丝带系结，然后在腰间束带。带有两种：一种是用皮革制的革带，又叫鞶（pán）；一种是用绢织的大带，叫绅。革带是用来挂佩玉的，左右各一佩玉，走时发出叮当的声音。绅是束在衣外的大带，围于腰间，结在前面，两头垂下；绅又特指这带的两头下垂部分。古代官员上朝，要手执一片称为"笏"的长条板子。这手板按官员的等级分别用象牙、玉、竹、骨制成。笏的用途是在上面写字记事，不用时插在绅带上，叫作搢（又写作缙，插的意思）绅。后来"搢绅"成为官员的代称。乡绅、绅士等词都由此发展而来。平民用的腰带是熟牛皮(韦)做的,所以叫韦带。

(三)胫衣

上古有裳无裤,但有绔(kù),又写作袴(kù)。《说文》:"绔者,胫衣也。"即后世的套裤,穿在两腿上,分挂在腰带上,没有裤裆。后来加上裆,叫裈(kūn),又作裩(kūn)。《急就篇》颜师古注:"袴,合裆谓之裈,最亲身者也。"

(四)足衣

上古鞋叫"屦",汉以后称履。段玉裁《说文解字注》:"今时所谓履者,自汉以前皆名屦。"又有一种鞋叫舄,因它像飞舃(鸟)。履和舄有区别:单底为履,复底为舄。崔豹《古今注·舆服》:"舄,以木置履下,干腊不畏泥湿也。履和舄都是常穿的鞋。"《史记·滑稽列传》:"履舄交错"。古代席地而坐,宾客入室,则脱鞋就席,履舄错杂,形容宾客众多。

蹝(xǐ) 草鞋。蹝同屣(xǐ)、蹝(xǐ)。《孟子·尽心上》:"舜视弃天下,犹弃敝蹝也。"屩(jué)通蹻,也是草鞋,用麻、草做成。《史记·虞卿列传》说虞卿"蹑蹻担簦",意思是穿着草鞋,掮着长柄笠。此外,芒鞿也是一种草鞋。

屐(jī) 木履。木底,有二齿,以行泥地。古人游山多用之。李白《梦游天姥吟留别》:"脚着谢公屐,身登青云梯。"

谢公屐，即谢灵运穿的一种木头鞋。屐和舄不同：舄的底是薄板；屐的底是厚板，而且前后有齿，可以践泥。

古代的鞋分革、丝、麻、草四种。统治阶级穿革履丝鞋，贫士穿芒鞡，劳动人民只能跣足。

袜　袜子。袜本作韤、韈。《说文》："韈，足衣也。"汉代已有袜。曹植《洛神赋》："罗袜生尘。"

（五）寝衣

《说文》："被，寝衣，长一身有半。"《论语》孔安国注："寝衣，今被也。"郑注："今小卧被是也。"衾为大被，寝衣是小被。

（六）丧服

古礼，居丧时衣服要变：由重到轻有斩衰（缞，cuī）、齐（zī）衰、大功、小功、缌麻等分别。亲属关系越近，服丧越重。所谓重，是衣服的材料和缝制的工都粗糙，而且服的时间长。

二、饮食

（一）粮食

五谷　即五种谷物，说法不一。《周礼·天官·疾医》：

"以五味,五谷、五药养其病。"郑玄注:"五谷,麻、黍、稷、麦、豆也。"《孟子·滕文公上》:"树艺五谷。"赵岐注:"五谷,谓稻、黍、稷、麦、菽也。"《楚辞·大招》:"五谷六仞。"王逸注:"五谷,稻、稷、麦、豆、麻也。"后来统称谷物为五谷,但不一定限于五种。还有六谷的说法,指稻、稷、黍、麦、菽、麻。

稷 我国古老的食用作物,别称粢(zī,粟米)、穄(jì,黍之不黏者)、穈(méi,穈子,和黍同类的谷物),是黍的一种变种。但稷究为何谷,古今说法不同,汉以后误以粟为稷,唐以后又以黍为稷。古人以稷为五谷之长,代表谷神,和社神(土神)合称为社稷,并用作国家的代称。《孟子·尽心下》:"民为贵,社稷次之,君为轻。"

黍 黄小米。即北方种的黍子,籽粒黄色,有黏性。《说文》:"黍,禾属而黏者也。"黍是比较好吃的粮食,《论语·微子》:"杀鸡为黍而食之。"《诗经·魏风·硕鼠》:"硕鼠硕鼠,无食我黍。"

麦 有大麦、小麦,还有燕麦、黑麦。宋应星《天工开物》:"凡麦有数种:小麦曰来,麦之长也;大麦曰牟、曰穬(kuàng);杂麦曰雀、曰荞,皆以播种同时花形相似粉食同功而得麦名也。"

菽　豆。上古只称菽，汉以后叫豆。《诗经·小雅·小宛》："中原有菽，小民采之。"

麻　大麻，籽可食，列为五谷之一。

粱　稷之良种，籽可食，又可酿酒。古代常以粱肉或膏粱并称。《汉书·食货志上》："食必粱肉。"

稻　一般指水稻。宋应星《天工开物》："凡稻种最多。不黏者，禾曰秔（jīng），米曰粳（晚熟不黏的稻米）；黏者，禾曰稌（tú，糯稻），米曰糯。"

糗（qiǔ）　干粮，又称餱粮，即炒熟了的米麦等谷物。糒（bèi）也是干粮，多于行军或旅行时食用。

（二）肉食

古人以牛、羊、豕（猪）、狗、鸡、鸭、鹅、兔、鱼、鳖、熊掌等为肉食品。用于祭祀时的牛、羊、豕称为三牲。三牲齐全叫"太牢"；只用羊、豕，不用牛，叫"少牢"。三牲中牛最珍贵，羊较普遍。脩、脯（fǔ）都是干肉。醢（hǎi）是肉酱。醓（tǎn）是肉酱汁。醯（xī）是醋。腊（xī）是干肉。胾（zì）是大块肉。腈（zhé）是薄切肉。脍（kuài）是细切的肉或鱼。鲊（zhǎ）是腌鱼、糟鱼。脔（luán）是切成块状的鱼肉。

（三）蔬菜

战国、秦汉时期，蔬菜品种较少，主要蔬菜有五种，即葵、韭、藿，薤（xiè）、葱。葵，冬寒菜。《诗经·豳风·七月》："七月亨（烹）葵及菽。"唐以后种植逐渐减少。李时珍《本草纲目》将它列入草部，不再作为蔬菜看待。韭，与葱、薤等属于荤辛类蔬菜。藿，大豆的嫩叶。《广雅》："豆角谓之荚，其叶谓之藿。"藿是先秦时代主要蔬菜之一。《战国策·韩策一》："民之所食，大抵豆饭藿羹。"藜，与藿相类的菜，也是平民所食。菘是白菜。葑是蔓菁，即大头菜，根块肉质，可供蔬食。菲是萝卜。《诗经·邶风·谷风》："采葑采菲，无以下体（指根和茎）。"黄瓜，初名胡瓜，原产印度，晋以后传入我国。莴苣，俗名莴笋，原产地中海沿岸，唐代传入我国。杜甫有《种莴苣》诗。菰，俗名茭白。豉（chǐ），豆豉，用豆子制成的豆酱。

（四）酒

我国古代的酒历史悠久，至少在五千年前就已经有了。在河南仰韶、山东大汶口等新石器时代遗址中出土的杯、盉（hé）等，就是饮酒的小型容器。到夏代，饮酒已很流行。《孟子·离娄》："禹恶旨酒。"夏王桀造有"酒池糟堤，纵靡靡之乐"。从商代遗址、墓葬中出土的酒器，名目甚繁，有贮酒的罍，量酒的卣（yǒu）、角，饮酒的爵、觚、斝（jiǎ）、觯（zhì）、觥等。酒种类很多。醪（láo），是一种浊酒。杜甫《清明二首》："钟鼎山林各天性，浊醪粗饭任吾年。"醴，是普遍饮用的一种甜酒，用麦芽制成。醳（yì），是苦酒，又叫醇酒。醑（xǔ），是美酒。醠（àng），也是浊酒。醨（lí），是薄酒，即淡酒。鬯（chàng），是一种高级酒，用黑黍和香草酿成。

浆　泛指饮料，如水浆、酒浆。《诗经·小雅·大东》："或以其酒，不以其浆。"浆也指淡酒。羹，本指五味调和的浓汤，也泛指煮成浓汁的食品。

此外，还有茶和糖。茶，本作荼（tú）。《尔雅·释木》："槚（jiǎ），苦荼。"糖有不同名称。饴（yí），是麦芽糖。饧（xíng），是由麦芽或谷芽熬成的糖。

（五）饮食器

殷周的饮食器兼用于祭祀，已相当发达，主要的是以下这些：

鼎　煮肉、盛肉的炊具。常见的是圆形，三足两耳。也有方形的。大鼎曰鼐（nǎi）。有几种肉就分几个鼎煮，叫"列鼎而食"。按照等级身份的不同，列鼎的数目有三鼎、五鼎、七鼎、九鼎的区别。肉煮熟之后，用匕（长柄汤匙）从鼎里取出肉，放在俎（zǔ，砧板，长方形）上，用刀割着吃。所以后人常用刀俎比喻宰割者，如《史记·项羽本纪》："如今人方为刀俎，我为鱼肉，何辞为？"封建贵族进餐时，鸣钟奏乐，所以叫"钟鸣鼎食之家"。鼎多用青铜制成，盛行于殷周，汉代仍流行。

鬲（lì） 煮饭的炊具。形似鼎，有三只空心的短足，烧水时易沸。殷周时流行，陶制，兼用青铜制。

甗（yǎn） 炊具。陶制或青铜制，盛行于商周时期。上古煮饭用鬲，蒸饭用甗。甗分上下两层，下层似鬲，里面盛水，烧火煮水，使蒸气升到上层；上层似甑（zèng）。甑是底部有孔的蒸器。段玉裁《说文解字注》："甑所以炊蒸米为饭者，其底七穿，故必以箅蔽甑底，而加米于上。"

釜甑 是配合使用的一种炊具，盛行于汉代，有铁制的，也有铜和陶制的。釜似锅，敛口，圆底，有两个耳，可置于灶口，用来煮饭。甑似盆，底部有许多透气的细孔，可置于釜上用于蒸煮，如同现代的蒸笼。

豆 《说文》："古食肉器也。"形似现代的高脚盘，有的有盖，初盛黍稷，后用以盛肉酱或肉羹。上古木豆叫豆，竹豆叫笾（biān），瓦豆叫登。盛行于商周时期。

簋（guǐ）簠（fǔ）　盛黍稷稻粱器，也用以盛饭。簋，一般是圆形，有圆口，圆腹（足在腹底，成圈状），两旁有耳，是用青铜或陶制的。簠，长方形，有两耳，用途与簋相同。古书上常以簋簠并举。《周礼·地官·舍人》："凡祭祀，共（供）簋簠，实之陈之。"郑玄注："方曰簠，圆曰簋，盛黍稷稻粱器。"

箪（dān）　盛饭的用具，用竹或苇制成。《孟子·告子上》："一箪食，一豆羹，得之则生，弗得则死。"

彝　酒器总名，鸡形。《说文》："宗庙常器也。"

爵　酒器。用于温酒和饮酒。形似爵（雀），有流（便于液体流出的嘴）、柱（柱状把手）、鋬（备手把握的部分）和三足。下面可用火烧。用青铜制成，盛行于西周初期。

斝　铜制酒器。似爵而较大，有三足，两柱一鋬，圆口平底，盛行于商代。

觚（gū）　酒器，长身侈口，口部与底部呈喇叭形，细腰，圈足。盛行于商代和西周初期。

尊　酒器。又作罇，今作樽。形似觚而中部较粗，口径较大，高圈足。形制较多，有方形的，有圆形的。

觥（gōng）　饮酒及盛酒器具。腹椭圆形，底有圈足，有流,有把手。盖作兽头形。古代用兽角制,后来也用木或铜制。

缶(fǒu) 盛酒浆的瓦器,小口大腹。也用作敲击乐器。秦人唱歌,常以击缶为节拍。《史记·廉颇蔺相如列传》:"秦王为赵王击缶。"

卮(zhī) 盛酒器。有角制的,有玉制的。

箸(zhù) 也作筯,筷子。《韩非子·喻老》:"昔者纣为象箸而箕子怖。"可知商代已有筷子。

据《周礼》,统治阶级管饭食的官吏有:膳夫、庖人、内饔、亨(烹)人、鱼人、鳖人、腊人、甸师、兽人。还有酒正、浆人、凌(冰)人、醢人、醯人、盐人等。有的厨师被重用,如齐桓公时的易牙就是。

三、 宫室

古代宫室是房屋的通称。《尔雅·释宫》:"宫谓之室,室谓之宫。"宫室同义,都是指房屋,而不是专指帝王的宫殿。秦汉以来,帝王建筑了许多宫殿,宫和室才分开了。

堂、室、房 古代宫室一般朝南,基本上有堂,有室,有房。其主要结构有栋(东西曰栋,即屋脊上的大梁)、梁(南北曰梁)、楹(上下柱)、楣(房屋的横梁,即二梁;又是门上横梁)等。堂设在房子的前部,不住人。堂前有东西两根楹柱。东西壁叫序,东壁叫东序,西壁叫西序。堂的后面是室,住人,有户有窗。户偏东。户西相应的位置有窗叫牖。还有一个朝北的窗叫向。《论语·雍也》:"伯牛有疾,子问之,自牖执其手。"牖是户西的窗。《诗经·豳风·七月》:"塞向墐户。"向即朝北的窗。室的东西两侧是东房和西房。室和房各有门户和堂相通。整幢房子是建筑在一个高出地面的台基上,所以堂前有阶,由阶升堂再入室。《论语·先进》:"由也升堂矣,未入于室也。"堂因主人身份不同而有大小,如君主举行典礼的地方叫明堂。

堂又名殿。《说文》:"堂,殿也。"汉代开始称殿,专指宫廷中的主要建筑。殿外有廊有庑。廊,堂下周屋。庑,《说文》:"庑,堂下周屋。"廊和庑没有多大区别,都指堂四周的廊屋。殿前的阶叫陛,所以尊称皇帝为陛下。

阁　古代指堂东西序的一个小狭室,靠东序的叫东阁,靠西序的叫西阁。后来专指供佛或藏书的建筑物。《淮南子·主术训》:"高台层榭,接屋连阁。"阁的平面呈方形、长方形或多边形,一般四周设槅(gé)扇。后世称女子的卧室为阁。《木兰诗》:"开我东阁门,坐我西阁床。"

宫室

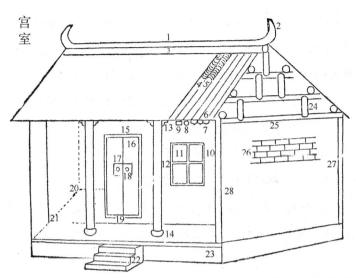

1. 甍（méng，屋脊）
2. 鸱尾
3. 栋（房屋的正梁）
4. 瓪（凹成沟者）
5. 瓦
6. 檐
7. 当（瓦当）
8. 椽
9. 榱（cuī，方的椽称榱，又名桷 jué）
10. 窗
11. 交疏（窗内花格）
12. 柱（楹、桴）
13. 节（又名斗栱，殿阁长檐下结构复杂的支柱也名斗栱）
14. 础（柱下石）
15. 楣（门楣上加横梁表官阶高低者，叫楣梁）
16. 门（两扇称门，一扇称户）
17. 铺首（上加铜环的铜片为铺首）
18. 环
19. 槛（门限）
20. 屋漏（室之西北隅）
21. 奥（室之西南隅）
22. 阶
23. 砌
24. 欂栌（bólú，俗名梁上短柱）
25. 梁（楣、庪）
26. 墙壁（甓、砖）
27. 宧（室之东北隅）
28. 窔（yào，室之东南隅）

台、榭、观（guàn）、阙（què）　都是上层人物的建筑物。高而平的建筑为台，一般供望远或游览用。建在高台上的木结构敞屋，只有楹柱而无墙壁的称榭；建在水上的叫水榭。观是宗庙或宫廷大门外两旁的高建筑物，可以登高观望，如汉宫中有"白虎观"。至于道教的庙宇叫观，是后起的意义。阙，古代宫殿、祠庙和陵墓前的高建筑物，通常左右各一。宫殿之间有长廊，长廊只有柱，加窗壁的称复道。

楼　《说文》："楼，重屋也。"就是上下两层屋。古代城墙上和宫殿四角多有楼，用于瞭望。《墨子·备城门》："三十步置坐候楼，楼出于堞四尺。"能住人的高层楼房始于汉代。

轩　建在房屋前，向外有窗槛，敞亮的建筑物。

亭　行人停留食宿的处所，又指边地岗亭。《史记·秦始皇本纪》："筑亭障以逐戎人。"后世专指供休息观赏的小建筑物，多为圆形，四面敞开无墙。

砖　即甓（pì）。《诗经·陈风·防有鹊巢》："中唐有甓。"唐，指堂下通过中庭去前门的路。可知春秋时已用砖（土坯）修路。古代用土坯筑墙，土坯叫墼（jī），意思是抟土使实。

瓦　覆盖房屋的陶制品，有板瓦、筒瓦等。古代，用瓦盖房顶的是统治阶级，一般贫苦人的房顶是用茅草。《诗经》：

"昼尔于茅，宵尔索绹，亟其乘屋，其始播百谷。"

四、舟车

（一）车马

我国车马有悠久的历史。夏代陶器上已有车轮的花纹；殷代甲骨文的"车"字颇像车的形状，已有车厢、车辕和两个轮子；西周《车鼎》，车字象形，已有舆，用二马，有鞭策。周代车的种类很多，有王侯将相的路车，有作战用的戎车，有老百姓用的舆和辇等。车的工艺很讲究，因而出现了论造车技术的《周礼·考工记》等专书。

古书上车马并称，如：《诗经·唐风·山有枢》："子有车马，弗驰弗驱。"《论语·公冶长》："愿车马，衣轻裘，与朋友共，敝之而无憾。"马是用来驾车的，所以乘马就是乘车，御车就是御马。但春秋时也有骑马的，《左传·昭公二十五年》："左师展将以公乘马而归。"到战国时代，赵武灵王胡服骑射，从匈奴那里学来骑马，骑马之风逐渐盛行。

古代，一般车用一匹马。车前驾二马叫骈，驾三马叫骖，驾四马叫驷。天子用六马或四马。驾四匹马时两旁的马，左叫骖，右叫骓，中间二马叫服。《楚辞·九歌·国殇》："左骖殪兮右刃伤。"王勃《滕王阁序》："俨骖𬴂于上路。"

乘（shèng） 古代一车驾四马为一乘。乘和驷是马车的单位名称，指四匹马一辆车。《史记·陈涉世家》："比至陈，车六七百乘，卒数万人。"古代兵车一乘用四马，三甲士在车上，四甲士在车下两旁护车，车后跟随无甲的士卒若干人。春秋战国时期，兵车多少是国家大小和强弱的标志，所以说天子是万乘之国，诸侯是千乘之国。贾谊《过秦论》："秦以区区之地，致万乘之势。"这说明秦国强大，兵力雄厚。车也有用牛拉的。汉代以后，统治阶级喜乘牛车，因牛车慢，车身高大，可以坐卧。王世贞《艺苑卮言》："凡三代两汉皆用马车，魏晋至梁陈皆用牛车。"

辇 秦汉之时，辇专指皇帝皇后在宫廷中乘的轻软车，不用马牛拉，而是用人挽。乘车有等级之别，汉代皇帝乘辂（lù）车，高级官吏乘轩车，一般官吏乘轺（yáo）车。

车种类繁多。晋有长檐车，车前有檐长而高。辇（qióng）是独轮车。辎车是一种轻车。辒（wēn）辌（liáng）车是有窗可开的卧车，冬温夏凉，据说为秦始皇出巡时所乘，这种车也作丧葬用。轒（fén）辒车是古代木制的战车，蒙以生牛皮，用四个轮子推进。猎车用于狩猎。鼓吹车是载乐队用的。斧车是作为仪仗用的,上立斧钺。

古代统治阶级的车不仅种类繁多,而且装饰豪华,制作考究。在秦始皇陵西侧出土的装饰华丽、结构复杂的两乘秦代大型彩绘铜车马,标志着两千多年前我国冶炼技术和加工工艺达到的高水平。车有车盖,有车帷。车的帷幕,前衣叫䄖(píng),后衣叫䄛,盖衣叫幔。车盖多作伞形。车上装置銮铃,行车时锵锵作响。

古代有关车马的名物主要是:

舆　车厢。有方形、长方形、六角形等。

绥　《说文》:"绥,车中靶也。"即系在车中的绳子,好似今天的拉手。《论语·乡党》:"升车必正立执绥。"

輢(yǐ)　车厢两旁供人凭倚的木板。古人乘车都是站在车舆里,叫立乘。輢可以倚靠身体。

轼　车厢前供人凭倚手扶的横木,同"式"。古人在行车途中用扶轼俯首的姿势表示敬意,也叫轼。《礼记·檀弓下》:"孔子过泰山侧,有妇人哭于墓者而哀。夫子式而听之。"

辋　又名輮,车轮的边框,车轮的外周。《释名》:"辋,罔(网)也,罔(网)罗周轮之外也。"

毂（gǔ） 车轮中间车轴贯入处的圆木。毂与辋成为两个同心圆。毂的周围与车辐相接。《老子》："三十辐，共一毂。"毂，也作为车轮的代称。《楚辞·九歌·国殇》："操吴戈兮被犀甲，车错毂兮短兵接。"错毂，轮毂交错，形容双方战车交错，混战在一起。

轮和辐　轮，车轮。车轮中凑集于中心毂上的直木叫辐。辐是一根一根木条，一端接辋，一端接毂。四周的辐条都向车毂集中，叫辐辏（còu），引申为从各方聚集。《汉书·叔孙通传》："四方辐辏。"

辖　插入轴端孔穴的销钉，用青铜或铁制成，俗叫"销子"。车轴两端露在毂外，轴端有孔，插上辖，可防止车轮外脱。

軎（wèi） 车轴的末端，露在毂外的部分，又写作轊（wèi），即车轴头。

轫　轮下阻止车轮转动的一块横木。发动前须先将轫移开，所以启程叫"发轫"。《离骚》："朝发轫于苍梧兮。"

辕和辀（zhōu） 辕是车前驾骡马的直木，即驾车用的车杠，一头连轴，一头连骡马。辀是小车居中弯曲的车杠。辕直而平，用于大车；辀为曲木，用于小车。殷、周的车是独辕，辕在正中。汉以后多为双辕，左右各一。

轸（zhěn） 车厢底部后面的横木。《周礼·考工记》："车轸四尺。"注："轸，舆后横木。"车箱底部四周横木亦曰轸。

轭（è）和衡 轭，人字形，首系在车辕前脚横木，脚驾于马头。衡是车辕前端的横木。大车用轭，小车用衡。

輗（ní）和軏（yuè） 輗是大车车杠（辕）与衡相固着的销子。軏是辕前端与衡衔接处的销钉。用于大车的叫輗，用于小车的叫軏。《论语·为政》："大车无輗，小车无軏，其何以行之哉？"

辙 车轮所过的迹印。《曹刿论战》："下视其辙，登轼而望之。"

鞅 套在马颈上用以负轭的皮带。《说文》："鞅，颈靼（dá）也。"靼是柔革制的皮带。鞯（jiān），衬托马鞍的坐垫。《木兰诗》："东市买骏马，西市买鞍鞯。"勒，套在马头上带嚼口的笼头。《说文》："勒，马头络衔也。"衔是横在马口中备抽勒的铁。

古代马的名称很多，有骏（jùn）、骐、骥（良马）、驹（jū，少壮的马）、骀（tái）、驽（劣马）、骓（zhuī，苍白两色相杂的马）等。

古代乘车尚左，尊者在左方，御者居中，在右的叫骖乘或车右。《史记·信陵君列传》:"公子以车骑,虚左,自迎夷门侯生。"虚左,把左方留给侯生,就是对侯生的尊敬。古代一般是御者居中,只有主帅所乘的兵车是御者在左,主帅居中掌旗鼓,骖乘在右。骖乘由勇士担任,保护主帅。

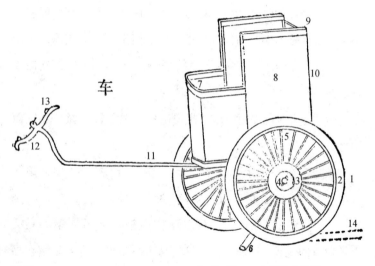

车

1. 轮
2. 辋
3. 毂
4. 轴
5. 辐(三十六辐共一毂)
6. 轫(轮下横木止其动)
7. 轼(车前横木)
8. 轸(líng,车厢的木格栏)
9. 后户(升车处,也有在车前升车的)
10. 厢,即舆
11. 曲辀
12. 衡
13. 轭
14. 辙

(二) 舟楫

舟是古代水上交通工具。甲骨文和金文已有舟字。起初是刳木为舟，后来才拼板造舟。连竹、木为筏，可能比舟早。有关舟楫的名称很多。《楚辞·九章·涉江》："乘舲船余上沅兮，齐吴榜以击汰。"其中提到船和榜（摇船用具，如棹）。《论语·公冶长》："乘桴（fú）浮于海。"桴就是木筏。《小尔雅》："小船谓之艇，船头谓之舳（zhú），尾谓之舻。"清钱绎《方言笺疏》："南楚江湘凡船大者谓之舸（gě），小舸谓之艖（chā）。"《释名》记载了不少船的部件名称："其尾曰柁（duò），在旁曰橹，引舟者曰笮（zuó），在旁拨水曰棹，又谓之札，又谓之楫。随风张幔曰帆，外狭而长曰艨冲，以冲突敌船也。上下重床曰舰。"

五、什物

我国家具的历史源远流长，下面讲一些常见的。

席　用芦苇、竹篾等编的铺垫用具。古人席地而坐，席有长有短，短的只坐一人，长的可坐数人。坐时膝着地，臀部坐在脚跟上。起身时，先要挺直腰，臀部离开脚跟，身子比坐着显得长,所以叫长跪,或叫跽。长跪也是对人表示敬意的姿势。筵比席长,是铺在地上垫席的。后世"筵席"专指酒席。古代堂上座位以朝南为尊,室内座位以朝东为尊。用竹篾编的席通常叫簟(diàn)。

床 供人坐卧的用具。古代的床比现在的矮些,既当坐具,又是卧具。《诗经·小雅·斯干》:"载寝之床"的床,指卧具;古诗《孔雀东南飞》:"阿母得闻之,槌床便大怒。"床指坐具。

几 矮或小的桌子,相当现在北方的炕桌。古代人席地而坐,或坐在矮床上,所以放在座前的几是长方形的,不高。据《周礼》所记,当时贵族用的有玉几、雕几、髹(xiū,加赤黑色的漆)几和素几等。

榻 坐卧的家具,四足,比较低矮。小的供一人坐,大的可坐也可卧。

案 一指食案。小而短足的,专作食盘。《后汉书·梁鸿传》:"鸿为人赁春,每归,妻为具食,不敢于鸿前仰视,举案齐眉。"这里的案就是食案,如托盘。一指书案。长方形,高足,桌面的宽度正好与简牍(用绳子穿订成册的简牍就是当时的书)的长度相当。简牍放在这样的桌面上,便于读写。一指奏案,如《资治通鉴》记赤壁之战:"因拔刀斫前奏案。"

匜(yí) 古代洗手盛水的用具。形似瓢,用青铜制成。洗手时,把匜中的水倒在手上,下边用盘承接。

槃 同盘,古代盥洗用具。《礼记·内则》:"进盥,少者奉(捧)槃。"除这种承盘外,还有直接用以盛水洗脸的小盘,用作沐浴的大盘。

烛 古代用以照明的火炬,而不是后世的蜡烛。《说文》:"烛,庭燎大烛也。"烛和庭燎都是火炬。烛是用麻秸做的。庭燎是用苇薪做的,立在地上,比烛大。

镫 同灯,古代照明用具。用青铜制成,上有盘,中有柱,下有底。盘是用来盛油的。古代的灯形似豆(古食器)。可是形式多样:有树枝形的,每枝上有一灯盘;有人物形的,如长信宫灯;有动物形的,如朱雀灯、羊灯等。古代的灯是用兽类的脂肪作膏燃点,而不是像后世用植物油燃点。

镜 以铜磨制而成的镜子。一般作圆形,正面用来照人,背后铸有钮和花纹。用时放在架上,架叫镜台。古代用铜器鉴(盆)盛水照影,所以镜也叫鉴。

奁(lián) 古代妇女盛梳妆用具的匣子,一般为木制,加漆。所以妇女陪嫁物称妆奁。

第五节 姓名及称谓

内容提要：一、姓和氏：姓的性质；氏的性质；姓氏的合一。二、名和字：名、字的性质和关系；取字的各种情况。三、别号之类：别号的各种形式；称官爵；称籍贯、郡望；称行第；称谥号、庙号。四、称谓：自称的种种；称人的种种；割裂姓名；避公讳、家讳。

凡事物都要有名字，有名字才可以因名指实。文言中人的名字很复杂，包括姓、氏、名、字、别号、尊号、称谓，以及不许称谓的避讳等等内容。下面分项介绍一下。

一、姓和氏

姓氏是姓和氏的合称。姓，是表明家族系统的称号。古代社会人从母姓，所以"姓"字从女、从生。氏，是表明宗族的称号，是姓的分支，用以区别子孙的所自出。男子多称氏，女子则称姓。氏还表明身份的贵贱，所以人或以官为氏，或以封邑为氏，或以祖父的谥号或字为氏。唯有贵族才有氏，贱者通常有名无氏。姓还用来区别族属、婚姻，所以有同姓、异姓、庶姓的区别。氏同姓不同的，可以通婚；姓同氏不同的，不可通婚。《通鉴·外纪》说："姓者统其祖考之所自出，氏者别其子孙之所自分。"可见姓和氏是既有区别又有联系的。例如旧说商代人的祖先是子姓，后来分为殷、时、来、宋、空同等氏。这样，姓就成为旧有的族号，氏就成为后起的族号了。在某种情况下，氏和族可以同义：区别单人时谓之氏，合众而称时谓之族。例如宋之华元、华喜皆出戴公，向鱼、鳞荡同出桓公，独举其人则曰华氏、向氏，并举其宗则曰戴族、桓族。秦汉以后，氏与姓合，姓也称氏，姓氏就没有明显分别了。

姓究竟起于何时？从许多古姓以女字作偏旁（如姜、姬、姚、嬴等）来看，大概母系社会已经有姓的分别了。班固在《白虎通德论》卷八中解释姓的分别说："人所以有姓者何？所以崇恩爱，厚亲亲，远禽兽，别婚姻也。故世别类，使生相爱，死相哀，同姓不得相娶者，皆为重人伦也。"班固的话说明三种情况。

第一，姓是"世别类"的，就是说，早期的姓是一种族号。它不是个别人、个别家族的称号，而是整个氏族的称号。我国远古社会传说的氏族有：黄帝，姬姓；炎帝，姜姓；少皞，嬴姓；太皞，风姓；等等。氏族社会有许多不同的氏族，"百姓"最早可能指的就是众多的氏族。顾炎武《日知录》卷二十三说："言姓者本于五帝，见于《春秋》者得二十有二。"这二十二个姓是：妘、姒、子、姬、风、嬴、己、任、姞、祁、芈（mǐ）、曹、董、姜、偃、归、曼、熊、隗、漆、妘、允。这二十二个姓就是远古二十二个氏族延续到春秋时期的后代。

第二，姓有别婚姻的作用。古时同姓不婚，就是同一氏族内部的人不得通婚。《左传》僖公二十三年，郑文公臣下叔詹评论晋公子重耳曾说："男女同姓，其生不蕃。"这说明春秋时代的人已经知道近血缘婚姻对后代遗传极为不利，也说明作为氏族称号的姓，在我国上古社会中具有多么重大的意义。钱大昕《十驾斋养新录》卷十二说："三代以前，有天下者，皆先圣之后，封爵相承，远有代序，众皆知其得姓受氏之由。虞姚，夏姒，殷子，周姬，百世而婚姻不通。"这也说明同姓不婚的规矩在古代是如何严格。后代同姓有的可以结婚，是因为姓与远古的姓已经大不一样，有的虽然同姓，却没有血缘关系了。

第三，姓有崇恩爱、厚亲亲的作用。这牵涉到人伦关系、感情亲疏的问题，也牵涉到政治权利、物质利益的问题（同氏族的成员平等地享有氏族内部的各种权利）。在奴隶社会，"百姓"是贵族，奴隶无姓，姓也就成为区别阶级地位的一个标志。

古代的姓氏制度与封建制度、宗法制度有密切关系。周王室及其同姓封国如鲁、晋、郑、卫、虞、虢、吴、燕等都是姬姓；异姓封国如齐是姜姓，秦是嬴姓，楚是芈姓，宋是子姓，越是姒姓，等等。可见姓确是一种族号。氏则是族的子孙繁衍、各个分支的特有称号。例如子是殷人的姓，子姓下面又分为华氏、向氏、乐氏、鱼氏等；姬是周人的姓，姬姓下面又分为孟氏、季氏、孙氏、游氏等；姜是齐人的姓，姜姓下面又分为申氏、吕氏、许氏、纪氏、崔氏、马氏等。姓是不变的，氏则变化很大。如周人的姬姓，据说是从黄帝时延续下来的，陈氏以妫为姓，据说是从虞舜时代延续下来的，都是经历千百年而没有变化。氏就不然，往往相隔一两代就有变化，如春秋末年伍员（yún）本以伍为氏，在吴被杀，他儿子逃到齐国，改为王孙氏；陈完，本以陈为氏，陈国内乱，出奔齐国，改为田氏。

另立新氏有种种情况，常见的有：以受封的邑名为氏，如知罃、羊舌肸、解狐、臼季；以所居的地名为氏，如西门豹、南宫括、百里奚；以官为氏，如卜偃、史墨、司马穰苴、乐正克；以祖先的字或谥号为氏，如孔丘（宋公孙嘉之后，嘉字孔父）、庄跻（楚庄王之后，"庄"是谥号）。诸侯的儿子称公子，公子的儿子称公孙，公孙的儿子往往以其祖父（公子）的字为氏，如宋桓公的儿子公子目夷，字子鱼，孙子公孙友，公孙友的儿子就以其祖父公子目夷的字（子鱼）为氏，称鱼莒、鱼石。

战国以后，以氏为姓的多起来，姓和氏逐渐合一；到汉代，通称为姓，自天子以至平民就都有姓了。

后世还有非汉族的复姓，古籍中常见的有长孙、万俟、宇文、慕容、贺兰、独孤、拓跋、尉迟、呼延、哥舒等。

古代既然同姓不婚,男不得娶同姓女子,贵族妇女的姓就比名更为重要,所以用两个字称名,第二个字要标明自己的姓。例如:孟姜、伯姬、仲子、叔姬,前一个字表示排行;齐姜、晋姬、郑姬、秦嬴、陈妫,前一个字表示所出之国或氏;秦姬、芮姜、息妫、江芊,前一个字表示所嫁之国君;赵姬(赵衰妻)、孔姬(孔圉妻)、棠姜(棠公妻;棠,邑名),前一个字表示所嫁卿大夫之封邑;武姜(郑武公妻)、穆姬(秦穆公妻)、文嬴(晋文公妻)、文姜(鲁桓公妻),这是死后的称号,前一个字表示所嫁之人的谥号。很少时候可以只称姓,姓下加"氏"字,如武姜称姜氏,骊姬称姬氏等。这种姓加氏称呼妇女的办法,一直延续了几千年。

二、名和字

古人有名有字。旧说婴儿出生三月,由父亲命名。男子二十岁成人,举行冠礼时取字;女子十五岁,举行笄礼时取字。为什么要名、字并举?《颜氏家训·风操》篇说:"古者,名以正体,字以表德。"陆游《老学庵笔记》卷二:"字所以表其人之德，故儒者谓夫子曰仲尼，非慢也。"章太炎在《古今同姓名大辞典》序言中说："文字谓之名，文之孳乳谓之字。人，幼名，冠字，亦取其孳乳也。"这都从意义上解释了名和字的关联。

名和字相辅相成，多有意义上的联系。例如上古人名：孔鲤，字伯鱼；宰予，字子我；孟轲，字子舆；屈原，名平，字原；司马迁，字子长；王充，字仲任；班固，字孟坚；班超，字仲升。中古人名：诸葛亮，字孔明；孙权，字仲谋；陶潜，一名渊明，字元亮；鲍照，字明远；柳宗元，字子厚（元，大；厚，大）；白居易，字乐天（居易，俟命；乐天，安命）；李煜，字重光；苏轼，字子瞻（凭轼而望）。近古人名：元好问，字裕之；胡三省，字身之；高启，字季迪；苏伯衡，字平仲；程敏政，字克勤；归有光，字熙甫；宋应星，字长庚；章学诚，字实斋。

名和字也偶有意义相反的，如曾点，字皙（《说文》：点，小黑也。皙，人色白也）；琴牢，字子开，又字子张；韩愈，字退之（愈，增进）；管同，字异之。

古代贵族男子，字前常加伯、仲、叔、季以表示排行，后面加"父"或"甫"以表示性别，如伯禽父、仲山甫、仲尼父、叔兴父。如果用两个字,既可省后一个字,如伯禽、仲尼、叔向、季路;又可省前一个字,如禽父、尼父、羽父。还有仅以排行为字的,如管夷吾字仲,范雎字叔,张释之字季。

古时男子取字,前一字常用子字("子"是男子的尊称),如子石(公孙青)、子家(庆封)、子产(公孙侨)、子渊(颜回)、子有(冉求)。"子"字有时也可省,如颜回可称颜渊、冉求可称冉有等。

古代名和字连说,通常是先称字,后称名,如孟明(字)视(名)、白乙(字)丙(名)、孔父(字)嘉(名)、叔梁(字)纥(名)等。汉以后先名后字才多起来,如曹丕《典论·论文》:"今之文人,鲁国孔融(名)文举(字)、广陵陈琳(名)孔璋(字)、山阳王粲(名)仲宣(字)、北海徐幹(名)伟长(字)、陈留阮瑀(名)元瑜(字)、汝南应玚(名)德琏(字)、东平刘桢(名)公幹(字)。"王安石《游褒禅山记》:"四人者,庐陵萧君圭(名)君玉(字)、长乐王回(名)深父(字),余弟安国(名)平父(字)、安上(名)纯父(字)。"

战国以前,字以一个字的为多。汉以后通行用两个字,如郭解字翁伯,杨恽字子幼,韩安国字长孺,陆机字士衡。间或有用一个字的,如颜之推字介,房玄龄字乔。更罕见的还有:用三个字的,如屈突无为字无不为,傅山字公之佗;名和字相同的,如王僧孺字僧孺,张巡字巡。

人通常是一名一字。少数有不止一字的,如文天祥字宋瑞,又字履善;方孝孺字希直,又字希古;张岱字宗子,又字石公。

三、别号之类

中古以后,除名和字之外,还流行取别号(与名不一定有意义联系)。别号有两个字的,如王安石号半山,陆游号放翁,归有光号震川,顾炎武号亭林;有三四个字的,如葛洪号抱朴子,冯道号长乐老,陶潜号五柳先生,苏轼号东坡居士。还有超过四个字的,如赵孟𫖯号水晶宫道人,金农号心出家庵粥饭僧。

别号不止一个的情况更多,如苏辙号颍滨,又号栾城;钱谦益号蒙叟,又号绛云老人、东涧遗老、梧下先生。

对人不直呼名而称字或号,是表示尊敬。这个风气向下发展,形成各种花样。一种是用官爵代名字,如称张良为留侯,王导为王丞相，谢安为谢太傅，杜甫为杜工部，等等。还可以在姓名之间加官衔，如贾常侍至、权文公德舆、刘宾客禹锡、白尚书居易，等等。此外还可以用籍贯（出生地或住地）代名字，如称孟浩然为孟襄阳，王安石为王临川，张居正为张江陵，康有为为康南海，等等（禅宗和尚常常用寺所在的山名代法名，如怀海称百丈，希运称黄檗，文偃称云门，亦属此类）；或以郡望（有名祖先的住地）代名字，如姓李称陇西，姓杜称京兆，姓郑称荥阳，姓崔称博陵，等等。还有以昔人之号而概括同姓的，如《北梦琐言》称冯涓（非冯道）为长乐公，《冷斋夜话》称陶谷（非陶潜）为五柳公，就是此类。

唐宋诗文还常见以排行代名字，或以排行加官职代名字。例如称白居易为白二十二，元稹为元九，秦观为秦七；称李绅为李二十二侍郎，杜甫为杜二拾遗，杜牧为司勋杜十三员外。这种排行是按同曾祖兄弟的长幼次序来排的。

这种不直呼名以表示尊敬的风气，还扩大到对于死者，主要是上层人物。办法有两种。一种是加谥号，就是帝王、诸侯、卿大夫、大臣死后，朝廷根据他们的生平，给予一种称号以表示尊崇（少数有贬义）。谥号限于固定的一些字，根据死者生前事迹从其中选用。用作谥号的字可分三类：一是褒义的，如文（如汉文帝）、武（如梁武帝）、景、惠、昭、宣、元、成、平、明、桓、献、康、穆等；二是批评的，如灵（如晋灵公）、厉（如周厉王）、幽、炀等；三是同情的，如哀（如鲁哀公）、怀（如晋怀帝）、思、愍、悼、殇等。上古谥号多用一个字，如周平王、郑武公、齐桓公、晋文公等；也有用两个字的，如赵孝成王、楚考烈王、秦惠文王等。后世除皇帝外，大多用两个字，如文成侯（张良）、忠武侯（诸葛亮）、武穆王（岳飞）、林文忠公（林则徐）等。此外，还有私谥，是死者没有高的官阶，不能得朝廷给予的谥号，由朋友或门弟子私拟的谥号。例如东汉陈寔死后，海内赴吊者三万余人，私谥为文范先生；晋陶渊明死后，友人颜延年为他作诔，谥为靖节征士；宋张载死后，门人谥为明诚夫子；南宋谢枋得抗元绝食死，门人谥为文节。另一种是专对皇帝，加庙号，就是在太庙奉祀，称为某祖某宗。其制始于殷代，如太甲称太宗，太戊称中宗，武丁称高宗。汉以后承袭此制，如汉尊刘邦为太祖高皇帝（连同谥号，或兼尊号），魏尊曹丕为世祖文皇帝，隋尊杨坚为高祖文皇帝，唐尊李世民为太宗文武大圣大广孝皇帝，宋尊赵匡胤为太祖启运立极英武睿文神德圣功至明大孝皇帝，明尊朱元璋为太祖开天行道肇纪立极大圣至神仁文义武俊德成功高皇帝,清尊玄烨(康熙)为圣祖合天弘运文武睿哲恭俭宽裕孝敬诚信功德大成仁皇帝。全称字数多,可以只称谥号,如汉光武帝、隋炀帝、唐明皇等;或只称庙号,如唐太宗、明太祖、清高宗等。

四、 称谓

称谓,俗话叫作"称呼",说来像是个简单的名称问题,实际包含着社会关系、伦礼道德观念、对人处世态度、文化历史和文化教养等等方面的内容,并不是一项无所谓的细节、可以置而不论的陈言旧迹。

称谓,是相互关系的反映,但讲起来却以"我"为本位,称谓由这里"出发"。"我,你,他"这样的基本关系,由于上下尊卑、亲疏内外的不同,直接称呼与间接旁称的分别,而大有讲究。这里面既有等级观念问题,也有谦逊、倨傲问题。比如只懂得了"尔"、"汝"就是口语的"你"之后,还必须懂得这是事情的"一半":假如你在诗文中读到"相尔汝"这样的话,就要明白,这是"你呀我的"对面不客气甚至反目吵架的局面了。"汝辈"、"尔曹",是上对下或斥贬的口气。

在古代，对人都要有敬称，除了长辈尊亲，是不能开口叫"你"的。准此，可知开口自称"我"如何如何，那也是极不礼貌的态度，事实上是少见的。

相当于"我"的吾、余、予，都不是对外人的自称法。

相当于"他"的彼、渠、伊，意味也各不相同，就中以"伊"所带的人情味最重；"渠"居中，可亲可疏。"彼"就大抵极疏远甚至是不敬之辞了。

自称称人的字样，容易忽略的还有一个"身"（我）和"贤"（你），这是很雅致但又是有些身份的人的口吻。

自称中有一个"某"字，最要注意。这个"某"其实是个空白字符字，在草稿中有时也写作"○"，千万不要误认为实字。这个用法来源于古人最郑重、最恭敬的自称法是自呼其名，但在作文属草时就常以"某"字代替自书本名，再一种情况是本人身后由其子弟、门人等编纂遗集时出于敬讳其本名，遂概用"某"字代替了。——同样理由使得古代小说中也有此例，比如明清时代最敬"关圣"（关羽），封王尊帝，奉为"武圣"、"帝君"，所以不能直呼其名，于是都用了"关某"、"关公"替代。其实他是绝不会真说出"俺关某……"这种话来的。但由此害得人弄错了，对人自称"我王某"、

"我李某",就闹了笑话,因为这反而变成了最傲慢"无状"之声态了。质言之,比如你读欧阳修的文集,遇见其中的自称的"某"字,应读作"修"字,就对了。

自称的方式很多。太史公司马迁用过"牛马走",所以后人也用"走"自称。又用"仆",很常见。余者还有"愚"、"不佞"、"不才"。"老夫"也是一个,常见于诗中。还要注意:"先生"一词本是称人之语,却又往往用于自称,如陶潜自称五柳先生,诗词中例子就多了,"报道先生春睡美,道人轻打五更钟!"其实是苏东坡自称自指。

诗词中用"侬"自称。妇人则自呼为"妾",对公婆长上,也自呼"新妇"。此词即是后世音转为"媳妇"的意思,与"新嫁"、与年纪,毫无关系,老年妇人对长上也是"新妇"。男子对长上指称妻辈,也用"新妇"。

还有比较晚近常用的"晚"、"后学"一类,也属于对年辈居长的人而自称的词语。

称人的,种类更为纷繁了。如"君",也尊重也亲切些;如"公"就恭敬而无亲切之意了。当然也都有"反用法",说"张君",就远不如"张先生"语意重了;说"某公"、"诸公",还许带着看不上的口气。这要细辨。直接称人的还有一个"卿",这个字也很特别。皇帝于他的臣下,称呼"你"时都用"卿",显得又庄重又典雅,也带有亲切的感情意味(这用法到清代就难得见了,概用"尔"字,意味索然而且严酷少恩之气息重了)。古代夫妻之间也用"卿"相称。但后世又流为专对女人的昵称,所谓"卿卿我我",可算是每况愈下。

"阁下",本是由贵官而转为一般性的疏远的泛常敬词。"足下"就亲切些,也可能有一定交谊了。"台端"似乎很俗气,带着公事官套味。"执事"、"侍右"、"尊前"这一类,都是表示不敢直指直达,故尔求左右侍者传禀的意思。

称自己家里人,称别人家里人,大家都知道一般规矩是,称人用"令",自称用"家",用"舍"。前者如"令尊(父)"、"令堂(母)"、"令兄"、"令弟"、"令郎(子)"、"令爱(女)"。自称如"家父"、"家母",或"家严"、"家慈";"家兄"、"舍弟"、"小儿"、"小女"。俗语有"家大舍小"之言,实不尽然,古人也用"家弟",并无不可逾越之成规。

自称已故的父亲,有"先父"、"先子"、"先君"、"先严"、"先考"、"先府君";已故母亲为"先慈"、"先妣"。祖、曾祖等辈分,可类推。祖父别称"大父"。伯叔辈合称"诸父",但非直称用语。《离骚》中用"皇考",是特例,后世不许再用"皇"字称自己的父亲了。

亲戚场中,大致"令"、"家"之分可以应用。

有些特殊而有趣的例子。如"贤阮"是"贤侄"的意思,"令坦"是"令婿"的意思——这来源于六朝人的典故:阮籍、阮咸为叔侄,王羲之少时"坦腹东床",最不做作,却被岳家选中了做了女婿。称姐夫为"姊丈",但称妹夫就是"妹倩"了,不能乱掉换。

有些特例需要留意,莫闹错了。如"世兄",并非称人年长于己,而是称朋友的"令郎"的用语。如"侍生",并非晚辈对上之词,却是长辈对下之语。千万不要误解。在看见"姻侍生"的时候,就应知道这是一种虽有某种亲戚关系,但已不好称呼的年辈居先的人的语气。

对老师,称"夫子",自呼"弟子"、"生"、"受业"。老师自称,常用"友生",称门弟子常用"贤契"。一般地称门弟子"某某兄"的最多。这个"兄",一点儿也不是辈分年龄的含义。同一个老师的弟子们,可称"同门"。

在一般朋友当中,"兄"、"弟"二字的应用也是与年齿无多大关系的,为了礼敬,总是称人为"仁兄"而自呼"愚弟"。真够交情或是以某种结交方式序过齿的,才称比自己小些的为"贤弟"、"仁弟"而自呼"愚兄"、"小兄"。

亲戚场中,至亲近亲,必须称呼具体的称谓词,如舅、姑、姨三大类,自然要用舅父舅母、姑丈姑母、姨丈姨母等。疏远的难以具称的,则以"姻"字为关纽,如"姻兄"、"姻长"之类。"襟兄"用于"连衿"互称,"连衿"是同父母多姊妹的众婿之间的关系,也叫"僚婿"。

对别人,连仆人差役也要有敬称,如"贵价(jiè,不是'價'字)"、"令使"、"尊纪"等等。

对人称自己的妻,是"内子"、"贱内"、"拙荆"、"荆人"、"室人",老了可以用"山妻"、"老妻"等。称人妻,则是"令正"、"令夫人";亲近而平辈的可称"嫂夫人"。

妇女称丈夫叫作"夫子"、"夫君",对外人称夫则曰"外子";诗词中往往用"良人"一词,如《还珠吟》"妾家高楼连苑起,良人执戟明光里",是其佳例。称公婆为"舅姑"。(因此生出"外舅外姑"之称来,却是男人对岳父母的用语了。)

对妇女,则汉时称呼上有"大家(音姑)"一古语,后不恒用。有"女史"、"校书"等称,但宜慎用,因为实际上常用以称姬妾和妓女。"小史"则是男侍之称。

称佛道二门出家人,于高僧用"法师"、"上人"、"上座"。在家修行的称"居士"。"道人"在六朝时还是称佛门僧人的用语，其义相对于"世俗人"而言，谓"修道之人"也，故"道俗"常并举连称，实与后来的"道士"无涉。僧人自称用"衲"字。

古人极重名讳，成年之后，除尊长可直呼其名以外，别人是不可以的，因为那表示很不礼貌，也就是"相尔汝"了。这时就在名字以外另取一个"表字"（也叫"表德"），单称叫"字"。单名复字，古例最多，如大诗人杜甫，字子美。有了字，就不可再直呼其名了。也有一名而多字的。到年高位重时，又常常被人运用表字中的一个字组成"某老"、"某公"（一般用表字的上一个字，特殊情况用下一字）。字之外，又有"号"，号是一种别署的性质，非由家长所命，大抵自取。古代的大文学艺术家，无不有别号，表字反而也不常用了。所以"五柳先生"、"东坡居士"、"放翁"、"稼轩"等等才真是通行尽晓的"名字"。这包含爱重、亲切的意味，假若直云陶潜、苏轼、陆游、辛弃疾，这就像"文件"了，毫无文艺气息，在古人看来也很不礼貌。所以没有这样的实际称谓法存在于我国文艺书物诗文之中。

称谓中更特别的惯例还多，例如称人以排行，以地望，以官职，以相貌……翻开唐人诗集，题目中到处可见"王大"、"李十二"这样的字样，这是以排行称人，有的"数字"很大，那实因古人不仅多子女，而且要以同堂兄弟（姊妹另排）的"大排行"来称呼。称东坡为"长公"，也是行大的缘故。"彭彭泽"、"韦苏州"等，是以官职称（因为彭泽令、苏州太守之故）。以籍贯郡望称人的，比如同朝两位宰相都姓张，那么就称一位河北南皮人的叫"张南皮"、"南皮相国"。当然，地名不论原籍、寄寓，在别号中用的都多，"杜陵"、"玉溪"、"东坡"、"石湖"，那也是多不胜举。以相貌特征称人的，如"苏髯公"是因为东坡是个大胡子。

科举时代，士大夫最重科名，所以用科名等别，以为称呼的，十分通行。比如"太史"是指翰林，"孝廉"是指举人，"茂才"是指秀才，"上舍"是指监生，种种不一。

称谓事涉官职的，更是麻烦，此处不能多列，因数千年官职沿革史上的种种称谓太繁了，如今只提明一句：如文人们又要表人之官职，又要化俗为雅，于是就有"某某农部"、"某某比部"、"某某水曹"，通政使称"银台"，中书称"紫薇"等这些别致的称谓。至于连秀才也未考取的童生或生员，叫作"诸生"，但非敬称，无恭维之口气，也非直接面称用语。

皇帝自称曰"朕",曰"寡人"。臣民称皇帝则用"陛下"(直对的称谓);"天子"、"圣人"、"上"等则是旁称。称高级官曰"大人"。上司曰"上宪",自称叫"卑职"。同僚叫"同寅"。称幕职(文案相公)曰"西宾"、"西席"。官场称呼太多,常见的如"明府"(知府),"大令"(知县),"制台"、"制军"(总督),"别驾"(通判),"大司马"(兵部尚书),"少司寇"(刑部侍郎),"广文"(国子监司业)。此种大抵以古称代实称,取其雅饬而已。

称东家、房主曰"东翁"、"居停"。称同学曰"同窗"。称邻舍曰"高邻"、"芳邻"。

古时各种社会关系,都要讲求,常常分作"戚谊"、"年谊"、"寅谊"、"世谊"、"乡谊"等等类别。其中年谊专指科名中的"同年"(即同一年的科考取中的)彼此称为"年兄",是一层相当重要的关系。比自己科名早的,叫"前辈"。另有"先辈"一词,其泛义原为年辈居先者,但在唐代,同时中进士第的却互称为"先辈",不可弄乱了。寅谊指同僚同事。世谊指世交,即从上辈就有朋友交情。"世叔"、"世伯"确指长一辈,自称"世侄",再低一辈的自称"世再侄"。唯"世兄"是称呼比自己低一辈的,已见上述。此外称晚辈也用"世讲"。

至于"先生",用法更不单一,如称师辈,称自己敬重的人,都用此词;但它又是一个极泛常的客套敬称,对不识面无交情的男子,也用它称呼。

"丈"本指年辈较长的,所谓"丈人行",但实际用法却不尽然,也指平辈。岳父的众弟兄称"列岳"。统称诸弟侄曰"群从(去声)"。合称人父子曰"乔梓",兄弟曰"昆仲",夫妻曰"伉俪",前面多加一"贤"字。

有丧服的人,自称时有特殊规定,持父母丧的,自呼"孤哀子",持弟兄丧的,自呼加"期"(音基)字。丈夫故去的,自呼"未亡人",妻子故去的自呼"杖期生"。种种亲疏远近,名目甚多。

有官职的,有的有封号,死后有谥号,也用以指称其人。如"范文正"、"欧阳文忠"、"包孝肃",都是以谥号称。如清代傅恒,满洲旗人例更特别:傅本名之上一字,却用为代替姓的"领称",如"傅忠勇"(封号)、"傅文忠"(谥号)、"傅相"(大学士官,相当宰相),而不称本姓(富察氏)。

清代亲、郡王的妻子不叫夫人,而称"福晋"(也作"福金")。公主的丈夫称为"额驸"。帝王贵族的儿子叫"阿哥",女儿叫"格格",语文一致用之。

已故皇帝称"大行皇帝"。正在位的皇帝称"今上"。后妃都有封号、尊号,如"珍妃"、"孝庄后"等等。有时竟以后妃所居之宫室名称以称之。

太子称"东宫"、"储君"。相臣称"宰辅"。尚书侍郎称"卿贰"(皆非直称)。如此也难悉举,姑以数例略示其体例,必要时可以检索辞典书籍,不难连类而解。

有功名官职而在籍的,对其本地长官自称曰"治生"。还有在尺牍中常见的"道兄"、"教弟"等称谓,则是别无具体"谊别"可称而又有一定交往和感情的,可以仿用。

称谓还有变例。一种是适应骈文或韵文格律的需要,对人名作不合理的割裂。例如:王勃《滕王阁序》:"杨意不逢,抚凌云而自惜;钟期既遇,奏流水以何惭。"杨意是杨得意,钟期是钟子期。韦嗣立《授黄门侍郎制》:"芝兰并秀,见谢石之阶庭;骐骥并驱,有刘山之昆季。"谢石是谢安石,刘山是刘公山。庾信诗:"始知千载内,无复有申包。"申包是申包胥。杨巨源诗:"不同蘧玉学知非。"蘧玉是蘧伯玉。李商隐诗:"梓潼不见马相如。"马相如是司马相如。陈师道诗:"马游从昔哀吾老。"马游是马少游。

还有一种是为了表示特别尊重,说话或行文不许用与所尊重的人的名字相同的字（避名讳）甚至音同音近的字（避嫌名），统称为避讳。讳有两类：如孔子、帝王之名是众所共讳，称为公讳；父祖之名是一家所讳，称为家讳。死后讳名，始于周朝。秦汉以后，兼及存者、亡者。先说公讳，以汉朝为例，高祖名邦，改邦为国；文帝名恒，改恒山为常山；武帝名彻，改彻侯为通侯，蒯彻为蒯通；光武帝名秀，改秀才为茂才。其后，如晋简文帝母名阿春，改《晋春秋》为《晋阳秋》；唐太宗名世民，改世为代，民为人，民风为人风，民部为户部；高宗名治，改治乱为理乱。晚到清代也是这样，如康熙帝名玄烨，改玄为元，玄鸟为元鸟，天地玄黄为天地元黄。以上是讳名。还有讳嫌名，如汉宣帝名询，改荀卿为孙卿；宋仁宗名祯，欧阳修写五代年号，改贞明为正明。避讳还有缺笔（多为缺末笔）的办法，如写"玄"为"玄"，写"宁"为"宁"（清朝避咸丰皇帝讳）之类。再说避家讳，士大夫也很重视。如汉淮南王刘安父名长，《淮南子》中改长为修；王羲之父名正，王书改正月为初月或一月；杜甫父名闲，杜诗中无闲字；苏轼祖名序，苏文改序为叙或引；冯道使人读《老子》，那个人只好把"道可道，非常道"读作"不可说可不可说，非常不可说"。

第六章
阅读指津

第一节　方法及进程

内容提要：学文言的目的；目前学会的不多；学会的有效办法是以多读求熟；以知代熟的办法不妥；读什么：好的，程度合适的，合乎自己需要的；怎样读：精读的要点，博览的要点。时间的安排；循序渐进：一、由浅而深，二、由好玩而实用，三、由慢而快，四、由少而多，五、由借助到自力，六、由泛而专；习惯和兴趣相辅而行是学会的保证。

学文言，怎样阅读，先要看我们想达到什么目的。"五四"以前学文言，至少目的的一半是学会写，因为通用的书面语言是文言。现在，通用的书面语言是现代汉语，当然就不必再要求学会写。但也要承认，学多了，钻深了，比能读更进一步，兼能写，兴之所至，写几首诗词，或者写札记、日记，给也通文言的亲友写信，用文言，也无可厚非。这自然是少数人的事，可以不管。说一般人的，在目前日趋电子化的时代，学文言当然不是非此不可，甚至由正面说是可有可无。应学不应学是大问题，这里可以不谈，因为这本书是为想学的人看的。学，目的有程度浅深的不同。浅的是"欣赏"，即能读一些古典文学作品，如《秋兴八首》、《永州八记》之类，不只一般选本上常见，而且有详注，甚至加解说。中的是"会"，即能读一般的文言作品（不过于艰深的，非专业的），靠注解或不靠注解，有标点或没有标点。深的是"通"，通也有等级之别，难于详说，大致说是像旧时代读书人那样，经史子集，都熟悉。此外还有专业性的，如中医理论、历法沿革之类，也许宜于算作中和深之间的。欣赏，会，通，还有目的，分别说过于繁琐，可以总括说，是增加一些文化教养的资本。这里说阅读，主要是针对中间那一种，就是既不当无远志，又不当过于好高骛远。

现在学文言的人不少，因为中学的语文教材里有文言课文。不久的将来推行义务教育，如果行通了，而且语文教材里仍保留文言课文，那就成为全国人都学文言。将来怎样，不好预言，就目前和前一段说，大家都承认，是学会的人非常少。原因是，校门内的，为分数所制，捏着头皮死记硬背，考完，挥手告别；校门外的，十之九为科技、外语奔忙，根本想不到还有文言。与文言比较亲近的，绝大部分是意在"欣赏"，浅尝，念几首诗词，似懂非懂，眼移到另一处，面很生，不懂。总之，事实是没有学会。

学文言是不是很难呢？应该说，也难也不难。关键在方法。方法取其广义，包括选择读物、阅读方式以及时间安排等。说难，意思主要是，要费相当多的时间和精力，想用一年半载，速战速决，办不到。说不难，意思主要是，只要有决心，路子对，按部就班，锲而不舍，可以功到自然成。

这里提到"路子"。在学习方法方面，路子是原则问题，要先说说。一种是有些人看不起的老路，就是以"多读"为基础求会求通。这老路虽然要费相当多的时间和精力，却是有保证的通路。我们都有学说话的经验，儿时，不会查词典，也不知道什么是语法，只是随着大人嘟嘟，慢慢也就会了，这其中的诀窍很简单，不过是熟能生巧。这情况也可以提到"理论"的高度说，学会语言靠熟，是以语言的性质为依据的，这性质就是"约定俗成"。约是大家认可,俗是大家都这样说。显然,你要想学会说,就必须掌握"约"和"俗"。掌握是"印"在脑子里,自然只能用"熟"的办法。不错,语言是有规律的,就是说,表示某种性质的意思,一般是用某种性质的模式,如主谓,动宾、偏正等等。但这规律都是概括的,而且容许例外,因而真到用,须以具体面目出现的时候,就不能不靠约定俗成。举例说,活动触及或影响某一物这类意思,汉语是用动宾的模式表示,如读书、看戏、听报告等等,可是机械地用这个模式,不说"我醉酒",而说"酒醉我",那就错了。这是句法范围内的情况。词法就更灵活了,比如用文言,称老朋友为"故人"可以,称为"故交"也可以,却不得类推而称为"故友",因为故友的意义是死去的朋友。谁定的?不知道,反正约定俗成了,我们就得照办。照办,照什么?显然只有"熟"才能知道。熟的要求,或说熟的结果,是把语言的表达习惯印在脑子里。脑子里有这个表达习惯,或说有各式各样的表达模式,读到新的,自然就容易了解这是什么意思;有什么意思想表达,也自然就知道用什么词语,照什么样的模式安排。求脑子里印上种种模式,除熟以外没有别的办法。 熟,就学文言说,来自"多读",也是除此以外没有别的办法。

近些年来，似乎有不少人不愿意走这条以多读求会求通的老路。理由有多种。其一，老一套，没什么新鲜的。其二，要耗费大量的时间和精力，即使可以算作学会文言的一种办法，总不是好办法。其三，多读，于熟中求会，是旧时学塾的老框框；时至今日，要讲科学，讲效率，另求多快好省的学习规律。这第三种理由值得重视，因为不只不赞成旧法，而且另有新法。这所谓科学的新办法是什么呢？是以了解文言的词汇语法的情况或说结构规律为纲，以"知"代"熟"，由认识一"点"而通晓全"面"。这种看法或设想的学文言的办法，明显地表现在语义教学的方式上和语文刊物的版面上。表现在教学方式上的是，详细介绍词的性质和用法，以及句子结构的模式和分析法，等等知识；为学生布置作业也是这样，大多是指出各个词的身份和作用，析句甚至图解之类。语文刊物自然也不能不随波逐流，于是也是连篇累牍的词类活用、长句分析之类。这样乞灵于知识，究竟有什么效果呢？且不说"果"，就是果之前，是不是可以一帆风顺，如愿以偿呢？很可疑。举个突出的例，前两年，有个女青年来求助，是为她解决作业题的困难。题目是分析一篇文言课文中每一句的结构，是某一个补习学校语文教师出的。问她老师为什么出这样的题，她说，老师说，这样可以深入理解，摸清规律，然后就一通百通。我只得帮助她分析。多数句子比较容易。但有少数不好办，有个别词语，简直难定它应该算作什么成分，原因是，一则句子结构不平常，二则不知道这位教师属于语法的哪一派。以"亭午雨霁"为例，"亭午"是什么成分呢？为了认真负责，我只好告诉她，依照黎锦熙先生的看法是修饰语（黎先生称为附加语），依照赵元任先生的看法是主语。她追问究竟哪种说法对，我当然只能说不知道。其实，就是二者择了其一，勉强过了析句的关，此后她读到"夜分雨雪"，就能一通百通，了解是什么意思吗？多读的办法是"多"费了精力，这是"白"费了精力。收获呢？我问她感觉这样学怎么样，她说，每天累得要死题也作不完，也不知道有什么用，看见文言就头疼，想不再去学了。

两条路，是对于"熟"与"知"，处理办法有分别。多读的办法是以读为主，以知为辅；主要量大，先行，辅可以量小，后随。寄希望于规律的办法是以知为纲，统读的目，知可以和读并行，甚至先行。如果这后一条路行得通，那好处就太大了，是既省时间，又省精力。可惜的是，这条省力的路相当难走，而努力跋涉的结果，常常是规律术语记得不少，而看到没读过的作品却感到茫然。

假定我们有决心走前一条路,接受多读的办法,其次应该考虑的问题:一是读什么;二是怎样读。

先说读什么。选定读物,原则主要是两个:一是读好的;二是读程度合适的。如果还要照顾不同的个人,那就不妨加个附带的原则:合于自己需要或感兴趣的。读好的,表面看,这个原则问题最少,因为我们总不能多读坏的;其实是问题最多,因为好坏是个抽象的标准,到具体指实,那就人各有见,说法不一。比如《论语》、《孟子》,旧时代入《十三经》,当然是上好的,新时代,多种选本收,当然也算好的,可是批林批孔时期,那就只能"供批判用"。不得已,我们大概只能规定一些推想会为多数人接受的原则,如内容方面,健康,有进步性,能使人奋发、向上,至少能与人以有用的知识之类,表达方面,平实自然,简练流利,优美生动之类,算作一种刻度不很明细的尺,留待选定的人随机应变。其实,选定不易,这是从理论方面说。至于事实,那就有方便的车可以搭乘。一种是传统的评价,如《史记》、杜诗之类,几乎人人都承认是上好的,这就可以当作正确的看法接受下来。这类评价的意见,系统地成堆地写在文学史一类著作里,可以说是一翻即得。一种是，初学，很少到文言典籍的树林里去乱碰，而是读选本。选本是由树林里选来的，一般说，所选都是好的或比较好的。选本不只有注，还要解说，这解说，如果做得好，就能与读者以眼光或见识，就是说，直接告诉读者，所选是根据什么标准，间接告诉读者，用此标准，还有哪些作品可以找来读。这两种方便的车都属于公用一类。还有自用的，也应该着重建置自用的，那就是锻炼、培养自己的辨别能力。俗语说，不怕不识货，就怕货比货，读多了，自己品尝，总会慢慢清楚了，哪些作品是好的，要多读勤读，哪些是平庸的甚至坏的，可以不读。自己的眼光大多会与传统的评价吻合，这是相得益彰。少数不一致，怎么办？暂时难分是非，可以存疑。存疑有好处，因为疑会促使思，结果是深入。深入之后仍不能一致，无妨暂假定为自己对，因为人总不能信自己认为不可信的。

再说程度合适这个原则，也是道理很对，实行不免有困难。困难至少有两种。一是概括的难定，比如为初学设想，应该先读浅易的，于是规定，记叙的与议论的相比，时间靠后的与时间靠前的相比，都是前者比较浅易，后者比较艰深，所以应该先读前者。但例外不少，如《左传》与《韩非子》相比，是议论的比记叙的容易读；《孟子》与《文心雕龙》相比，是时间靠前的比时间靠后的容易读。二是具体的也常常难于断定,如《世说新语》和《洛阳伽蓝记》都是南北朝作品,行文前者平实,后者藻饰,好像应该是后者难读,可是前者用了不少当时的俗语,词典查不到,读时反会觉得疑点很多。不过与好坏相比,深浅的问题比较小,因为:其一,绝大多数可以从内容和表达方面比较,断定难易;其二,差别不明显或差别不大的,先读后读自然也就关系不大;其三,就是差别大的,颠倒次序读也不是绝对不可以,昔人如苏东坡、顾亭林等等,都是先读五经、诸子和前四史,而学通了的。

再说那个附带的原则,自己需要或感兴趣的。这虽然是个附带的,对个人说力量却不小,因为难于抗拒。也用不着抗拒,尤其初学之后的阶段,比如你是研究本国史中的经济史,当然就要先读各史的"食货志";比如你只是欣赏文学作品,诗词之间,特别喜欢"杨柳岸晓风残月"那种情调,就无妨先读宋词,后读唐诗。

说起诗词,还要附带说一种情况。有的人想"学会"文言,读书却愿意走欣赏文学作品那条路,总是《唐诗三百首》、《白香词谱》之类,跳到韵文之外,至多只是《小石潭记》、《项脊轩志》之类,这就不好,因为不利于学会。诗词之类韵文，就句法说，与一般文言有区别；狭义的文学作品，内容比较窄，大多是风花雪月。学文言，要把面放宽，并敢于碰硬，就是说，主要应该读散体的，尤其不应该躲避讲道理的作品。这有如行路，不只能走平而光的公路，还能走崎岖的山路，这才够得上行路的能手。

再说怎样读。原则是"精读"与"博览"相辅而行，锲而不舍。

先说"精读"。这主要应该做到四点。一是选材要适当。所谓适当，除了上面讲过的好和程度合适以外，还要利于熟悉文言的表达习惯。举例说，同是西汉作品，同是名作，读枚乘、司马相如等人的赋，就不如读《史记》，因为后者含有更多的常用的文言表达模式，而且都是历代推为典型的。二是要透彻理解词句在这里的意义，而不是囫囵吞枣，似解非解。这有如建造楼房，基础必须坚实，以后的多层才能稳固。这里说"在这里"的"意义"，意思是暂可以不管在别处会有什么意义，以及词的身份和作用，句子的结构之类。词句牵涉的多种意义和多种模式，要集腋成裘地慢慢熟悉，不能一蹴而就。三是读，或说诵读，不管出声不出声，都要字字落实，按照意义、结构以及前后关系的不同，有轻有重，有快有慢，做到既能流动自然,又有抑扬顿挫。或者换个说法,读的时候,口里流动的是声音,心里流动的是相关的意义,还有也许更为重要的是表达形式的韵味。心不在焉,口里念,心里想别的,不成;像浏览小说那样,一目十行,略知情节,词句的意义却模模糊糊,也不成。韵味,古文家所谓"气",难讲,我们无妨说得平实一些,不过是照例与意义、情调等相伴的语音和语调,这不好说,却容易体会。总之,要点是全神贯注,与作者的情意合拍。至于快慢的节奏,要因生熟而有不同:生,不能快;熟,不必慢,因为快些也可以字字落实,体会韵味。四是定为精读的作品,最好诵读到篇篇熟,有些甚至能背诵。熟来于重复诵读,就是时间的资本要多投些。时间怎么调配?原则是分散比集中好。比如一篇文章,计划诵读十遍,一次完成任务就不如分作几次;两次距离的远近,关系不大,一两天可以,十天八天甚至更长些也未尝不可。

再说"博览"。学会文言的有效办法是多读。精读有好处,很必要,可是不容易多。所以要以精读为据点,用博览的办法向四外扩张。博览与精读的区别主要是两个方面:一是所览可以杂而不纯,多而不精;二是览时可以只求粗疏领略,有时候甚至不求甚解。博览之为必要,是基于以下几个理由。其一,是只有这样才能多读。其二，学文言，到相当的程度，总当到文言典籍的大海里去游泳一下，这就只能靠博览，不能靠精读。其三，博览的缺点虽然是钻得不深，可是能够失之东隅，收之桑榆，就是由"多"而可以更熟悉文言的表达习惯。其四，有利于培养阅读的兴趣。其五，因为接触的面广，品杂，可以更多地获得文言典籍的知识。与精读相比，博览有较多的自由权，如浅深的安排无妨活动一些，就是说，先看深一些的也未尝不可；览的幅度也可以随心所欲，一部书，看一点，觉得没有意味，扔开也可，有兴趣，再看一遍也未尝不可。当然，如果能有些目录学的知识，按图索骥，不碰见什么是什么，就更好。

阅读的过程中，精读和博览会有牵扯。这主要是两种情况。一是初学，时间和精力的阵地几乎都由精读占领；以后是博览渐渐侵入，扩大地盘，并渐渐地超过精读。二是博览时会遇见一些自己认为很重要的，不能看一遍就扔开，因而这部分作品就转为精读。总之，精读和博览像是鸟的两翼，必须共同振动才能升空。

在精读和博览结合的过程中，读一些讲文言词句知识的书，有好处，这可以把零碎积累的感性知识总括一下，成为有系统的，也就是不只知其当然，而且知其所以然的理性知识。有了词句方面的理性知识，已知的可以更清楚，再向前走就轻车熟路，容易事半功倍。

以上所说偏于阅读的道理。以下说说实行，这总括说是时间放长，排匀，循序渐进。

先说"时间的安排"。一般人学文言，多数是自己专业以外的行有余力，因而不能用过多的集中的时间从事阅读。这可以细水长流，比如一天一次，或一周三四次，每次半小时至一小时，负担不算重。就是这样的小本钱，只要连续不断，时间长了就同样能够做大生意，因为由生而熟，由慢而快，获得会随着时间的流过而成倍地增加。

再说"循序渐进"。这是阅读进程中应该注意的一些阶梯，大致有以下几种。

一、由浅而深，或说由易而难。这是学习任何知识技能都适用的原则，其为正确用不着说。作品深浅，有时难定，前面也已经说过。这里补充两点：一是初学，可以用自己的接受能力为尺度，先读自己感到比较容易的。二是过一个阶段，还要有不甘于原地踏步的精神，读些比较费力的。读物浅的可以为前进铺路；可是想登楼，就不能躲开深的。

二、由好玩而实用。好玩和实用，不一定不能调和，但常常会冲突。初学，读《唐诗三百首》、《聊斋志异》之类，感到好玩，当然也不能说毫无用处。但阅读就不该总是诗词和小说，而不敢碰《吕氏春秋》、《文心雕龙》、《史通》之类。这方面当然也该分先后，先无妨照顾一些好玩，靠后就要多读内容分量重、不怎么好玩的。

三、由慢而快。开始读，生疏，自然不能快；还要用精读打基础，也不应该快。有了相当坚实的基础以后，原则上说是快比慢好，因为只有快，才能够在时间不很多的情况下，做到多读。当然，这快主要是指博览那部分，如《唐语林》、《老学庵笔记》之类，可以三五天甚至一两天读完一种。快之中还可以分快慢，如拿到手的是《汉魏丛书》之类，其中有些就可以翻翻而不通读，因为文言典籍浩如烟海，多读，重效率，就不能不有取有舍。

四、由少而多。这是由慢而快的必然结果。多有相关而不尽同的意义。一是字数增多，比如初学，精读，一个月也许只能读两三千字；靠后，博览部分大量增加，一个月也许能读几万字甚至几十万字。二是篇幅增多，也就是由单篇的诗文改为读整本书，整部书，甚至大部书，如《文选》、《资治通鉴》之类。三是门类增多，就是阅读能力强了，不妨以目录学的知识为指导，到文言典籍的大海里漫游一下，三教九流，五花八门，都可以翻开涉览一下，觉得哪些有意味，就读，没意味就扔开。

五、由借助到自力。初学，文言而生，专靠自己，理解有困难，所以要借助他力。他力大致有三种。一是老师，可以仔细训解，回答各种疑难问题。老师的优点是无微不至；但有缺点，是不能长在身边。为了能够顺利阅读，要练习尽快离开老师。二是注解（注和解说），这像是写在书本上的老师的话。注解的优点是可以长在身边；缺点是未必无微不至，更不能随问随答。注解有今人的，有古人的，当然今人的比较容易，应该尽先利用。文论、诗话之类也是解说，一般是更深入，也应该利用。要不要练习离开注解？大致是，浅易的可以离开，应该离开；艰深的就不容易完全离开。三是工具书。由词典到索引、类书等，有各种门类。阅读，尤其没有注解和标点的，会遇到各种困难，这就不能不利用工具书。用工具书解决疑难，由表面看是借助他力，实质则是更深远地依靠自力。

六、由泛而专。博览多了，对某方面的内容会感到特别有兴趣，那就可以集中力量，多读这方面的。某一方面的深入，直接的益处是多吸收，甚至有所建树；间接的益处是带动其他方面，也容易深入。

以上谈的循序渐进，进到相当程度，获得的是"会"，再进，就会超过会而走向"通"。超过会，现在总是少数人的事，但并不是不可能的事。

最后说说有没有办法保证学"会"。答复是有，办法是坐在"习惯"和"兴趣"的两轮车上往前走。先要"养成习惯"。初学文言，对诗词或者会有点爱好，读史汉韩柳，一见倾心的大概很少。这时候就不可随意，因为一随意就会不再读。要像吃药那样，即使皱着眉头，到时候也吃。这样，少则三五个月，多则一年半载，养成习惯，也因为原来面生的渐渐变为面熟，褶皱的眉头就可以松开，翻开书本就不成为负担了。这是习惯的力量克服了困难。克服困难是消极的获得。还有积极的获得，是"兴趣"渐渐萌芽，以至于成长。兴趣和习惯的关系有点怪：由习惯可以培养兴趣方面说，习惯是兴趣的母亲；但兴趣可以反转来巩固习惯，这样，兴趣又成为习惯的母亲。我的经验，在阅读的前期，应该多靠习惯；到后期，兴趣已经出巢展翅的时候，那就表现为手里没有文言读物会感到缺点什么，于是兴趣主宰了一切，"会"甚至"通"就可以水到渠成了。

第二节　旧注的利用

内容提要：一、注的产生和演变：附于正文的注；传（zhuàn），注，笺，疏，补注，集解（集注、集传），集释，合数家注。二、注涉及的方面：（一）注明典章制度；（二）注明事实；（三）补充资料；（四）注明名物、词义；（五）因正文文字太简，注明语意；（六）注明句逗；（七）注明读音；（八）校正文字；（九）发明义蕴。三、用旧注须知：（一）要酌取众长；（二）要注意后人的补正；（三）要看到注家的偏见；（四）怎样对待过繁的注；（五）怎样对待光讲词语的出典的注；（六）怎样对待伪托的注。

古书里记载的事物，使用的文字，往往有一般读者不明白的，所以有的需要注。今人的注易懂，但是有的书只有旧注。这里说说怎样利用旧注。

一、注的产生和演变

还在没有注解的古代，说话者、著作者已经感到有些话有解释的必要，就随时插入解释。这解释是正文的一部分。例如：

(1)《书》曰："洚水警余。"洚水者洪水也。(《孟子·滕文公下》)

(2)《诗》曰："天之方蹶，无然泄（yì）泄。"泄泄犹沓沓也。(又《离娄上》)

(3) 天子适诸侯曰巡狩，巡狩者巡所守也。诸侯朝于天子曰述职，述职者述所职也。(晏子对齐景公语，见《孟子·梁惠王下》引)

(4) 殷人七十而助，周人百亩而彻，其实皆什一也。彻者彻也，助者藉也。(又《滕文公上》)

(5) 舜受终于文祖（这句是《史记·五帝本纪》述《尧

典》语)。文祖者尧大祖也(《史记》的解释)。

(6) 东巡狩,至于岱宗(《史记·封禅书》述《尧典》语)。岱宗,泰山也(《史记》的解释)。

正文的难懂,也或者由于作者文笔的特殊风格。例如《汉书》,作者班固的文笔特别简练,虚词省略得多。在当时,人们就觉得难读,连读古书多的大学者马融都有不能完全了解的,不得不向班昭(班固的妹妹,她续撰《汉书》)请教。所以后来注《汉书》的有好多家。今通行的是颜师古注及王先谦补注。

像现在形式的注还没出现的时候,先有"传"(zhuàn),如《春秋》的传,今存的有《左氏传》、《公羊传》、《穀梁传》,是阐发大义,补充事实的。这几种传,虽今本前面列经文,原来却是独立的著作。起初,经传各自为书,传并非分附于各年经文之后。看《左传》:

(7) 梁伯益其国而不能实也,命曰新里。秦取之。十九年春,遂城而居之。(鲁僖公十八、十九年)

(8) 公享之(秦穆公享晋重耳)。……衰(赵衰)曰:"……重耳敢不拜?"二十四年春王正月,秦伯纳之。(僖公二十三、二十四年)

"遂城而居之","秦伯纳之",文气各接上年。今本在纪年之上冠以这年的经文,传的相连的文句就分属两年,文气就隔断了。如果不知道起初的面貌,读起来就觉得没头没脑。

单纯的注,即像现在形式的注,西汉时就有了。西汉的注家,较早的,有孔安国,以今文字(当时通行的隶书)读古文《尚书》(先秦用篆文写的《尚书》),这就是以今释古的注解或今译。他也注了《论语》。他的《尚书说》、《论语注》今都不传,《论语注》有的见于后人征引。还有毛公(其名《汉书·儒林传》不载,后人以为毛苌),注《诗》,即《诗三百篇》,也即《诗经》。他的注称为毛传,就是现在说的注,不是《春秋左氏传》那样的传。到东汉,有名的注家有贾逵、马融、郑玄、高诱。郑玄注的书最多,有《诗经》、《周礼》、《仪礼》、《礼记》,今存。还注了《尚书》、《论语》,都不传,只见于后人征引。

书有了注,更后的人觉得这注还不够清楚,又作注。这种注,选取某家的注作为正注,而并正文及注都加解释的,就别立名称。如孔颖达有五经正义(《易》、《尚书》、《诗》、《左传》、《礼记》)。原来也是单独成书的,后人把它分附于旧注下面,叫"疏"。《十三经注疏》就是这样来的。注和疏是两套。有的有三套，如《诗经》，一是毛公的传，下面是郑玄的笺，再下面是孔颖达的疏。引用起来，传、笺、疏的名称要交代清楚：正文某句或某字，传怎样解，笺怎样解，疏怎样解。

像疏的性质的，也叫补注。因为疏的名称已用在经书的注疏，别的书就多不叫疏了。如《汉书》，有颜师古的注，又有王先谦的补注。

有采用各家注的，称集解，也附加己意。这个做法始于何晏。他的《论语集解》，有些汉人解释赖以保存，如孔安国、包咸、马融、郑玄的注。

集旧注而不一一标明出于某人的，也叫集解、集注或集传。如杜预的《春秋经传集解》，朱熹的《四书集注》、《楚辞集注》，蔡沉的《书经集传》。

有选取某家的注作为正注，附加解释，称为集解或集释的。这与注疏的体例相似，而与何晏的集解不同。如郭庆藩《庄子集释》，取郭象注、成玄英疏，再加集释。例如《逍遥游》：

(9) 之二虫又何知？〔注〕二虫谓鹏蜩也。……〔疏〕……而呼鹏为虫者，《大戴礼》云：……南方羽虫三百六十，凤皇为其长；……通而为语，故名鹏为虫也。○俞樾曰：二虫即承上文蜩鸠之笑而言，谓蜩鸠至小，不足以

>知鹏之大也。郭注云二虫谓鹏蜩也，失之。

这"俞樾曰"以下就是郭庆藩的集释。

又如王先谦《荀子集解》，取杨倞（jìng）注，再加集解。例如《礼论》：

>(10) 人有是，士君子也；外是，民也。〔注〕是，犹此
>也。民，氓，无所知者。○王念孙曰：是，谓礼也。

这"王念孙曰"以下就是王先谦的集解。

注还有几种拼在一起的，这又是另一情形。《史记》今本是三家注，原来是三种《史记》注：裴骃（裴松之的儿子）《史记集解》、司马贞《史记索隐》、张守节《史记正义》。《索隐》和《正义》两种各是附在《集解》下面的。后来又合并《索隐》和《正义》，就成了今本的三家注。这样，读者看起来很方便，也因此，注文有重复的。

注的名称有多种，不过是为了避免彼此重复，称说和引用起来方便。体例则大同小异，并没有什么根本的区别。

二、注涉及的方面

古书的需要注，是由于时代不同，正文里记的典章制度已

成过去；或事实未明本源；也由于语言变迁，有的文字今义与古义不同。这样，注涉及的必然有好些方面：

（一）注明典章制度

（1）《尚书·尧典》："乃命羲和。"马融注："羲氏掌天官，和氏掌地官。"

（2）又："汝作秩宗。"郑玄注："主次秩尊卑。"

（3）又："命汝作纳言。"郑玄注："纳言，如今尚书，管王喉舌也。"

（二）注明事实

（1）僖公十八年《春秋》及《左传》："葬齐桓公。"杜预注："十一月而葬，乱故。孝公立而后得葬。"

（2）定公十一年《春秋》："及郑平。"《左传》："及郑平，始叛晋也。"杜注："平六年侵郑取匡之怨。鲁自僖公以来，世服于晋，至今而叛，故曰始。"

（3）《资治通鉴》唐太宗贞观二年：王珪对太宗说："昔齐桓公知郭公之所以亡，由善善而不能用。然弃其所言之人，管仲以为无异于郭公。"胡三省注："齐桓公过郭氏之墟，问父老曰：'郭何故亡？'对曰：'善善恶恶。'公曰：'若子之言，何至于亡？'对曰：

'善善而不能用,恶恶而不能去,此其所以亡也。'"

(三) 补充资料

如裴松之《三国志》注,《世说新语》刘孝标注,大量征引别书的资料,补充了不少史实。所征引的书有的后来失传了,赖裴注保存了一部分内容。

(四) 注明名物、词义

(1)《尚书·益稷》:"庶尹允谐。"郑玄注:"庶,众也。尹,正也。允,信也。言乐之所感,使众正之官得其谐和。"

(2)《左传》隐公十一年:"颍考叔挟辀以走。"杜注:"辀,车辕也。"

(3) 又僖公三十三年:"且使遽告于郑。"杜注:"遽,传车。"

(4) 又文公十六年:"楚子乘馹。"杜注:"馹,传车也。"

(5) 又僖公二十二年:"勍敌之人隘而不列。"杜注:"勍,强也。"

(6) 又宣公二年:"坐而假寐。"杜注:"不解衣冠而睡。"

(7)《史记·周本纪》:"蜚鸿满野。"索隐:"按高诱曰:蜚鸿,蠛蠓也。言飞虫蔽田满野,故为灾。非是鸿雁也。"

(8)《汉书·夏侯胜传》："经术苟明，其取青紫如俛拾地芥耳。"颜注："地芥谓草芥之横在地上者。俛而拾之，言其易而必得也。青紫，卿大夫之服也。俛即俯字也。"

(五)因正文文字太简，汫明语意

(1)《左传》宣公三年："远方图物，贡金九牧，铸鼎象物。"杜注："图画山川奇异之物而献之。使九州之牧贡金，象所图物，著之于鼎。"

(2)又哀公元年："楚子围蔡，……里而栽，广丈高倍。夫屯昼夜九日。"杜注："栽，设板筑为围垒，周匝去蔡城一里。垒厚一丈，高二丈。夫犹兵也。垒未成，故令人在垒里屯守蔡。"

(六)注明句逗

现在的书有标点，几十年前有圈点，更早连圈点也没有。注家于可能读错处注明"句"字。例如：

(1)《尚书·金縢》蔡沉注："信噫公命句我勿敢言。"（今读为：信。噫，公命，我勿敢言。）

(2)《论语·卫灵公》朱熹注："吾尝终日不食终夜不寝

以思句无益句不如学也"（今读句字处都为逗）。

(3)《孟子·尽心下》朱注："奋乎，百世之上句百世之下闻者莫不兴起也。"（今读句字处为逗）。

（七）注明读音

古时没有拼音字母，注家注音用反切法，就是用两个字来拼音。反切的道理和现在的字母拼音一样。例如：

(1)《尚书·益稷》："下民昏垫"，"元首丛脞哉"，陆德明释文："垫，丁念反。""脞，仓果反。"

(2)《论语·卫灵公》："师冕见"，朱注："见，贤遍反。"

可以用字母拼音的办法，把反切二字的音各分为声母韵母，取上一字的声母，取下一字的韵母并按它的声调，一拼就得。

丁 d—īng　念 n—iàn　→diàn 垫

仓 c—āng　果 g—uǒ　→cuǒ 脞

贤 x—ián　遍 b—iàn　→xiàn 见

注音也有用直音的。例如：

(3)《尚书·禹贡》："厥草惟繇"，"嵎夷既略，潍淄其道"，"浮于汶"，释文："繇音遥。""嵎音隅，潍音惟。""汶音问。"

(4) 又《秦誓》："番番良士"，释文："番音波。"

(5)《诗·大雅·卷阿》:"有卷者阿。"释文:"卷音权。"

(6)《庄子·齐物论》:"南郭子綦隐几而坐。""女闻地籁而未闻天籁夫。""叫者譹者。""道恶乎隐而有真伪?"释文:"綦音其。""夫音扶。""譹音豪。""恶音乌。"

(八)校正文字

这就是所谓校勘。例如:

(1)《论语·雍也》:"仁者虽告之曰'井有仁焉',其从之也?"朱注:"刘聘君曰:'有仁之仁当作人。'今从之。"

(2)《荀子·乐论》:"带甲婴軸(胄),歌于行伍,使人之心伤。"集解引俞樾曰:"歌于行伍,何以使人心伤? 义不可通,伤当为惕。荀子书多用惕字。《修身》篇曰:'加惕悍而不顺。'注引韩侍郎云:'惕与荡同,字作心边易,谓放荡凶悍也。又《荣辱》篇曰:'惕悍㤭暴。'注亦云:'惕与荡同。'歌于行伍则使人之心为之动荡,故曰使人之心惕。惕伤形似,因致讹耳。"

(九)发明义蕴

此外,文学作品的注还有别一种形式。不重在解释词义,而在发明义蕴。注文用整齐的句式,有时还用韵,与正文非常协调。王逸的《楚辞》注有的就用这种形式。例如:

(1) 〔《抽思》正文〕倡曰:①有鸟自南兮,②来集汉北。③好姱佳丽兮,④牉独处此异域。⑤既惸独而不群兮,⑥又无良媒在其侧。⑦道卓远而日忘兮,愿自申而不得。望北山而流涕兮,⑧临流水而太息。⑨

〔注文〕①起倡发声,造新曲也。②屈原自喻,生楚国也。③虽易水土,志不革也。④容貌说(悦)美,有俊德也。⑤背离乡党,居他邑也。⑥行与众异,身孤特也。⑦左右嫉妒,莫衔鬻也。⑧瞻仰高景,愁悲泣也。⑨顾念旧故,思亲戚也。

(2) 〔《卜居》正文〕屈原曰:①吾宁悃悃款款,②朴以忠乎,③将送往劳来,④斯无穷乎?⑤宁诛锄草茅⑥以力耕乎,⑦将游大人⑧以成名乎?⑨宁正言不讳⑩以危身乎,⑪将从俗富贵⑫以偷生乎?⑬宁超然高举⑭以保真乎,⑮将呢訾栗斯,⑯喔咿儒儿,⑰以事妇人乎?⑱

〔注文〕①吐词情也。②志一纯也。③竭信诚也。(一纯、信诚,今本误倒)④追俗人也。⑤不困贫也。⑥刈蒿营也。⑦种稼穑也。⑧事贵戚也。⑨荣誉立也。⑩谏君恶也。⑪被刑戮也。⑫食重禄也。⑬身安乐也。⑭让官爵也。⑮守玄默也。⑯承颜色也。⑰强笑噱也。⑱诎蜷局也。

注文上一例每一解用两句,下一例每一解用一句。连着读注文,语调也是和谐的。不过这种形式没有词义的解释,只可以偶然用用。

三、用旧注须知

古书有了注,读起来自然方便。但是用旧注并不是简单的事。下面说说要注意的几点:

(一)要酌取众长

看旧注,要注意到不同的解释可以互相补充,并辨别它的长短。朱熹的《论语集注》,陈己意之外,引别家的解释不少。例如:

> 君子和而不同,小人同而不和。(《子路》)注:"和者无乖戾之心,同者有阿比之意。"又引尹氏曰:"君子尚义,故有不同;小人尚利,安得而和?"注解释和与同的意义,尹说更明其所以然。

不患无位，患所以立。不患莫己知，求为可知也。(《里仁》)注："所以立，谓所以立乎其位者。可知，谓可以见知之实。"又引程子曰："君子求其在己者而已矣。"二说互相补充。

子不语怪力乱神。(《述而》)注："怪异勇力悖乱之事，非理之正，固圣人所不语。鬼神，造化之迹，虽非不正，然非穷理之至，有未易明者，故亦不轻以语人也。"又引谢氏曰："圣人语常而不语怪，语德而不语力，语治而不语乱，语人而不语神。"勇力算作非理之正，未必妥当。且"不轻以语人"之语（读去声）非子不语之语（读上声）。所以朱注不如谢说阐发得好。

(二) 要注意后人的补正

旧注有不对的，要注意到后人的补正。例如：

《汉书·贾谊传》："矫伪者出几 (jī) 十万石粟，赋六百余万钱，乘传而行郡国。"服虔解"矫伪者……粟"说："吏矫伪征发，盈出十万石粟。"如淳解"赋六百余万……郡国"说："此言富者出钱谷，得高爵，或乃为使者乘传车循行郡国以为荣也。"颜注："服说非也。几，近也。言诈为文书以出仓粟近十万石耳，非谓征发于下也。如说亦非也。此又言矫伪之人诈为诏令，妄作赋敛，其数甚多，又诈乘传而行郡国也。"

又："故曰圣人有金城者，比物此志也。"李奇说："志，记也。凡此上陈廉耻之事，皆古记也。"如淳说："比谓比方也。使忠臣以死社稷之志比于金城也。"颜注："二家之说皆非也。此言圣人厉此节行以御群下，则人皆怀德，戮力同心，国家安固不可毁，状若金城也。寻其下文，义可晓矣。"

前面举的《庄子集释》例也是后人的补正。

(三) 要看到注家的偏见

注家也不免有偏见。如朱熹，注了不少古书。他治学很谨严，功夫很深。不过他是理学家，有时不免讲讲天理人欲的抽象道理。例如《论语·颜渊》："克己复礼为仁。一日克己复礼，天下归仁焉。为仁由己，而由人乎哉？"朱注："仁者本心之全德。克，胜也。己谓身之私欲也。复，反也。礼者天理之节文也。为仁者，所以全其心之德也。"说到这里，已经涉及天理了。不过解正文还可明白。再说下去就越来越玄了："盖心之全德莫非天理，而亦不能不坏于人欲。故为仁者必有以胜私欲而复于礼，则事皆天理，而本心之德复全于我矣。"孔子讲仁,是人的道德规范,不同于宋代理学家讲的天理。

又如《孟子》末章举古昔圣贤,朱熹以为道统之传,因而大发议论。更于末尾记程颢之没,文彦博题墓,程颐序其事,说是"盖自孟子之后,一人而已"。注《孟子》而拖这样一个尾巴,这就是出于偏见。我们看注解,于这种地方要有认识。

(四)怎样对待过繁的注

注简的,看了注还不能了解清楚,所以有疏。疏又往往连篇累牍,繁而少当。例如孔颖达的《尚书》疏,光解"虞书"二字就用了一千八百字,解《尧典》"乃命羲和"十八个字的传文"重黎……序之"就用了两千二百多字。这就不是完全必要的了。如果一般地读些古书,不作专门研究,经书用不着去找注疏,可以用简明的注本。例如《书经》有蔡沉的集传,《诗经》有朱熹的集传。

(五)怎样对待光讲词语的出典的注

有的注,释义之外,还特别详于词语的出典,如李善的《文选》注。《文选》江淹《恨赋》"薄暮"、"心动"、"昧旦"、"置酒"、"千秋万岁"、"仰天太息",都是可注可不注的。要注就应当解释,如薄暮,昧旦。而李注并不解释,只引前人用过这个词语的文句。又如仇兆鳌《杜少陵集详注》也是这样。《石壕吏》的"室中"、"无人"、"无完裙"、"老妪"、"夜久"、"幽咽"、"天明"、"前途",仇注一一注明前人用过这个词语的文句。这样注虽不能说完全无用,而于理解正文的意思,帮助不大。

光讲词语的出典,有时会不得要领。再举《恨赋》的注来说:正文"至如秦帝按剑,诸侯西驰……"这说的是秦始皇用武力灭六国。可是李注不顾内容,只是找"按剑"、"西驰"词语的出典,找到《说苑》说"茅焦上谏,始皇按剑而坐";《战国策》苏代语"伏轼而西驰"。这两个出典一是说始皇迁太后的事,一是说战国游士,都与正文这句不相干。这样的注是无用的。

(六)怎样对待伪托的注

注也有伪托的。如注疏本《尚书》的注,称"孔氏传",是作为孔安国的传出现的。孔安国的《尚书》今读应当是有记录的,失传了,它的面貌已无从揣度。现行的孔氏传是伪作。作伪者既作伪古文尚书的经文二十五篇,又作全部《尚书》的孔氏传及孔安国序。孔颖达不知其伪,采用这个本子,作正义(即疏)。朱熹注《论语》的时候,也还不知伪古文尚书是伪作,于《尧曰》篇注说:"今见于虞书《大禹谟》,比此加详。"又说:"此引商书《汤诰》之辞,盖汤既放桀而告诸侯也。与书文大同小异。"《大禹谟》、《汤诰》都是伪作,实际是伪作者窃取了《论语·尧曰》文。怎样对待伪古文尚书与伪传呢?要有区别。伪古文尚书二十五篇不可作为历史文献,不足为据,应当撇开。其他各篇的伪孔传,还有可取的解释,可以斟酌利用。不过征引不要说孔安国,可以称《尚书》传,伪孔传,伪传,或单称传。前人也有称某氏传的,表示不知作者。

有的注解的作者署名未必可靠。如《孟子》的疏,署名孙奭,不可靠,所以说者称为"旧题孙奭疏"。

《论语》的孔安国注,为何晏集解所引用的,是可靠的。也有人(如刘宝楠)以为伪。这是受了伪孔《尚书》传的影响,以为凡孔皆伪,未免真赝不分了。

用旧注,关系于自己的根柢。根柢越好,就越能明白注的好坏,辨别注的是非,也越能很好地用。所以重要的是靠平时的知识积累,博览深研。这样才能善于用旧注,而不为旧注所囿,不为不正确的解释所惑。

第三节　参考读物的利用

内容提要：想克服阅读文言典籍的困难，要学会利用各种参考读物。一、文言选注本的利用。二、学一些古代汉语知识。三、学一些古典文学知识。四、学一些中国历史知识。五、工具书的利用：（一）字典；（二）综合的词典；（三）文言虚词（字）词典；（四）各种专用词典：1.查方言俗语的词典，2.查人名的词典，3.查地名的词典，4.查年代及历史大事的词典（通称年表）；（五）索引；（六）类书；（七）政书；（八）目录。

我们学习文言，目的是学会了，能读懂一般的用文言写的典籍，以期从其中吸取营养，或说批判地继承祖国的文化遗产。继承文化遗产，不很容易，必须具备一些能力，其中一个重要的是能够读懂文言典籍。这样，总靠教师讲就不成了，要自己能够独立阅读，而且量不能很少。这自然会遇到困难。困难有语言、内容等方面的，各式各样。克服困难的最好的办法是借助他人的研读成果。这有如登山，拿一根拐杖，走路就会轻捷得多，间或遇见坎坷或险途，多一点支撑，就容易越过去。

现代人学文言，首先遇到的是语言方面的障碍。解决语言障碍的最省力的办法是参考今人的注解。其次，读不懂文言，常常是因为不熟悉过去的情况，所以还必须学一些相关的知识，如古代汉语的知识、中国文学史的知识、中国通史的知识等。克服阅读的困难，更重要的办法是学会使用工具书。随着所读书的增多，知识会越来越丰富，但是任何人都不可能把所有的知识都装在脑子里，所以读书，总会遇见难解的地方，这就要靠工具书来解决。一部工具书常常是集历代、众人的研读成果，可以解决疑难，可以供给资料线索，可以指点读书门径，所以是自学时不可或缺的依靠。对学习文言而言，以上所说都可算作参考读物，是辅助性的，但因为有大作用，所以不可忽视。以下简要地谈谈这几方面的情况。

一、 文言选注本的利用

读文言要一篇一篇地读，仔细地读，这样读多了，读熟了，就能提高阅读能力。上一节提到利用旧注，读古书利用旧注是很有好处的。但旧时代是用文言作注，注文又往往比较简单，初学的人会感到深奥，并且过于简略。所以初学文言要多利用建国以后出版、重版的一些注本。今人看文言觉得疑难多，一般注解详尽，便于自学者使用。还有，初学文言，在浩如烟海的古籍中，不能分辨精华和糟粕，今人的选注本总是经过筛选的，读它，可以避免在茫茫大海中去捞针。建国后出版、重版的选注本很多，为了方便读者，有的不仅有详细的注释，还附有译文、题解、作者介绍、段落提示、文章分析等项。这些都有助于初学文言的人减少困难。

文言选注本种类很多，按选文范围不同分，有历代文选、断代文选、专集选等；按文体不同分，有散文选、诗歌选、词选、书信选等。读者可以根据自己的程度、爱好和不同需要选择使用。

读过一些文言的人往往希望扩大阅读面，有的人希望在有限的时间里粗略接触历代作品，就不妨找历代文选读一读。这类选本是集历代各家名篇编注成书的，选文面比较宽，选文多是久为传诵、脍炙人口的佳作。中国青年出版社编辑出版的《古文选读》、人民教育出版社编辑出版的《古代散文选》，性质都属于这一类。《古文选读》是供青年阅读的古文读本，书中除有详细的注释以外，还有题解、译文、讲析，既可帮助读者读懂文章，又可使读者增加一些有关文言的知识。《古代散文选》有上中下三册，选取从先秦到鸦片战争时代的文章二百三十七篇。为了帮助读者钻研揣摩，编者对文章所从出的典籍、文章作者都做了介绍。此外还有题解、段落提示以及详尽的注释。各册都有附录，介绍有关文言词句的知识。凭借这些材料，读者可以较深入地读懂文章并增加一些古汉语和中国文学史的知识。《中国历代文选》（四川师范学院中文系古典文学教研组选注，人民文学出版社出版）、《古代散文选注》（北京师范学院中文系古典文学教研室选注，北京出版社出版）、《中国历代散文选》（刘盼遂、郭预衡主编，北京出版社出版），都是近年出版的同类书。初学文言，如果用以上几种书感到深、难读，可以先用《文言文选读》（张中行等编注，人民教育出版社出版)。这部书共三册,是由浅入深安排的,注解加详,初学容易接受。

读者有时会对某种体裁的作品感兴趣,或有某种特殊需要,那就可以选一些这类选本读,例如《笔记文选读》(吕叔湘选注,上海古典文学出版社出版)、《历代诗歌选》(季镇淮等选注,中国青年出版社出版)、《历代书信选》(叶幼明等选注,湖南人民出版社出版)、《历代游记选》(贝远辰等选注,湖南人民出版社出版)、《古代日记选注》(陈左高选注,上海古籍出版社出版)。

有些选注本所选作品不是历代的,是断代的,即只选某一朝代或某些朝代的作品。读这类选集,能对某一时期作品的风格、体裁、思想和艺术上的特点等有较多的了解,还可以从中了解到文学发展的某些概况。我国素有先秦散文、汉赋、唐诗、宋词、明清小说等的说法。当然,这不意味着先秦两汉没有诗歌,唐宋元明清没有散文。但这种说法却反映了某体裁在某朝代确实特别繁荣,有值得注意的特色。断代选集都是从不同的特点出发,编注成书的,例如《先秦散文选注》(罗根泽等编注,作家出版社出版)、《汉魏八朝诗选》(余冠英选注,人民文学出版社出版)、《唐诗选》(中国社会科学院文学研究所选注，人民文学出版社出版)、《宋诗选注》（钱锺书选注，人民文学出版社出版)、《唐宋名家词选》（龙榆生编选，上海古籍出版社出版)、《明清文言小说选》（李伟实等选注，湖南人民出版社出版)。60年代初，北京大学中国文学史教研室编注了一套供高等学校文科学生使用的教材，包括《先秦文学史参考资料》（高等教育出版社出版)、《两汉文学史参考资料》（中华书局出版)、《魏晋南北朝文学史参考资料》（中华书局出版)，也是断代选文。由于作为学习文学史的参考资料，所选有散文，也有韵文，即包括各种文体的作品。选文范围广泛，引用资料详细，有详细的注释，注释中并注意介绍不同的见解，所以对深入探讨和加深理解都有好处。

一些对后代影响较大的专集，建国后陆续出版、重版了不少选注本，例如《左传选》（朱东润选注，上海古典文学出版社出版)、《论语译注》（杨伯峻译注，中华书局出版)、《荀子选》（方孝博选注，人民文学出版社出版)、《史记选》（王伯祥选注，人民文学出版社出版)、《通鉴选》（瞿蜕园选注，古典文学出版社出版)、《韩愈文选》（童第德选注，人民文学出版社出版)、《杜甫诗选注》（萧涤非选注，人民文学出版社出版)、《聊斋志异选》（张友鹤选注，人民文学出版社出版)。

以上提到的一些选注本只是举例,意在说明像这样的都可以选用。建国以后出版的各类选注本很多,甚至一种专集就有几种选注本,选用时要挑选质量高的,程度合适的。

二、学一些古代汉语知识

文言是古人用的书面语言,词汇、句法方面与现代汉语有不少差异。我们读文言,随着量的增加,会逐渐认识这些差异。但这认识总是零碎的,偏于感性的。为了变零碎为全面,由感性提高为理性,需要学习一些有关古代汉语的知识,以期可以更好地提高阅读文言的能力。

古代汉语知识包括古文字、古音韵、古词汇、古语法等方面的知识。从古至今,这方面的专著很多,但一般读者不需要读,因为有一些常识性的知识就够用了。今人作的这方面的著作也不少,例如《古代汉语常识》(王力著,人民教育出版社出版)是一本比较简明、浅近的常识性读物。该书用简明的语言把古汉语的义字、词汇、语法的浅近知识介绍给读者,特别着重讲了古今不同之点。近年出版的《文言文阅读讲话》(许宝华等编著，安徽人民出版社出版)、《文言基础知识》(孙钧锡著，河北人民出版社出版)，内容比前一本书多一些，叙说也略为详细。60年代初，由王力先生主编的高等学校文科教材《古代汉语》(共两册四本，中华书局出版)，把文言选文、文言常用词、古汉语通论三部分结合起来，构成新的体系。编排是以文选为纲，三部分密切结合：常用词举例和通论举例多出自文选，通论的顺序配合文选顺序。通论部分对古汉语文字、音韵、词汇、语法、修辞、文体，以及字典、名物、典章制度等都有较为详细的论述。如果已具有初步阅读文言的能力，又有较多的学习时间，系统地读全书或选读一部分，都会很有益处。古汉语知识所包括的几个方面都有专书，常用的如《文言语法》(杨伯峻著，北京大众出版社出版)、《训诂简论》(陆宗达著，北京出版社出版)等等。

三、学一些古典文学知识

初学文言，所读大多是古典文学作品；就是读多了，有不少人意在欣赏，所读也大多是古典文学作品。这样，读一些介绍古典文学知识的书，就会有助于更深入地理解作品。

这类性质的著作，最简明扼要的是"文学史"，它既介绍作家，又介绍作品，并概括地叙述各朝代的文风以及得失等等，我们读它，可以对中国古典文学的发展情况有所了解。目前，使用较多的有两部书：中国社会科学院文学研究所编的《中国文学史》（人民文学出版社出版）和游国恩主编的《中国文学史》（人民文学出版社出版）。

如果对某一作家有兴趣，还可以找该作家的传记读。50年代末，中华书局编辑了一套《古典文学研究资料汇编》，已出版的有《陶渊明卷》、《杜甫卷》、《柳宗元卷》等近十种。书中搜辑了作家、作品研究、作品思想和艺术的评论、作家生平等资料，可供参考。

如果对某一文体有兴趣，也可以找专讲这种文体的书读。如《古代文体常识》（许嘉璐编著，北京出版社出版）、《诗词格律》（王力著，中华书局出版），都属于这类书。

还有一种书，是专门介绍古典文学书籍或作家的，对自学者可以起指津的作用。例如：《中国古典文学名著题解》（中国青年出版社编辑出版）介绍了两千年来流传广泛、影响较大的二百五十部作品，概述了作者的生平和写作成就，介绍了作品的内容、思想意义和艺术特色，以及古今对该书的研究情况。《中国文学古籍选介》（魏凯等编，山西人民出版社出版）也是这类的书。

四、学一些中国历史知识

文言是我国古代社会流传下来的书面语言，内容当然是反映古代社会的，所以想透彻了解文言，就要了解古代社会的情况。也就因此，学习文言，最好能读一些讲中国历史的书。历史知识，包括政治、经济、军事、典章制度、宗教、礼仪、风俗习惯等，都是中国历史书里要讲的。这方面的著作，比较通行的是范文澜等著的《中国通史》（人民出版社出版）。

中国历史悠久，旧时代流传下来的史书很多。其中有正史，也有野史、杂史等。史书的体裁多种多样，有纪传体史书，如《二十四史》；有编年体史书，如《资治通鉴》；有纪事本末体史书，如《明史纪事本末》。还有些史料保存在笔记、杂著、小说一类书籍中，读文言，如果需要查考某些原始资料，可以利用这类书。今人写的历史人物传记，研究历史中某问题的论文或专著之类，也可供参考。

五、工具书的利用

工具书是根据某种需要,以特定的编排方式和检索方法编纂,供人学习和研究问题时查阅的一种图书。读文言遇到疑难需要解决,研究问题需要线索,想读书而无门径,需要搜集某方面的资料,都不得不利用工具书。

工具书种类很多。学习文言常常用到的有以下各类。

(一)字典

学习文言,遇到不认识的字,或者虽然认识而不能确定意义,要查字典。一般小型字典收字少,尤其少收罕用字,学文言时不适用。常用的是以下几种。

《古汉语常用字字典》(商务印书馆出版)是近年出版的一本适于学文言的小型字典,收古汉语常用字三千七百多个,附难字表,收难字两千六百多个,还酌收两千个复音词。解释单字,除注明字(词)的本义、引申义、假借义,并举例说明以外,还注意辨析同义词或近义词,提示词义在历史发展中的特定现象,比较实用。

《康熙字典》是清代张玉书、陈廷敬等三十余人奉康熙皇帝命令编纂的。建国以前，商务印书馆印本附有《字典考证》和《四角号码索引》，比较适用。建国以后曾重印。这部书收字四万七千多，是旧时代收字最多的一部字典。字先注音，后释义，注音用反切和直音，释义用文言。

《中华大字典》是1915年中华书局编纂出版的一部大型字典。1978年曾重印。这部书是到目前为止收字最多的，共四万八千二百余字。注音也是用反切和直音，释义用文言；不过条目比《康熙字典》清楚，每条释义都引古书中的语句为例，使用方便些。

(二) 综合的词典

这是指字、词兼顾，今古兼顾的辞书，常用的是以下几种。

《辞源》、《辞海》是读文言经常需要查阅的两部大型百科性辞典。《辞源》是1915年商务印书馆编纂并陆续出版的，《辞海》是1937年中华书局编纂出版的。自1958年起，两书均多次修订过。两书的内容和体例大致相同，收录的词语广泛，除了古代的名物、典章制度等以外，还收现代社会科学和自然科学领域的。修订本《辞源》删去旧版的新词条目，专收古代汉语词汇以及文学史方面的百科性条目，成为一部专供学习和研究古籍用的词典。《辞源》收条目十万余，内容充实，用繁体字排印，注音除反切、直音以外，并用汉语拼音和注音符号。修订本《辞海》仍是新旧兼收，古汉语词语虽较《辞源》条目略少，但解说用现代汉语，用简体字排印，便于查阅。

《中文大辞典》（台湾《中文大辞典》编辑委员会编纂，中华文化研究所印行）、《大汉和辞典》（日本诸桥辙次编，东京大修馆书店出版）是两部内容更加丰富的大型综合性词典，只是卷帙多，一般读者难以自备。

（三）文言虚词（字）词典

学文言要注意词汇和语法的古今异同。词包括实词和虚词。虚词使用频繁，用法灵活多变，因而想透彻了解文言，必须熟悉虚词的用法。过去已经有不少人重视研究虚词。

清代刘淇著的《助字辨略》是最早的一部研究古汉语虚字的书，收四百七十六个字。其后王引之著《经传释词》，研究古书虚字，博采例证，详加辨析，说明演变，是成就较高的一部书。

今人杨树达的《词诠》、裴学海的《古书虚字集释》（都是建国前商务印书馆出版，建国后中华书局重印），是目前常用的检查虚词用法的词书。《词诠》收虚词五百多个，是收字最多的一本。解释是先注明词类，讲清意义和用法，然后举实例，条理清楚，便于初学。吕叔湘著《文言虚字》（1944年开明书店出版，1948年上海教育出版社重印）收常见虚字二十多个，用现代汉语解说、举例、分析，尽可能和现代汉语比较，更便于初读文言的人掌握。杨伯峻著《文言虚词》（中华书局出版），收常见文言虚词一百多个，讲解常见用法，举例多出自常见书，例句并附有译文，通俗易懂。《文言虚词浅释》（何乐士等著，北京出版社出版）是近年出版的一部供初学查用的书，收常见虚词二百零九个。解释重在分辨词类，讲清用法，举例多出自语文课本和报刊，并附有现代汉语译文，中等文化程度的人便于使用。

（四）各种专用词典

读文言，有时知道词语的意义，还不能透彻了解，那常常是因为，还有方言、专用词语、人名、别号、地名、室名、书名、史实、典故、名物制度等障碍。遇到这种情况，就要查各种专用的词典。下面举一些常用的。

1. 查方言俗语的词典　文言是旧时代的书面语言，其中有时也包含一些方言、俗语。这些词，一般字典、词典往往不收，想了解，就要查专用的词典。我国第一部收方言的字典是西汉末年扬雄编的《方言》。近代有清代翟灏著的《通俗编》、钱大昕著的《恒言录》、钱大昭著的《通言》等。这些书都分类汇集了方言、俗语等许多条，加以解释，考证源流，是查方言、俗语等的重要辞书。

《诗词曲语辞汇释》（张相著，中华书局出版）收唐、宋、金、元的诗、词、曲中的特殊词语六百多条，列举各种解释，引证原文，辨析词义，是这方面的名著。相类的书还有《金元戏曲方言考》（徐嘉瑞著，商务印书馆出版），收剧作方言词语约六百条；《元剧俗语方言例释》（朱居易著，商务印书馆出版），专门诠释元杂剧中的方言、俗语一千多条，也值得参考。

2. **查人名的词典**　我国历史悠久，历史人物众多，查考人物生平业绩，可以借助查人名的工具书。《中国人名大辞典》（商务印书馆编辑出版）收录人名四万多，是搜求比较完备、流行比较广的一部查人名的工具书。此外，还有专供查某一类人的工具书，如《中国文学家大辞典》（谭正璧编，光明书店出版）、《中国画家人名辞典》（朱铸禹编，人民美术出版社出版）等都是。

3. **查地名的词典**　我国地域广阔，地名繁多，经过历代兴衰，变化很大。读文言遇到地名，常常需要查找资料或工具书，才能掌握它的准确位置和历代沿革。常用的地名词典是《中国古今地名大辞典》（1929年商务印书馆编辑出版，建国后重印）。这部书从上古到现代，地名收录比较完备，解说比较详尽，便于应用。《中国地名大辞典》（刘钧仁编，北平研究院出版部印行）也是比较常用的一部查地名的工具书。

4. 查年代及历史大事的词典（通称年表） 读文言常常遇到帝号、年号，需要知道它的年数，有时又需要知道一些大事发生的年代，这就要靠工具书来查核。最常用的查年代的工具书是年表、历表。《中外历史年表》（翦伯赞主编，三联书店出版，中华书局重印）自公元前4500年起至公元1918年止，内容全面，叙述简括而有条理，是常常要用的一部工具书。遇到帝号、年号或干支纪日，想推算出公元的年月日，可以用《中国历史纪年表》（万国鼎编，原名《中西对照历代纪年图表》，1956年商务印书馆修订出版时改用此名）或《中国历史纪年》（荣孟源编，三联书店出版）。这两部书都是从公元前编至中华人民共和国成立，将中国历代纪元和公元对照排列，查找历代帝王的帝号、庙号、年号、年数都可一目了然。1973年文物出版社出版的《中国历史年代简表》按历史纪年和公元纪年逐年对照，按朝代顺序列出帝号、姓名、年号，是比较简明又便于查找的一种简表，用来解决一般问题还是合用的。有些年表是为应某些专门需要而编的。例如：对照中（农历）、西、回历的《二十史朔闰表》（陈垣著，1956年古籍出版社重印），查找著名僧人生卒年的《释氏疑年录》（陈垣编，中华书局出版）、《历代名人生卒年表》（梁廷灿编，商务印书馆出版），都属于这一类。

（五）索引

学文言要学会使用索引。索引种类很多，常用的有书语索引、篇名索引、人名索引、资料索引等。

书语索引是把一种书的原文逐节、逐句、逐字编成索引，供读者检索出处用的。例如：《十三经索引》（叶圣陶编，开明书店出版）把十三经的原文分句（按停顿分）编排，以每句第一个字的笔画为序，编成索引，供查语句出处用，很方便。同样性质的还有《庄子引得》、《杜诗引得》等。

论文索引也是常用的一种工具书。例如《国学论文索引》（中华图书馆协会出版）收录了几十种杂志报章中关于国学的论文，分类编排，翻检一下就可以查到当时有价值的一些论文的题目等。建国后出版的《中国古典文学研究论文索引》（河北北京师范学院中文系资料室编，中华书局出版）是把全国报纸杂志发表的论文分类编排篇目、注明出处、编者姓名和出版社名称。利用这种索引，很容易查到所要参考的文章，所以用处很大。

　　书语、论文的索引以外，各种类型的索引还有不少。以查人的各种情况的为例，如读文言遇见历史人物，我们对他的生平毫无所知，就可以查以下这类索引。例如此人是明代的，就可以查《八十九种明代传记综合引得》（田继综编，哈佛燕京学社出版），如果有他，就可以查到哪些书上有他的生平资料。唐五代的，宋代的，辽金元的，清代的，也有同性质的索引，可供查考。又如读文言，遇见的是人物的字、号、别号，不知道姓名，就可以查《室名别号索引》（陈乃乾编，中华书局出版，有1982年增订本）。又如想知道某历史人物的更详细的情况，那就最好看他的年谱，而想知道他有没有年谱，就可以查《中国历代人物年谱集目》（杭州大学图书馆编辑出版）或《中国历代年谱总录》（杨殿珣编，书目文献出版社出版）。再如读文言遇见某人，想知道他在正史里是否有传，就可以查《二十五史人名索引》（开明书店编辑出版，中华书局重印）。历史人物之外，想详细了解某地方的情况，最好是查该地的地方志,要想知道某地有没有志书,有什么志书,就可以查《中国地方志综录》(朱士嘉编,商务印书馆出版)。

(六)类书

古代或过去没有百科全书性质的辞书,读书遇见疑难,常常是利用类书。类书是性质比较特别的典籍,绝大多数是古典词语、名物、典故等的解说的分类汇编,用途近于现代的辞书。因为一般内容较多,其中有不少是现代辞书不收的,所以读文言,遇见疑难问题,如词语的意义、出处等,还需要查考它。现代常用的几种大型类书都是清代官修的。一种是《渊鉴类函》,四百五十卷,内容按"天"、"岁时"、"地"等分类编排。一种是《骈字类编》,二百四十卷,所收都是双音词语,也是以"天地"、"时令"、"山水"等为序编排。一种最大的类书是《古今图书集成》,一万卷,等于把古籍拆散,依内容性质的不同分别编在"历象"、"方舆"等"汇编"大类和小类的"典"、"部"里。还有一种是专供查辞藻、诗句出处的,名《佩文韵府》,依平水韵一百零六韵编排。

(七)政书

政书是分类讲典章制度的书,读文言,有时需要了解历史名物的底细(性质、沿革等),常常要参考它。常用的政书是:

唐杜佑编的《通典》二百卷、宋郑樵编的《通志》二百卷、元马端临编的《文献通考》三百四十八卷、清代官修的《续通典》一百五十卷、《续通志》六百四十卷、《续文献通考》二百五十卷、《清朝通典》一百卷、《清朝通志》一百二十六卷、《清朝文献通考》三百卷、清末刘锦藻编《清朝续文献通考》四百卷。以上共十种，通称《十通》，商务印书馆印本附《十通索引》，查寻很方便。

（八）目录

读文言，时间长了，自然会要求再多读一些，这就需要知道文言典籍的情况：历代流传下来的都有哪些书，其中哪些值得读，以及可以先读什么，后读什么。讲这类知识的是目录。历代公私目录很多，现在常用的是以下三种。

《书目答问》，清朝晚年张之洞编，收古籍两千多种，大致按经史子集四部分类。着重讲某书可用的版本。今人范希曾著《书目答问补正》，除改正错误以外，又补充了不少新材料，比较合用。有中华书局新印本。

《四库全书总目提要》，二百卷，据说定稿出于清朝乾隆年间的大学者纪昀。这是《四库全书》（连存目收书在万种以上）所收书的题解，可以当作古籍的评介汇编看。想较深入地了解某书的各种情况，可以把这部书当作书名词典使用。商务印书馆印本附有书名及著者的四角号码索引，查寻很方便。

《中国丛书综录》，上海图书馆编，中华书局出版，共三册。读文言典籍，要学会利用丛书，因为有些著作只能在丛书中找到；又，丛书常常把同有某种性质的书辑在一起，对某方面的知识有兴趣，也最好利用丛书。用这部综录，可以查到现存都有哪些丛书，其中某一种都收什么书；某一书是否收入丛书以及收入哪一种丛书；某一作者的哪些著作收入丛书以及收入哪一种丛书。了解了这些，就等于在古籍的大海里航行而有了指针。

本书所涉部分作品版权由中国文字著作权协会代理
地址：北京市西城区阜外大街甲35号后四层
邮编：100037
电话：010-65978905/06/16/17
传真：010-65978926

生活·讀書·新知 三联书店陆续刊行

《文章例话》　　　　　　叶圣陶
《三案始末》　　　　　　温功义
《驼庵诗话》　　　　　　顾　随
《李白》　　　　　　　　王　瑶
《乡土中国》　　　　　　费孝通
《生育制度》　　　　　　费孝通
《皇权与绅权》　　　　　费孝通、吴　晗 等
《鲁迅批判》　　　　　　李长之
《司马迁之人格与风格》　李长之
《道教徒的诗人李白及其痛苦》　李长之
《迦陵谈词》　　　　　　叶嘉莹
《励耘家书》　　　　　　陈　垣 著　陈智超 编
《乐迷闲话》　　　　　　辛丰年
《文言常识》　　　　　　张中行
《闲话三分》　　　　　　陈迩冬
《宋词纵谈》　　　　　　陈迩冬
《丁文江的传记》　　　　胡　适
《我的自学小史》　　　　梁漱溟
《所思》　　　　　　　　张申府
《文明与野蛮》　　　　　【美】罗伯特·路威 著　吕叔湘 译
《六人》　　　　　　　　【德】鲁道夫·洛克尔 著
　　　　　　　　　　　　巴　金 试译

《西绪福斯神话》	【法】加缪 著 郭宏安 译
《沉思录》	【意】马可·奥勒留 著 何怀宏 译
《伦敦的叫卖声》	【英】约瑟夫·阿狄生 著 刘炳善 译
《人生五大问题》	【法】安德烈·莫罗阿 著 傅雷 译
《地下室手记》	【俄】陀思妥耶夫斯基 著 伊信 译
《并非舞文弄墨》	王佐良 编
《国学概论》	章太炎 著 曹聚仁 整理
《呐喊》	鲁迅
《彷徨》	鲁迅
《朝花夕拾》	鲁迅
《故事新编》	鲁迅
《建国方略》	孙中山
《兔儿爷》	老舍
《我这一辈子》	老舍
《中国教育改造》	陶行知
《中华复兴十讲》	黄炎培
《什么是新启蒙运动》	张申府
《先秦诸子思想》	杜守素
《孔墨的思想》	杨荣国
《历史哲学教程》	翦伯赞
《论中国文学革命》	瞿秋白
《诗论》	艾青
《陶行知的生平及其学说》	白韬
《读书与写作》	李公朴

《中国民族简史》　　　　吕振羽
《人物与纪念》　　　　　萧　三
《大众哲学》　　　　　　艾思奇
《演员自我修养》　　　　【苏】斯坦尼斯拉夫斯基 著
　　　　　　　　　　　　　　郑君里、章　泯 译
《书的故事》　　　　　　【苏】伊　林 著　胡愈之 译